Helmut Schmidt
Fritz Stern

Unser Jahrhundert

Ein Gespräch

Pantheon

FSC
www.fsc.org
MIX
Papier aus verantwortungsvollen Quellen
FSC® C014496

Verlagsgruppe Random House FSC-DEU-0100
Das für dieses Buch verwendete
FSC®-zertifizierte Papier *Munken Pocket* liefert
Arctic Paper Munkedals AB, Schweden.

Der Pantheon Verlag ist ein Unternehmen der
Verlagsgruppe Random House GmbH

Erste Auflage
Juni 2011

Redaktion: Thomas Karlauf
Satz: DTP im Verlag
Druck und Bindung: GGP Media GmbH, Pößneck
Printed in Germany 2011
ISBN: 978-3-570-55124-0

www.pantheon-verlag.de

Inhalt

Vorwort

Bei einer Gedenkfeier in Berlin im April 1976 für Ernst Reuter, den wir beide besonders verehren, sind wir uns zum ersten Mal begegnet. Seither haben wir uns immer wieder über Fragen der Geschichte und der Politik ausgetauscht. Wir fühlten uns verbunden, und im Laufe der Jahre ist daraus eine Freundschaft geworden. Als im Oktober 2007 im Literaturhaus Hamburg die Erinnerungen von Fritz Stern «Fünf Deutschland und ein Leben» vorgestellt wurden, saßen wir anschließend in kleiner Runde zusammen und redeten ein wenig weiter. Beim Aufbruch meinte Nina Grunenberg, die an unserem Tisch gesessen und uns zugehört hatte, sie bedauere sehr, dass das Gespräch nicht aufgenommen worden sei. Wir sollten es fortsetzen, beim nächsten Mal aber unbedingt ein Tonband mitlaufen lassen.

Im darauf folgenden Sommer trafen wir uns am Brahmsee. An den ersten beiden Tagen unterhielten wir uns wie gewöhnlich, aber am dritten Tag führten wir eine Neuerung ein. Jeder notierte sich vorab ein paar Fragen, die er dem anderen gern stellen wollte, und das anschließende Gespräch nahmen wir auf Tonband auf. Unterstützt wurden wir dabei von unseren Frauen, die sich lebhaft am Gespräch beteiligten; auch den weiteren Fortgang der Arbeit verfolgten sie mit Kritik und Zuspruch. Loki Schmidt und Elisabeth Sifton gilt deshalb an dieser Stelle unser erster Dank.

Die Abschrift des Gesprächs ermutigte uns, weiterzumachen. Das dreitägige Treffen, aus dem schließlich dieses Buch hervorging, fand vom 22. bis 24. Juni 2009 im Hause Schmidt in Hamburg-Langenhorn statt. Gegen 11.00 Uhr fingen wir an und unterhielten uns bis in den frühen Abend, erst dann wurde das Aufnahmegerät abgeschaltet. Mittags machten wir eine kleine Pause, und bei herrlichem Wetter schnappten wir frische Luft im Garten.

Aus den Abschriften des dreitägigen Gesprächsmarathons erstellte Thomas Karlauf, der uns auch bei der Vorbereitung der Gespräche eine unersetzliche Hilfe war, die Textgrundlage. Die Einteilung in drei Vormittage und drei Nachmittage wurde beibehalten, und auch sonst folgt der Text weitgehend dem tatsächlichen Verlauf des Gesprächs. Hier und da mussten einzelne Passagen zu größeren Themenblöcken zusammengefasst und Stichworte ergänzt werden, das Material aus der ersten Gesprächsrunde im Sommer 2008 war einzuarbeiten. Namen und Daten wurden geprüft, gelegentliche kleine Irrtümer und Unsicherheiten stillschweigend behoben. Alles aber, was ein lebendiges Gespräch ausmacht – das Kursorische, Mäandernde, Improvisierte – wurde so weit wie möglich beibehalten; das gleiche gilt für den Sprachduktus. Es sei bemerkt, dass der frühere Teil unseres Gesprächs *vor* der Wahl von Obama stattfand, der Hauptteil danach.

Jeder von uns hat seinen Teil des Textes anschließend überarbeitet. Dabei war uns klar, dass es nicht Ziel eines solchen Gesprächsbandes sein kann, dieses oder jenes Thema auch nur entfernt erschöpfend zu behandeln. Es ging uns mehr darum, die vielen Themen, die uns bewegen, zur Sprache zu bringen, die eigene Position mit der des anderen zu vergleichen und da, wo wir unterschiedlicher Meinung sind, unsere Argumente auszutauschen. «Unser Jahrhundert» sollte kein Geschichtsbuch werden. Deshalb haben wir uns darauf verständigt, die spontane Antwort und das frei gesprochene Wort im Zweifelsfall stehen zu lassen und den Text weder durch gelehrte Nachbesserung noch durch die Regeln der Hochsprache ins Prokrustesbett zu zwängen. Am 2. und 3. Dezember 2009 trafen wir uns in Berlin zur gemeinsamen Endredaktion.

Nicht jede unserer Antworten, nicht jedes unserer Urteile ist bis ins Letzte begründet. Wir wissen, dass wir in einem solchen Gespräch den vielen Aspekten eines Themas kaum gerecht werden können. Wir wissen auch, dass Alter nicht notwendigerweise Weisheit fördert. Wir hoffen aber, dass die Vielfalt der Themen, der lebendige Wechsel von Rede und Widerrede, für manche Stelle entschädigt, die der Leser als ungenügend empfinden mag. Ein amerikanischer Historiker deutscher Herkunft und ein deutscher Politiker außer Dienst tauschen Erinnerungen, Erfahrungen und Argumente aus, die um die großen Fragen ihres Jahrhunderts und ihrer Welt kreisen. Als wir unsere Gespräche begannen, war uns klar, dass wir keine abschließenden Antworten finden würden, dass wir aber in dieser oder jener Frage vielleicht ein Stück weiter kämen. Am Ende empfanden wir unsere Gespräche als eine große gegenseitige Bereicherung. Wenn auch der eine oder andere Leser Gewinn daraus zieht, wäre dies für uns ein schöner Lohn.

Unser Dank geht an Detlef Felken, Nina Grunenberg, Thomas Karlauf, Wolf Lepenies, Mark Mazower und Theo Sommer sowie an Birgit Krüger-Penski, Rosemarie Niemeier und Armin Rolfink.

Helmut Schmidt *Fritz Stern*
Berlin, den 3. Dezember 2009

Erster Tag. Vormittags

Geschichtsbewusstsein · Russlandfeldzug · Das Jahr 1941 · Kriegseintritt der USA · Deutsche und Polen · Zbigniew Brzezinski · Die amerikanische Ostküstenelite · Bush Vater und Sohn · Monroe-Doktrin · Alfred Thayer Mahan · Alexis de Tocqueville · Das Verhältnis USA – China · Der Aufstieg Chinas · Noch einmal die Ostküste · McCloy, Kissinger, Cheney · Die Neokonservativen · Die USA und Israel · Gibt es eine deutsche Verantwortung für Israel? · Antisemitismus in Deutschland · Der Keynesianismus von Hjalmar Schacht · Hitlers frühe Erfolge · Das Unfassbare: der Holocaust

Schmidt: Fangen Sie an, Fritz.

Stern: Helmut, in Ihrem Buch «Außer Dienst» haben Sie mehrmals erwähnt, wie wichtig Geschichtsbewusstsein für einen Politiker ist. Dass mir das besonders einleuchtet, können Sie sich vorstellen. Meine Frage lautet: Warum und in welchen Momenten ist Ihnen Geschichtsbewusstsein von Nutzen gewesen?

Schmidt: Ich muss vorwegschicken, dass ich schon als fünfzehn-, sechzehnjähriger Schüler selbständig, auf die naive Weise eines Schuljungen, sehr viel über Geschichte gelesen habe. Wir hatten einen Klassenlehrer – Hans Römer hieß er –, der war gleichzeitig Geschichtslehrer. Eigentlich sollte er sich um die Ottonen kümmern. Aber kaum war er in der Klasse, meldete ich mich – ich oder ein zweiter Schüler, der hieß Jürgen Remé – und fragte ihn etwas zur jüngsten Geschichte: Sagen Sie mal, wie war das eigentlich wirklich mit der Emser Depesche und mit Bismarck? Dann haben wir eine Stunde lang eifrig diskutiert, die ganze Klasse hörte zu, und wenn es klingelte, hieß es: Lest bis zum nächsten Mal im Geschichtsbuch weiter bis Seite sowieso. – Aber um auf Ihre Frage zu antworten, Fritz: Unter dem Aspekt der Nützlichkeit habe ich die Geschichte nie betrachtet. Immerhin habe ich als Schüler zum Beispiel das Schicksal des Napoleonischen Feldzugs gegen die Russen deutlich vor Augen gehabt. Und als Hitlers Krieg gegen Russland losging, war mir klar, dass Deutschland den Krieg verlieren musste. Es würde den Deutschen genauso ergehen wie den Franzosen: Anfangserfolge, aber am Ende würden die Russen mit ihren Massen und dank ihres großen rückwärtigen Raums gewinnen. Mit dieser Vorstellung stand ich im Juni 1941 im Übrigen nicht allein, Loki hat das ähnlich gesehen. Aber ob dieses Wissen nützlich war, möchte ich bezweifeln.

Stern: Konnte man darüber mit anderen Wehrmachtsangehörigen sprechen, oder musste man diese Sicht der Dinge für sich behalten?

Schmidt: Sicherlich hat es in höheren Stäben und unter Generalstabsoffizieren Gespräche über den vermutlichen Ausgang des Krieges gegeben, aber zu diesen Kreisen hatte der Muschkote Schmidt keinen Zutritt. Ich erinnere mich, dass ich im Sommer 1941, als der Russlandfeldzug losging, einen Freund meines Vaters traf, der war eine Generation älter als ich, der hieß Onkel Hermann für mich. Onkel Hermann hatte die Uniform eines Hauptmanns der Luftwaffe an, und ich hatte die Uniform eines Leutnants der Luftwaffe an. Wir trafen uns im Hause der Witwe eines gemeinsamen Freundes von Onkel Hermann und meinem Vater in Bremen. Ich habe ihm gesagt: Das wird so enden wie der Feldzug Napoleons in Moskau. Geschlagen werden wir nach Hause gehen, und am Ende des Krieges werden wir alle in Erdlöchern hausen. Nur wenn wir Glück haben, werden wir in Baracken hausen, und der neue deutsche Baustil wird «Barack» heißen. Onkel Hermann war empört – er war, glaube ich, ein bisschen Nazi-angehaucht, das weiß ich aber nicht. Das Gespräch hat jedenfalls nicht zu einer Anzeige geführt. Ich vermute, dass es solche Gespräche in manchen Ecken gegeben hat.

Stern: Ich nehme an, dass das Gespräch nach dem Dezember 1941, nach dem Rückschlag vor Moskau –

Schmidt: Dieses Gespräch, das ich erinnere, war ganz eindeutig ein halbes Jahr früher.

Stern: Das ist ungewöhnlich. Wenn sich einfache Soldaten in der Wehrmacht Sorgen über den Ausgang des Krieges machten, dann, würde ich annehmen, erst mit dem Rückschlag vor Moskau.

Schmidt: Unter den Obergefreiten – wenn die unter sich waren – hat es sicher an tausend Stellen solche Gespräche gegeben.

Stern: Ich meine ja nur, dass der Vormarsch in den ersten Monaten so erstaunlich war, dass man vermuten könnte –

Schmidt: Ja, dieser erfolgreiche Vormarsch bis in den Dezember hinein hat sicherlich viele Kritiker zunächst mal gedämpft.

Stern: Am Anfang haben viele doch sicher geglaubt, nach all den Siegen, die die Wehrmacht schon erfochten hat, wird es auch dieses Mal gut gehen. Das bezeugen auch die Resultate der neueren Forschung.

Schmidt: Es gab keine Begeisterung – gab es nicht, definitiv nicht. – Wenn ich Sie fragen würde nach Ihren Eindrücken vom Kriegsjahr 1941, was Sie für ein Gefühl hatten, als der Russlandfeldzug anfing, was würden Sie antworten? Hatten Sie da schon das Gefühl, das geht schief? Wie alt waren Sie?

Stern: Ich war fünfzehn, und ich erinnere mich ganz genau, dass ich am 22. Juni 1941, als der Angriff auf die Sowjetunion losging, ein Gefühl der Erleichterung verspürte. Die Briten konnten es nicht alleine schaffen, das war klar; wir, die Amerikaner, waren noch nicht im Krieg. Allein die Tatsache, dass die Russen mit ihrem Millionenheer jetzt im Krieg mit den Nazis waren, würde den Deutschen zu schaffen machen. Und dann war man doch alarmiert, weil man sah, wie enorm schnell der Vormarsch ging und welche Verluste die Russen hatten. Ich erinnere mich sehr genau an den 6. Dezember. Da kam der erste Gegenangriff der Russen vor Moskau. Das war ein ungeheurer Rückschlag für die Wehrmacht. Die dann folgende Woche war eine weltgeschichtliche Woche: erst der japanische Angriff auf Pearl Harbor und dann, mehr oder weniger gleichzeitig, Hitlers Kriegserklärung an die Adresse der Vereinigten Staaten. Gleichzeitig begann die Radikalisierung der

Ausrottungspolitik gegenüber den Juden. Hitlers Kriegserklärung an die USA ist mir immer noch etwas unverständlich.

Schmidt: Völlig unverständlich!

Stern: Es hat jedenfalls Roosevelt die Sache ungeheuer erleichtert, denn wie er sein Land, das mehrheitlich gegen jede Einmischung war, jemals dazu gebracht hätte, in den Krieg einzutreten, weiß ich nicht. Hitler hat ihm mit der Kriegserklärung gewaltig geholfen. Und dann war es Roosevelts Entscheidung – und die seines wichtigsten militärischen Beraters George C. Marshall –, dass die westliche Front, also Hitler, der Hauptgegner, der erste Gegner war. Das war entscheidend und wäre ohne die Kriegserklärung Hitlers sehr viel schwieriger geworden.

Schmidt: Vermutlich hätte Pearl Harbor ausgereicht, um den Kriegseintritt auszulösen.

Stern: Den Kriegseintritt gegen Japan, ja, absolut. Aber Roosevelt war überzeugt, dass Hitler die größere Gefahr darstellt. Also den Einsatz zu erweitern und zu sagen, gleichzeitig führen wir mit den Engländern den Krieg gegen Deutschland, das wäre schwer gewesen. Das hat Hitler ihm erleichtert.

Schmidt: Ich wollte noch einmal zurückkommen auf Ihre Ausgangsfrage, ob es innerhalb der Wehrmacht, unter den Soldaten, solche Gespräche gegeben hat. Ich erinnere mich an ein zweites Beispiel, es stammt von Anfang 1945. Wir waren im Rückzug aus der Ardennenoffensive. Ich war mit meiner Batterie Teil eines Panzerkorps mit einer hohen lateinischen Nummer – die Nummer habe ich vergessen. Es war klar wie dicke Tinte, dass alles in einer Katastrophe enden würde. Und ich sagte zu meinem Kommandeur: «Das ist doch alles Unsinn, was wir hier machen. Hier werden immer noch viele Menschenleben geopfert, es wäre doch viel vernünftiger, die Amerikaner so weit nach Deutschland rein zu lassen, wie sie nur wollen, und dafür im Osten zu halten, solange es geht.» Da sagte der Kommandeur: «Das will ich nicht gehört haben.» Das war alles.

Stern: Sehr anständig!

Schmidt: Ja.

Stern: Aber eben ganz kurz vor dem Ende.

Schmidt: Das muss gewesen sein in der zweiten Hälfte Januar 1945.

Stern: Ich sage es noch mal: Von außen gesehen, kann ich mir nicht vorstellen, dass ein gewöhnlicher Soldat bei dem schnellen Vormarsch zwischen 22. Juni und 6. Dezember nicht das Gefühl hatte, es ist zwar alles sehr blutig und die Kosten sind sehr hoch, aber wir werden schon gewinnen.

Schmidt: Also ich war bloß ein gewöhnlicher Soldat, ein kleiner Leutnant. Dieses Gefühl habe ich nicht gehabt.

Stern: Das ist wahrlich erstaunlich. Polen in fünf Wochen niedergeworfen, Frankreich in sechs Wochen niedergeworfen, und dann diese enormen Geländegewinne bis in den Spätherbst in Russland – da müssen viele Soldaten das Gefühl gehabt haben, es läuft doch ganz gut.

Schmidt: Normalerweise ist der einfache Soldat, der Gefreite oder der Obergefreite, nicht geneigt, sich über den Ausgang des Krieges Gedanken zu machen. Für ihn geht es darum, wann hat er den letzten Brief von seiner Frau oder seiner Freundin bekommen, kriege ich heute Abend was Ordentliches zu essen –

Stern: Überlebe ich –

Schmidt: Wie vermeide ich es, in russische Gefangenschaft zu kommen. Der einfache Soldat hatte Angst vor der russischen Gefangenschaft, er hatte Angst vor schwerer Verwundung. Das waren die seelischen Bedrängnisse, unter denen er litt, nicht die Frage, wie der Krieg ausgeht.

Stern: Aber es gab einen – wie soll ich sagen – qualitativen Unterschied zwischen dem Russlandfeldzug und den Feldzügen davor. Das wäre die Frage: Hat der einfache Soldat die Brutalität –

Schmidt: Das kann ich nicht beurteilen. Ich habe keinen der vorangegangenen Feldzüge mitgemacht. Wohl aber kann ich beurteilen den seit Generationen eingeübten Gehorsam der Deutschen. Die große Masse der Deutschen wusste: Wir haben den Ersten Weltkrieg verloren. Sie hatte Zweifel, wie dieser Zweite Weltkrieg ausgeht. Aber sie wusste: Mein Vater hat im Ersten Weltkrieg die Befehle befolgt, und ich muss das auch tun. Unabhängig davon, ob man einen Befehl vernünftig fand oder nicht: Dass er befolgt wurde, war selbstverständlich. Ebenso selbstverständlich war aber auch, dass man, wenn es ging, versucht hat, Befehle zu umgehen.

Stern: So viele Deutsche waren es nicht, die zwischen 1918 und 1933 wirklich davon überzeugt gewesen waren, dass die Deutschen den Ersten Weltkrieg verloren hatten. Die meisten haben wirklich an den Dolchstoß geglaubt.

Schmidt: Das stimmt, aber während des Zweiten Weltkrieges haben diese Zweifel für uns junge Soldaten keine Rolle mehr gespielt.

Stern: Das heißt, um auf unser Thema zurückzukommen, man lernt aus der Geschichte?

Schmidt: Ich nehme an, Fritz, dass dies jetzt eine rhetorische Frage ist. Sie wollten wissen, ob ich Nutzen aus meinen Kenntnissen der Geschichte gezogen habe, und da habe ich auf das Beispiel Napoleon verwiesen, das mir 1941 zu einer realistischen Einsicht des Russlandfeldzugs verholfen hat. Ich hätte ebenso gut auf die fünfziger Jahre verweisen können – da war ich ein junger Abgeordneter –, als mir die Kenntnis, die sehr oberflächliche Kenntnis der polnischen Geschichte geholfen hat, die Pläne des damaligen polnischen Außenministers Adam Rapacki zu verstehen. Es gab zwei Rapacki-Pläne, einen ersten und eine etwas modifizierte zweite Auflage, die ich als junger Redner – ich war damals vielleicht vierzig Jahre alt – im Parlament behandelt und begrüßt habe. Ich habe eine Rede gehalten, die darauf hinaus lief, der Westen solle die gedanklichen Ansätze von Herrn Rapacki aufnehmen und darüber in Verhandlungen eintreten, wohl wissend, dass der Westen das nicht tun würde. Es ging darum, in Mitteleuropa eine atomwaffenfreie Zone zu schaffen, und zu dieser Zone sollten gehören auf östlicher Seite Polen, dazu die DDR und später auch die Tschechoslowakei, und auf westlicher Seite die Bundesrepublik.

Stern: Polen ist ein gutes Beispiel. Wie wichtig die Kenntnis der historischen Tatsachen ist, kann man nirgendwo besser erkennen als am deutsch-polnischen Verhältnis. Würden Sie ähnlich wie Richard von Weizsäcker sagen, dass aus der historischen Verantwortung des Zweiten Weltkrieges heraus die Deutschen eine besondere Verantwortung gegenüber den Polen haben?

Schmidt: Eine sehr hohe Verantwortung gegenüber den Polen. Der Ausdruck «besondere Verantwortung» klingt so, als ob sie besonders sei im Verhältnis zu unserer Verantwortung gegenüber anderen Staaten und Regierungen.

Stern: Ich würde trotzdem von «besonderer Verantwortung» sprechen wollen. Die Verwüstung Polens – ich meine –

Schmidt: Für mich ist der polnische Nachbar unter dem Gesichtspunkt der deutschen Geschichte von ungeheurer Bedeutung. Nachrangig nur gegenüber der Bedeutung des französischen Nachbarn. Vorrangig gegenüber der Bedeutung des entfernten Nachbarn Russland oder des noch etwas entfernteren Nachbarn England.

Stern: Deutsche und Franzosen haben viele Kriege geführt, Franzosen haben im 17. Jahrhundert Teile von Deutschland verwüstet. Aber es kam nie zu einer so unmenschlichen Besatzung wie der deutschen Besatzung Polens, angefangen im September 1939. Nie und nirgends hat eine deutsche Armee so viele Gräuel geschehen lassen außer in Polen und dann später in Russland.

Schmidt: Ich stimme dem zu. Es ging aber voraus, am Ende des

18. Jahrhunderts, die dreimalige Aufteilung Polens unter das zaristische Russland, das Königreich Preußen und Österreich. Das ging voraus. Diese drei polnischen Teilungen habe ich in der Schule gelernt. Später wurde Polen noch zweimal geteilt, nämlich das vierte Mal zwischen Hitler und Stalin und das fünfte Mal unter dem Diktat Stalins. In Wirklichkeit sind es fünf polnische Teilungen.

Stern: Eigentlich hat Stalin Polen nicht geteilt, sondern die Grenzen verschoben. Wenn die Deutschen aufgrund dessen, was 1939 bis 1945 in Polen passiert ist, eine – vielleicht können wir uns auf dieses Wort verständigen – herausragende Verantwortung gegenüber den Polen haben, dann müsste das Gleiche eigentlich auch gegenüber den Russen gelten.

Schmidt: Das würde ich nicht unterschreiben wollen. Denn schließlich und endlich haben die Russen den Krieg gewonnen –

Stern: Und zweitens waren sie selber auch schuldig an schlimmen Ausschreitungen im Osten Europas, das heißt, eine besondere Verantwortung gibt es hier nicht.

Schmidt: So ist es.

Stern: Polen ist nun einmal eine schwächere Nation, die, wie Sie schon gesagt haben, immer wieder durch ihre Nachbarn verwundet wurde. Es liegt eingeklemmt zwischen zwei mächtigen Nachbarn im Westen und im Osten. Die Polen haben bitter unter diesen Nachbarn leiden müssen, vor allem als deren Herrscher Hitler und Stalin hießen. Aber vielleicht genügt es, wenn die Deutschen sich ihrer Verantwortung bewusst sind, und die Polen sollten sich à la longue nicht immer nur als Opfer fühlen. Die Polen sollten vielmehr sehen, dass viele Deutsche nicht nur das Gefühl der Verantwortung haben, sondern auch versuchen, es in die Praxis umzusetzen.

Schmidt: Das Verhältnis ist nach wie vor schwierig. Keiner würde behaupten wollen, dass eine Freundschaft besteht. Wenn man zuhört, wenn die Brüder Kaczynski reden, weiß man, dass sie aus ihrem nationalen Geschichtsbewusstsein heraus reden. Man hat dafür Verständnis, aber es führt nicht zur Freundschaft.

Stern: Nein.

Schmidt: Das Verhältnis war bereits nach dem Ersten Weltkrieg vergiftet. Es gab zwar zwischen einigen Deutschen und einigen Franzosen – siehe Stresemann, Briand – den beiderseitigen Willen zur Verständigung. Aber diesen Willen hat es auf deutscher Seite gegenüber den Polen nicht gegeben.

Stern: Überhaupt nicht.

Schmidt: Gustav Stresemann wollte Teile der ehemaligen preußischen Provinzen zurück haben, er wollte Teile von Oberschlesien zurück haben, und er hat ein Ost-Locarno abgelehnt.

Stern: Absolut. Und leider haben die Franzosen und Engländer nicht auf einem Ost-Locarno bestanden. Gleichwohl muss man hinzufügen, dass Stresemann eine *friedliche* Revision der polnischen Grenzen wollte.

Schmidt: Er war kein Kriegstreiber, nein, das nicht. Er wollte eine Revision.

Stern: Ein Ost-Locarno wäre in Deutschland politisch sehr viel schwieriger durchzusetzen gewesen. Dafür gab es in Weimar bestimmt keine Mehrheit.

Schmidt: Die Deutschen waren auch nicht begeistert von dem West-Locarno!

Stern: Kann man wohl sagen. Aber für ein Ost-Locarno war nicht einmal ein politischer Wille da. Man sah das als nicht notwendig an, man wollte keine Normalisierung.

Schmidt: So ist es. – In diesem Zusammenhang, finde ich, sollte man erwähnen, dass die Polen immer sehr auf die Vereinigten Staaten von Amerika als den Hort der Freiheit geguckt haben.

Stern: Ja, vor allem auch nach dem Ersten Weltkrieg. Das hängt auch damit zusammen, dass Wilson in seinen Vierzehn

Punkten die Erneuerung eines polnischen unabhängigen Staates zur Bedingung eines Friedensschlusses in Europa erklärt hat.

Schmidt: Das hat dazu beigetragen, dass besonders viele Leute aus Polen nach Amerika gegangen sind.

Stern: Richtig. Chicago war mal die zweitgrößte polnische Stadt in der Welt.

Schmidt: Besonders viele polnische Einwanderer haben sich auch ein bisschen nördlich von Chicago, am Ufer des Michigansees, niedergelassen. Kommt nicht auch Brzezinski von dort?

Stern: Er ist, soviel ich weiß, in Warschau geboren; groß geworden ist er auf der andern Seite der Seen, in Montreal.

Schmidt: Ich kannte Brzezinski seit den fünfziger Jahren. Für mich war immer deutlich, dass er in extremer Weise die Russen hasste und in extremer Weise die Deutschen hasste. Ich habe ihm nie ein abgewogenes Wort zugetraut, muss ich bekennen. Wegen seiner totalen Ablehnung dieser beiden Nachbarvölker.

Stern: Da ich ihn wirklich gut kenne, kann ich Ihnen nur zu fünfzig Prozent Recht geben. Gegen die Russen hatte er dieses Gefühl, gar keine Frage. Gegen die Deutschen hat er sich, spätestens beim Eintritt der Bundesrepublik in die NATO, die amerikanische Einstellung zu eigen gemacht: «Wir brauchen die Deutschen». Liebe war das zwar nicht, aber jedenfalls eine andere Einstellung, als er sie gegenüber den Russen hatte.

Schmidt: Ich weiß nicht, ob ich das erzählen soll, aber ich hätte ihn beinahe mal rausgeschmissen aus meinem Büro. Er war damals Sicherheitsberater von Jimmy Carter, und in dieser Eigenschaft besuchte er den deutschen Bundeskanzler. Er redete in einer Weise mit mir, dass mir beinahe der Kragen geplatzt ist: arrogant, überheblich und aggressiv.

Stern: Haben Sie mal jemanden rausgeschmissen?

Schmidt: Einen Erzbischof, der im Auftrag des Vatikans einen Papstbesuch in Deutschland vorbereiten sollte, den hätte ich beinah rausgeschmissen. Er hatte einen polnischen Namen, ich glaube aber, dass er Amerikaner war, denn nach meiner Erinnerung sprach er ein amerikanisches Englisch. Er ging davon aus, der Besuch des Papstes in Deutschland muss ein Riesenerfolg werden, und das kostet euch ungefähr 25 Millionen D-Mark. Werde ich nie vergessen! Der Bundespräsident hat ihn dann wohl tatsächlich hinauskomplimentiert.

Stern: Ich habe Brzezinski Ende der fünfziger Jahre kennen gelernt, da kam er zu uns nach Columbia, wir waren Kollegen, hatten einen gemeinsamen Freund und haben uns dann ebenfalls angefreundet. Nach meinem ersten längeren Gespräch mit ihm habe ich zu dem gemeinsamen Freund gesagt: «The most interesting unhistorical mind, I've ever met.» Ein hochinteressanter, aber theorielastiger Mensch. Von Geschichtsbewusstsein oder historischem Denken war er ziemlich frei, er hat alles von der Politikwissenschaft her gesehen. Wir sprachen – ich glaube, das war Anfang der sechziger Jahre – über Ungarn, wir hatten das Land gerade besucht, unabhängig voneinander, und ich erzählte ihm, wie mich im Oktober 1956 der sowjetische Einmarsch bewegt hat und die Unterdrückung, und dass ich geweint hätte. Da nahm er einen Stift, malte eine Karte aufs Papier und sagte: «Na ja, wenn man hier eine amerikanische Nuklearwaffe benutzt hätte und dort, wäre der Einmarsch unmöglich gewesen.» Ich war entsetzt.

Schmidt: Für mich ist und bleibt er ein polnischer Romantiker.

Stern: Also polnisch ganz bestimmt, aber über das Wort Romantiker würde ich mit Ihnen streiten, denn es gab etwas Realpolitisches bei ihm –

Schmidt: Romantischer Realpolitiker! – Wir müssen aufpassen, Fritz, dass wir uns nicht verlieren. Eigentlich sollte Zbig Brzezinski in unserem Buch keine allzu große Rolle spielen.

Stern: Richtig. Ich wollte nur noch kurz erzählen, dass ich Mitte der sechziger Jahre, als ich mich gegen den Vietnamkrieg engagierte, gern auch Zbig dabei haben wollte. Ich habe damals in Columbia eine Gruppe von Professoren organisiert, die sich mit der Frage befassen sollte, was können wir tun, um die amerikanische Vietnampolitik zu ändern. Beim Mittagessen in der Universität sagte ich Zbig ehrlicherweise, für mich ist der Krieg in Vietnam ein Verhängnis, denn er verstößt gegen unsere eigenen nationalen Interessen. Das konnte er nicht nachvollziehen. Da sagte ich zu ihm: «Ich muss Ihnen gestehen, ich habe einen Sohn, der ist siebzehn Jahre alt, und das spielt sicher eine Rolle in meinem Denken.» Die Antwort von Zbig werde ich nie vergessen: «Ich habe auch einen Sohn, der ist fünfzehn. Ich würde es vorziehen, wenn wir die Sache jetzt hinter uns bringen.» Und damit meinte er, wie ich glaube, nicht nur Vietnam. Wenn es zu einem Krieg mit China kommen sollte, dann lieber jetzt, wenn sein Sohn noch nicht dabei sein musste. Erschreckend! Verstehen Sie mich?

Schmidt: Sehr gut. Deshalb sollten wir ja auch das Thema wechseln. Auf die Gefahr hin, in die Überheblichkeit des alten Mannes zu geraten, der alle jüngeren Leute für weniger tüchtig hält als die eigene Generation –

Stern: Zu der ich immerhin auch gehöre –

Schmidt: Im Bewusstsein dieser Gefahr blicke ich ihr ins Auge und behaupte: Die heutige Generation der Politiker interessiert sich relativ wenig für Geschichte. Das gilt jedenfalls in meinem Land, in Deutschland. Meine Vermutung ist, dass es in Amerika nicht viel besser ist.

Stern: Da gebe ich Ihnen völlig recht. Ich glaube, dass das Ahistorische bei den Amerikanern auch aus ihrer Geschichte stammt. Von zwei großen Meeren beschützt, ergab es Sinn, Isolationist zu sein, und außerdem hatte man das wohltuende Gefühl, wir sind ein ganz neues Experiment.

So etwas wie uns gab es noch nie. Außer der berühmten Ostküstenelite, die die alte Bildung pflegte, war deshalb niemand besonders an Geschichte interessiert. Man meinte, die USA hätten ihre eigene, erstaunliche Geschichte unabhängig von anderen Ländern. Und das ist heute noch schlimmer.

Schmidt: Die alte Ostküstenelite hat ihre überragende Bedeutung für das Schicksal der amerikanischen Nation verloren, ein Teil der Bedeutung ist inzwischen abgewandert in den Süden und nach Kalifornien. Und in Texas interessiert man sich schon gar nicht für die Geschichte Europas. Eher für die Geschichte des Mittleren Ostens, soweit daher das Öl kommt.

Stern: Das ist ganz richtig. Immerhin ist in den Colleges und Universitäten in Amerika das Grundstudium der sogenannten westlichen Zivilisation unabdingbar, um überhaupt einen Abschluss zu erreichen, allerdings erst seit dem Ersten Weltkrieg. Aber auch das hat in den letzten Jahren abgenommen. Wegen der Globalisierung muss man sich jetzt eben auch um die anderen Länder kümmern. Aber viele unserer Studenten wissen nicht mal über die eigene amerikanische Geschichte Bescheid.

Schmidt: Woher kam dieses neue Experiment, von dem Sie eben sprachen? Geht das zurück auf die Pilgrim-Fathers?

Stern: Weniger auf die Pilgrim-Fathers als vielmehr auf die Founding-Fathers. Das Gefühl eines neuen politischen Experiments kam mit der Unabhängigkeitserklärung und noch mehr mit der Verfassung. Die religiöse Fundierung, die unter den Pilgrims natürlich noch eine ganz starke Rolle gespielt hat, wurde im 18. Jahrhundert säkularisiert. Bei der Begründung der Vereinigten Staaten war die Trennung von Staat und Kirche selbstverständlich. Den Gründungsvätern, oder wie immer man sie nennen will, war bewusst: Kirche und Staat müssen getrennt sein.

Schmidt: Woher haben sie das gewusst?

Stern: Aus den negativen Erfahrungen, die sie aus Europa kannten, aus der historischen Erfahrung.

Schmidt: Es spielt in der Declaration of Independence nach meiner Erinnerung keine Rolle. Oder doch? Es spielt in der amerikanischen Constitution auch keine Rolle. Oder doch?

Stern: Doch. Es steht ganz klar in der Verfassung, im berühmten stets zitierten ersten Amendment.

Schmidt: Aha.

Stern: Die Religionsfreiheit kam im Übrigen nicht sofort. Es gab auch unter den Pilgrims rigorose Unterdrückung, zum Beispiel von Katholiken und anderen christlichen Glaubensbekenntnissen. Weil es aber von Anfang an gemischte Religionen in den Vereinigten Staaten gab, hat sich die Frage nach religiöser Freiheit allmählich durchsetzen können.

Schmidt: Die Leute, die im Laufe des 18. und 19. Jahrhunderts nach Amerika ausgewandert sind, waren zu einem großen Teil Iren, die waren selbstverständlich alle römische Katholiken. Zu einem großen Teil waren es Polen, die waren selbstverständlich ebenfalls alle römische Katholiken. Zu einem erheblichen Teil waren es Deutsche, die waren teils Protestanten, teils Katholiken. Aber alle kamen aus Staaten, in denen die Einheit von Kirche und Staat keine Rolle spielte.

Stern: Aber in Irland war die Kirche doch ungeheuer mächtig, unabhängig davon, welche Rolle der Staat spielte. Und der Antikatholizismus in Amerika darf auch nicht unterschätzt werden – politisch gesehen. Gerade die Iren hatten im 19. Jahrhundert eine schwierige Zeit, sich durchzusetzen. Erst mit John F. Kennedy ist ein Katholik Präsident geworden.

Schmidt: Meine Frage lautet: Woher kommt eigentlich dieses Überlegenheitsgefühl, dieser besondere amerikanische Messianismus? Dieses Gefühl der Amerikaner, wir haben das beste politische System der Welt, und das wollen wir jetzt auch den anderen beibringen, war ja nicht nur hilfreich. Könnte man so formulieren: Amerika hat den christlichen Missionarismus ersetzt durch einen demokratischen und kapitalistischen Missionarismus?

Stern: Amerikanischer Prägung, ja.

Schmidt: Auf christlicher Grundlage?

Stern: Auf christlicher Grundlage, ja, aber man muss hinzufügen, toleranter –

Schmidt: Das Christentum war niemals tolerant.

Stern: Eben!

Schmidt: Weder das katholische noch das evangelische Christentum sind je tolerant gewesen.

Stern: Sie sagten eben, die alte Ostküstenelite habe an Einfluss verloren –

Schmidt: Das würde ich so stehen lassen.

Stern: Ich will Ihnen gar nicht widersprechen. Ich will Sie fragen, woran Sie es festmachen?

Schmidt: Was wir heute in der Finanzwelt erleben, ist ein absolutes Versagen der alten Ostküstenelite.

Stern: Sie haben, wie immer, eine kurze und präzise Antwort. Ich zögere ein wenig, weil es wirklich eine sehr komplexe Materie ist. Es hängt einerseits zusammen mit der demographischen Entwicklung, andererseits ist es das eigene Versagen, wie das sehr oft bei Eliten der Fall ist. Ich würde damit anfangen, zu sagen, die alte Ostküstenelite wurde gespalten mit dem New Deal. Einige haben damals mitgemacht, aber bei vielen kam es zu einer bitteren Feindschaft gegen Roosevelt; es gab damals noch, wenn ich so sagen darf, eine anständige republikanische Opposition, die dann allerdings immer weniger von Anstand geprägt wurde. Und das ist weiß Gott nicht besser geworden. Jedenfalls fing die Vormacht der Ostküstenelite schon damals an zu wackeln.

Schmidt: Mir scheint die demographische Entwicklung, die Sie erwähnt haben, eine große Rolle zu spielen. Die Tatsache, dass Kalifornien inzwischen der volkreichste Staat geworden ist, hat dazu beigetragen, dass der Einfluss, der von Los Angeles ausgeht auf die öffentliche Meinung in Amerika, gewaltig gestiegen ist.

Stern: Richtig.

Schmidt: Und dasselbe gilt für Texas. Und dasselbe gilt für all die Pensionäre in Florida oder in Arizona.

Stern: Außerdem gab es in der amerikanischen Geschichte der letzten zwei Jahrhunderte immer ein populistisches Ressentiment gegen die Ostküstenelite.

Schmidt: Das gilt wahrscheinlich schon für den Mittleren Westen.

Stern: Ja. Ein gewisses Misstrauen gegenüber den sogenannten gebildeten und eingebildeten –

Schmidt: Und deren guten Manieren –

Stern: War für den amerikanischen Populismus immer ein sehr, sehr lohnendes Objekt. Dieses Ressentiment konnte zu bestimmten Zeiten richtig aufgepeitscht werden. George Bush Jr. zum Beispiel machte gegen Ende seiner zweiten Amtszeit gern süffisante Anspielungen auf Menschen, die in Martha's Vineyard französischen Weißwein trinken. Das antielitäre Denken war in Amerika immer präsent.

Schmidt: Bush Vater war ein typischer Vertreter der Ostküste. Man kann die beiden Bushs – Vater und Sohn – als Beispiel nehmen für den Abstieg der Ostküste. Bei Vater Bush war die Kenntnis der Welt außerhalb der Vereinigten Staaten von erheblicher Bedeutung; er hatte auch Urteilsvermögen in Bezug auf Probleme außerhalb des amerikanischen Kontinents. Der Sohn nicht mehr. Der Sohn ist nicht an der Ostküste aufgewachsen wie der Vater, sondern in Texas groß geworden.

Stern: Ja, aber er wurde in Yale erzogen. Man versuchte zumindest, ihn in Yale zu erziehen.

Schmidt: Man kann den Vater zur Ostküste rechnen, den Sohn nicht.

Stern: Ich würde nur hinzufügen, dass es eine Leistung des jungen Bush war, den Vater aufzuwerten. Ich sage das ironisch: Dadurch dass er so schlimm war, denkt man weniger kritisch zurück an den alten Bush. Insgesamt aber würde ich den Vater kritischer sehen als Sie.

Schmidt: Ich habe ein Gefühl der Dankbarkeit gegenüber dem alten Bush, denn Helmut Kohl hätte die Vereinigung der beiden deutschen Nachkriegsstaaten nie zustande gebracht ohne die Hilfe von Bush Vater.

Stern: Das will ich gar nicht bestreiten; ich sehe ihn aber vor allem innenpolitisch, und da sage ich: Er war der Mann, der uns Dan Quayle gebracht hat. Ich weiß nicht, ob Sie sich noch an den Vizepräsidenten erinnern. Wenn man so jemanden zum Vizepräsidenten macht, ist das eine Art Verachtung für das Amt!

Schmidt: Wir haben schon komische Vizepräsidenten erlebt –

Stern: Quayle war etwas ganz Besonderes. Auch die Ernennung von Clarence Thomas in den Obersten Gerichtshof entsprach in keiner Weise der alten Tradition der Ostküste. Ich kann Sie sehr gut verstehen, was die Außenpolitik anlangt, und stimme zu, dass ein großer Unterschied bestand zwischen Vater und Sohn. Ich will nur nicht, dass man vergisst, was er innenpolitisch angerichtet hat. Außerdem war die Verachtung für die Aristokratie auch bei ihm schon ein Stück vorhanden, nicht erst bei seinem Sohn. Und bei beiden – Vater und Sohn, beim Sohn noch viel ausgeprägter – gab es diese entsetzliche Geldgier und den Hang, sich mit Leuten zu umgeben, die dieser Gier ergeben sind.

Schmidt: Lassen Sie uns noch beim Thema Außenpolitik bleiben. Würden Sie zustimmen oder würden Sie es einschränken oder ablehnen, wenn ich sage: Seit zweihundert Jahren ist die Außenpolitik der Vereinigten Staaten durch drei Tendenzen gekennzeichnet, die sich abgewechselt haben, zum Teil auch überlappt haben, nämlich erstens Isolationismus, später auslaufend in Unilateralismus; zweitens Imperialismus, auch auslaufend in Unilateralismus; und drittens Internationalismus. Diese drei Tendenzen wurden allesamt mehr oder minder idealistisch begründet oder verbrämt. Kann man das so sagen, oder würden Sie das anders sehen?

Stern: Ich würde das Verlangen Amerikas hinzufügen, der Welt einen gewissen idealistischen Schub zu geben. Anfangs noch als friedliches Vorbild, wie bei den Unterzeichnern der Declaration of Independence. Sie wussten, das ist ein Signal, das es noch nicht gegeben hat, dass sich ein Land unabhängig macht und sich zugleich berufen fühlt, der Weltöffentlichkeit die Gründe und Prinzipien klar darzulegen – wie John Adams in seinem letzten Brief geschrieben hat, die Unabhängigkeitserklärung bleibt ein Beispiel für die Welt. Was den Isolationismus anlangt, so möchte ich hinzufügen, dass man sich der Umwälzungen in der Welt durchaus bewusst war; der Isolationismus war pragmatische Politik. Und am Anfang war man ja weitgehend unabhängig vom Rest der Welt. Der Isolationismus war immer vermischt mit Stolz und einem Schuss politischer Vernunft. In den besten Momenten amerikanischer Außenpolitik waren Realismus und Idealismus vereint.

Schmidt: Die Monroe-Doktrin kam ungefähr ein halbes Jahrhundert nach der Unabhängigkeitserklärung.

Stern: Richtig.

Schmidt: Wenn ich das richtig verstehe, war sie einerseits unilateralistisch und isolationistisch, aber andererseits erklärte sie die beiden Hälften des amerikanischen Kontinents zum Hinterhof der Vereinigten Staaten: Da habt ihr anderen nichts zu suchen, das geht euch nichts an.

Stern: Das ist völlig richtig. Verkündet wurde die Monroe-Doktrin 1823, zu einer Zeit, als die meisten Länder Südamerikas sich von Spanien und Portugal befreit haben und die USA dort keine erneute europäische Vormacht dulden wollten – ohne übrigens die Macht zu haben, so eine Politik durchzusetzen.

Schmidt: Im Kern geht diese Politik wohl zurück auf Thomas Jefferson. Er war es, der das warnende Wort von den «Entangling Alliances» geprägt hat, oder?

Stern: Ich bin nicht sicher. Das, was damit gemeint ist, stand jedenfalls im Zentrum der Abschiedsrede von George Washington. Es hat ja eine gewisse Tradition in Amerika, dass die Abschiedsrede eines Präsidenten, die Farewell Address, eine besondere Wichtigkeit hat.

Schmidt: Inzwischen ist die Inaugurationsrede wichtiger geworden.

Stern: Richtig, aber Washingtons Farewell Address ist immer noch ein wichtiges Dokument, das übrigens in den 1930er Jahren von Isolationisten gern zitiert wurde: Amerika solle die Weisheit von Washington befolgen und sich aus Europa heraushalten – wozu verzwickte Allianzen, wenn die Interessen Amerikas nicht unmittelbar betroffen sind. Das war gegen Franklin Roosevelt gerichtet.

Schmidt: Ende des 19. Jahrhunderts hat Alfred Thayer Mahan eine völlig neue, den Globus umspannende Konzeption einer Welt-Seemacht entwickelt, die in frontalem Widerspruch stand zur Monroe-Doktrin. Das muss doch eigentlich zu Kontroversen geführt haben in den USA.

Stern: In den siebzig Jahren, die seit Jefferson vergangen waren, hatte sich Amerika sozusagen selbst entdeckt, man hatte den Westen kolonialisiert –

Schmidt: Ja, aber dazu brauchte man keine Schiffe.

Stern: Alles per Pferd. Go West, Young Man! Als man dann angekommen war, kamen imperialistische Gelüste auf. Nicht zufällig zu einem Zeitpunkt, wo der Imperialismus in Europa auf seinem Höhepunkt war. Und Alfred Mahan war in dem Sinne mehr historischer Denker als Stratege – mit Sicherheit war er kein politischer Berater. Dass er einen solchen Einfluss haben würde, war ihm wohl nicht bewusst. Sein Buch erschien 1890, Amerikas imperialistischer Aufbruch begann 1898, mit dem Krieg gegen Spanien und dem Aufbau einer starken Position im Stillen

Ozean. Ich bin ihm übrigens in Deutschland mindestens so oft begegnet wie in den USA; als ich mich mit der Vorkriegsgeschichte von 1914 beschäftigte, mit dem unglücklichen Flottenbau, bin ich immer wieder auf seinen Namen gestoßen.

Schmidt: Heute wird sein Buch wohl nur noch von Fachleuten gelesen.

Stern: Das Buch von Mahan über die Seemächte hatte wohl ein ähnliches Schicksal wie Alexis de Tocquevilles Buch über die Demokratie in Amerika – ohne die beiden vergleichen zu wollen. Tocquevilles Amerika-Buch ist wohl das größte Buch, das je über Amerika geschrieben wurde, heute aber weitgehend vergessen. Nach dem Zweiten Weltkrieg, als man sich in den USA mit der Zukunft von Demokratie beschäftigte, wurde es häufiger gelesen, weil es im Geist eines gemäßigten, vernünftigen liberalen Konservatismus verfasst ist. Auch ich habe es als junger Student bald nach dem Krieg gelesen und bewundert.

Schmidt: Für mich war das Wichtigste bei Tocqueville die Schilderung der machtpolitischen Gleichstellung Amerikas und Russlands. Das war in den 1830er Jahren, als das Buch geschrieben wurde, geradezu visionär.

Stern: Das steht im letzten Kapitel des ersten Bandes, ein paar Sätze nur, aber eine sehr hellsichtige Prophezeiung.

Schmidt: Eine Prophezeiung, die ich später auf die Situation des Kalten Krieges zwischen der Sowjetunion und Amerika projiziert habe.

Stern: In Amerika wurde er vor allem von der «intellektuellen Klasse» gelesen, aber nicht wegen der Prophezeiungen, sondern wegen seiner Analyse, was eine Demokratie bedeutet und wo ihre Gefahren liegen. Bei einer großen Veranstaltung 1959 in Philadelphia zum 100. Todestag von Tocqueville habe ich einen Vortrag über ihn und seine liberale Grundposition gehalten. Er hat das Verhältnis von demokratischer Ordnung und Politik, aber auch von demokratischer Gesellschaft und Kultur analysiert und schon weitgehend die Gefährdung der Kultur durch die Demokratie erfasst; er glaubte an die Zukunft der Demokratie, aber hat auch ihre Schattenseiten erkannt. Er war schließlich nicht umsonst ein Mann aus altem französischen Adel.

Schmidt: Tocquevilles Prophezeiung von den beiden großen Mächten der Zukunft, Amerika und Russland, ist für das 20. Jahrhundert in Erfüllung gegangen. China tauchte bei ihm nicht auf. Das bringt mich zu meiner nächsten Frage. Werden die Vereinigten Staaten von Amerika den Wiederaufstieg Chinas zur Weltmacht in Gelassenheit ertragen, auch wenn er unter kommunistischem Vorzeichen erfolgt, ohne eine demokratische Verfassung?

Stern: Sie haben irgendwo mal geschrieben, dass man sich hüten sollte, über die Zukunft Aussagen zu treffen, weil man sich damit nur lächerlich macht. Ich will es trotzdem auf mich nehmen. Mit Gelassenheit werden die Amerikaner es sicher nicht ertragen. Von Amerika aus gesehen gibt es im Augenblick, wie es das schon früher gegeben hat – in der zweiten Hälfte des 20. Jahrhunderts –, die Möglichkeit, China gegen Russland auszuspielen. Wenn aber China als Alleinmacht, als alleinige aufsteigende Macht den Vereinigten Staaten gegenüber steht, wird das eine sehr schwierige Aufgabe sein. Wie man damit fertig wird in Amerika, ist mir unklar. Es wird im Wesentlichen zwei verschiedene Strömungen geben: Eine Strömung, die sehr jingoistisch und aggressiv reagiert – ja man muss sich gegen China wappnen, was immer das heißen mag – und eine andere Richtung, die sagt: Es ist nun mal so, man muss irgendwie zu einem Modus operandi kommen.

Schmidt: Warum muss man sich wappnen? Besteht die Besorgnis, dass China ein imperialistischer Großfaktor der Weltpolitik werden könnte, der Amerika bedroht? Wenn ich die chinesische Geschichte einigermaßen richtig im Hinterkopf habe, war China eigentlich niemals eine imperialistische Macht, nicht im Laufe von viertausend Jahren. Die Chinesen waren sich immer selbst genug; sie waren zufrieden, wenn die ausländischen Fürsten nach China zu Besuch kamen, vor dem Kaiser Kotau machten, Geschenke mitbrachten, Tribut zahlten, und dann wurden sie in Gnaden wieder nach Hause entlassen. Heute ist das Land, der Zahl der Menschen nach, das Vierfache bis Fünffache der Vereinigten Staaten. Der Intelligenzquotient ist der gleiche, nur fehlt den Chinesen im Moment noch die Möglichkeit, diese Intelligenz in allen Bereichen auszubilden.

Stern: Noch! Die Betonung liegt auf dem Wort noch. Und da muss man sagen, dass Amerika selber zum Aufstieg Chinas sehr viel beigetragen hat, gerade was Technologie anlangt und Ausbildung. Wenn Sie heute an irgendeine amerikanische oder kanadische Universität gehen, fällt Ihnen sofort auf, wie viele Asiaten da sind, und dass diese Asiaten –

Schmidt: Tüchtiger sind als die amerikanischen und fleißiger –

Stern: Fleißiger ohne Frage, und in dem Sinne auch tüchtiger. Ob sie intelligenter sind, kann ich nicht beurteilen. Für Mathematik oder Naturwissenschaften scheinen sie jedenfalls besonders begabt zu sein.

Schmidt: Nicht alle asiatischen Studenten in Amerika kommen aus China. Aber die von dort kommen, gehen heutzutage wohl größtenteils zurück?

Stern: Ja, das ist richtig. Früher war das anders. Da wollten die Ausländer, die nach Amerika kamen, sich in Amerika durchsetzen.

Schmidt: Aber die Chinesen selber unternehmen auch unglaubliche Anstrengungen; was sie auf dem Felde der universitären Ausbildung geschaffen haben im Laufe der letzten fünfzehn Jahre, ist erstaunlich. Und ich würde vorhersagen: Es dauert nicht mehr lange, dann kann kein Mensch aufsteigen ins Politbüro oder gar in den Ständigen Ausschuss des Politbüros, der nicht akademische Titel mitbringt, und zwar akademische Titel aus dem eigenen Lande. Der Ausbau der Universitäten und der Bildung hat inzwischen ein unvorstellbares Ausmaß angenommen.

Stern: Wobei zu bemerken ist: Ausbau ist nicht notwendigerweise mit Qualität verbunden, im Gegenteil.

Schmidt: Ich erkenne in diesem enormen Nachdruck, den die heutige kommunistische Führung auf Bildung und Ausbildung legt, eine Parallele zum konfuzianischen Staatsideal. Jemand wurde nicht Mandarin, weil er einen Vater hatte oder eine Großmutter oder einen Onkel, der über Beziehungen verfügte, sondern man musste eine Provinzprüfung machen und dann eine nationale Prüfung und dann noch eine Prüfung und noch eine Prüfung. Es war ein breit gefächertes System von Prüfungen, durch das man aufstieg bis zum Mandarin, und dann plötzlich bekam man exekutive Gewalt in der Provinz X oder Y. So etwas Ähnliches entwickelt sich heute wieder in China.

Stern: Vergleichbar mit dem französischen System der Grandes Écoles –

Schmidt: Wobei die Grandes Écoles auf das geographische Zentrum orientiert sind, aber die chinesischen Universitäten, die finden Sie eben nicht nur in Shanghai oder in Beijing –

Stern: Nein, ich meine die stufenweise Ausbildung, das System der aufeinander abgestimmten Examen –

Schmidt: Einverstanden. – Ich habe weiß Gott keine kommunistischen Sympathien, aber ich muss sagen, wenn es zu erheblichen innenpolitischen Schwierigkeiten und zu Opposition gegen die kommunistische Führung käme in China, dann wäre das nicht zum Vorteil von dreizehnhundert Millionen lebenden Chinesen.

Stern: Das kann ich nicht unterschreiben. Nein, da muss ich Ihnen widersprechen. Das hängt davon ab, wie sich die Opposition formiert, wie sie sich artikuliert, ob sie friedfertig ist und so weiter. Die Unterdrückung durch das kommunistische Regime verhindert auch, dass sich eine bürgerliche Gesellschaft, eine zivile Gesellschaft entwickeln kann. Und nur wirtschaftliche Fortschritte zu machen, das haben wir in der wilhelminischen Zeit gesehen, das genügt nicht.

Schmidt: Es wäre nicht gerecht, die gegenwärtige Entwicklung Chinas als bloß ökonomischen Fortschritt zu klassifizieren, das wäre nicht gerecht. Als ich das erste Mal in China war, 1975, gab es im ganzen Land keinen Rechtsanwalt, der eine Firma vor dem Zivilgericht oder einen Angeklagten vor dem Strafgericht verteidigen konnte. Heutzutage gibt es an vielen Universitäten Rechtsfakultäten, wo Juristen ausgebildet werden. Sie wussten, man braucht Gerichte. Aber um die Gerichte zu besetzen, nahmen sie Leute, von denen sie wussten, sie können Entscheidungen treffen, nämlich militärische Subalternoffiziere, die wurden dann Richter. Heute bilden sie tatsächlich Juristen aus!

Stern: Übrigens mit amerikanischer Hilfe.

Schmidt: Auch mit deutscher Hilfe. Sie lassen sich von überall helfen! Natürlich ist China noch kein Rechtsstaat, nur weil sie viele Juristen ausbilden. Noch nicht. Aber die Zeiten sind vorbei, wo ein Provinzgouverneur bestimmte, dass das Todesurteil gefällt wurde. Das ist vorbei. Was ich als mögliche Gefährdung sehe, ist der Umstand, dass man eine Führungsfigur braucht, dass aber führungsbegabte Genies nicht in jeder Generation geboren werden. Einen Mann wie Deng Xiaoping gibt es eben nicht ein zweites Mal.

Stern: Ich würde zu dem Thema aus amerikanischer Sicht noch hinzufügen wollen, dass die falsche Einschätzung Chinas wohl zum Vietnamkrieg beigetragen hat. Die meisten Amerikaner haben nämlich den Zwist zwischen China und Russland, der sich in den sechziger Jahren abzeichnete, nicht mitbekommen. Es war einer der politischen

Grundfehler, was Vietnam anlangt, dass man glaubte, es gibt einen Weltkommunismus, bei dem die beiden großen Mächte – China und Russland – zusammenarbeiten gegen den Westen. Ich glaube, man hat den Bruch zwischen Moskau und Peking in Europa früher gesehen, oder?

Schmidt: Das kann man, glaube ich, nur teilweise mit Ja beantworten. Schon zu Beginn der siebziger Jahre – ich war damals Verteidigungsminister in Bonn – habe ich absolut klar den Aufstieg Chinas gesehen, auch ganz klar gesehen, dass es keinen Weltkommunismus gab, sondern im Gegenteil eine tiefgreifende Dichotomie zwischen China und Russland. Ich habe den Zwist, der sich dann im Laufe der siebziger Jahre deutlicher zeigte, zwischen der Volksrepublik China auf der einen Seite und der Sowjetunion auf der anderen Seite, wohl klarer gesehen als die Mehrheit der amerikanischen veröffentlichten Meinung und habe den «Weltkommunismus» nicht für eine Gefahr gehalten, die der Westen unbedingt bekämpfen musste. Deswegen habe ich 1972 den damaligen Kanzler Willy Brandt dazu gedrängt, diplomatische Beziehungen mit China aufzunehmen – sieben Jahre, bevor die Amerikaner das getan haben. Man muss jedoch hinzufügen: Die amerikanische Führung, Nixon und Kissinger, war gedanklich sehr viel weiter als die amerikanische öffentliche Meinung. Sie konnten es gegenüber der öffentlichen Meinung nicht wagen, China anzuerkennen.

Stern: Obwohl es leichter war für Republikaner als für Demokraten. Die starke «China Lobby» lebte von dem Schwindel, dass die Demokraten dem kommunistischen Sieg Vorschub geleistet hätten. Mir fällt hier eine kleine Anekdote ein, die wahrscheinlich völlig unwichtig ist, aber ich erinnere mich sehr genau. Das muss 1969 oder 1970 gewesen sein, dass Pompidou, der französische Staatspräsident, zu Besuch nach Amerika kam. Aus Ärger hatte er irgendeine Veranstaltung in New York abgesagt und stattdessen ein paar Leute vom Council of Foreign Relations zu sich ins Hotel eingeladen. Ich war dabei. Wir interessierten uns natürlich nur für eine Frage, da er gerade von Nixon kam, und die Frage lautete: «Haben Sie über China gesprochen?» Da sagte Pompidou: «Ich bin nicht berechtigt, über das Gespräch mit Präsident Nixon hier zu berichten. Ich will nur sagen: Premièrement, la Chine existe.» Die Bemerkung zeigt, dass er glaubte, dass die Amerikaner das noch nicht verstanden hatten.

Schmidt: War zu der Zeit dieses Gesprächs mit Personen des Council of Foreign Relations John McCloy noch Vorsitzender des Council?

Stern: Ja.

Schmidt: Haben Sie ihn in guter Erinnerung?

Stern: Ja.

Schmidt: Ich auch. In sehr guter Erinnerung.

Stern: Wobei ich sagen muss – das geflügelte Wort: «There is no such thing as an American establishment and Jack McCloy is the head of it», da ist schon was dran. Er war an und für sich kein Sprössling des amerikanischen Establishments. Er hatte sich hochgearbeitet, aber er gehörte in dem Sinne –

Schmidt: Er ist nicht in die Ostküstenelite hineingeboren. Er ist jedoch im Laufe seines Lebens zu einem hervorragenden Repräsentanten dieser Elite geworden, und er war persönlich untadelig. Ein ganz zuverlässiger Mensch.

Stern: Zweifellos.

Schmidt: Ich habe als Bundeskanzler zweimal seinen Rat eingeholt. Das war beide Male in Washington. Er bestand darauf, mich im Hotel zu besuchen. Er war zwanzig Jahre älter als ich! Wenn man mit ihm debattierte, kam früher oder später die Frage: What is fair in this situation, what is fair? Ins Deutsche übertragen: Was ist angemessen, was ist moralisch gerechtfertigt? Diese seine Frage kam mehrfach vor im Gespräch. Ein wunderbarer Vertreter Amerikas.

Stern: Das kann ich gut verstehen. Ich muss aber zu Protokoll geben, dass in Amerika auch von verantwortlicher Seite Kritik an ihm geübt wurde.

Schmidt: Das glaube ich gerne.

Stern: Wir sind schon wieder bei der Ostküstenelite. Da waren wir heute Morgen schon einmal.

Schmidt: Es scheint die Ostküstenelite auszuzeichnen, dass ihre Aushängeschilder manchmal Personen sind, die ihr gar nicht entstammen, sondern Außenseiter sind.

Stern: Sie meinen unseren gemeinsamen Freund Kissinger?

Schmidt: Den meinte ich eigentlich nicht, aber wenn Sie wollen –

Stern: Ich meine, Harvard ist schließlich ein Bollwerk der Ostküste, Rockefeller ist ein Bollwerk der Ostküste, und Kissinger hat sich da sehr bemüht, hat auch seine Verdienste gehabt in Harvard. Aber gleichzeitig hat er sich immer diesen ganz starken deutschen Akzent bewahrt, den wollte er wohl nie richtig loswerden. Das war für ihn, wie soll ich sagen, eine Art Signatur.

Schmidt: Er konnte ihn wohl nicht loswerden. Es ist übrigens kein deutscher Akzent, es ist frankonian, fränkisch. Ganz anders als sein Bruder.

Stern: Den habe ich nie kennengelernt.

Schmidt: Henry ist eine Kategorie für sich. Er passt in keine Schublade.

Stern: So ist es. Ich kenne ihn seit den frühen sechziger Jahren, und meine Beziehungen zu ihm waren nicht immer leicht – vor allem wegen des Vietnamkrieges. Einen gewissen Vorteil brachte es mir, dass ich sein erstes Buch über den Wiener Kongress Mitte der fünfziger Jahre sehr günstig besprochen habe. Am Ende der Rezension sagte ich, das Buch müsse von jemandem geschrieben sein, der von politischer Leidenschaft erfüllt ist. Damit habe ich ihm sozusagen – ich meine das jetzt nicht ganz ernst – seine Karriere vorgezeichnet. Aber ich glaube schon, dass er mir später viel Kritik vergeben hat, weil ich einer der ersten war, die sein Talent erkannt haben. Ein Freund, den Sie auch kannten, hat einmal das Bonmot geprägt: Wenn Henry zehn Prozent weniger intelligent wäre und zwanzig Prozent ehrlicher, dann wäre er ein wirklich großer Mann.

Schmidt: Ich kenne Henry Kissinger seit 1958, das ist mehr als ein halbes Jahrhundert. Ich habe im Laufe dieser Jahrzehnte in vielen Punkten mit ihm nicht übereingestimmt. Was ich immer wieder bewundert habe, war die analytische Kraft. Ein hervorragender Analytiker!

Stern: Ein hervorragender Analytiker. Politisch hat er sich leider zu sehr an die Macht geklammert und überdies als Außenminister sich mit dubiosen Leuten umgeben. Zuletzt hat er zum Beispiel Dick Cheney und den Neokonservativen gegenüber eine sehr vernünftige kritische Haltung eingenommen, die er aber nie gewagt hat, öffentlich auszusprechen.

Schmidt: Mir hat er vorgeworfen, das liegt erst zwei Jahre zurück, dass ich Bush Jr. zu schlecht beurteilt hätte.

Stern: Das kann man gar nicht! Das übersteigt selbst Ihre Kräfte.

Schmidt: Für Henry wäre es besser gewesen, wenn nicht Nixon sein Präsident gewesen wäre, sondern Nelson Rockefeller.

Stern: Absolut! Als ich ihn einmal während der Kambodscha-Krise im Weißen Haus besucht habe, haben wir ein langes Gespräch gehabt. Ich bin reingegangen und habe gesagt: «Henry, neither Bismarck nor de Gaulle!» Das sind seine zwei großen Helden, und keiner von beiden hätte so etwas gemacht. Er hat lange erklärt, dass der Präsident schlaflos gewesen ist. Da habe ich ihn an das berühmte Bismarck-Wort erinnert: «Der König muss schlafen können». Und als ich mich verabschiedete von ihm, sagte er zu mir: «Don't forget, he's not my president». Damit meinte er genau das, was Sie gesagt haben: Wen er wirklich gewollt hätte, wäre Nelson Rockefeller gewesen. Es hätte auch einen großen Unterschied gemacht.

Schmidt: In diesen Jahren – erste Hälfte siebziger Jahre – habe ich

Kissinger bisweilen, wenn ich in Amerika zu tun hatte, auf eine Stunde besucht. Er war Sicherheitsberater. Unter vier Augen sprach er zu mir von seinem Präsidenten als von «he» and «him» – he didn't say «the president» –

Stern: Das wäre normal gewesen.

Schmidt: Das wäre normal gewesen. Es war ganz unnormal, dass er «er» sagte –

Stern: Das Verhältnis zwischen Nixon und Kissinger ist nicht nur ein politisches, sondern ein tief psychologisches Drama, in dem auch der Antisemitismus eine Rolle spielt.

Schmidt: Aber wir dürfen in unserem Buch nicht Stunden über Henry reden.

Stern: Schon vorhin fiel mir eine ähnliche Bemerkung im Zusammenhang mit Brzezinski auf. Sie denken doch nicht etwa schon an das Buch?

Schmidt: Selbstverständlich.

Stern: Wir sprachen eigentlich über die alte Ostküstenelite und deren Niedergang in den letzten Jahren. Und wir waren einer Meinung, dass es am Hof von George Bush –

Schmidt: Halt! Es muss hier auch mal etwas Positives über Bush Jr. gesagt werden. Er hat immerhin zweimal nacheinander einen Farbigen zum Außenminister gemacht, erst Colin Powell und dann Condi Rice. Das ist eine erstaunliche Geschichte, wenn man sie vergleicht mit der Situation in den siebziger und achtziger Jahren.

Stern: Das Schwarze bei Powell wurde etwas weißer dadurch, dass er General war.

Schmidt: Ja, und er war auch kein hundertprozentiger Schwarzer. Condi Rice auch nicht. Aber sie wirkten beide als Schwarze. Vor zwei Jahren, als ich das letzte Mal in Amerika war, habe ich mich mit Colin Powell getroffen – war mein Wunsch gewesen.

Stern: Ein anständiger Mann, der Front machen musste für eine unverantwortliche Politik, die er selber verabscheute. Später behauptete dann Cheney, er glaube nicht, dass Powell überhaupt Republikaner ist, man hat ihn sozusagen aus der Partei ausgeschlossen –

Schmidt: In den achtziger Jahren ist Colin Powell mit dem Gedanken schwanger gewesen, als Präsidentschaftskandidat anzutreten.

Stern: Ja, das hat ihm seine Frau zum großen Teil ausgeredet –

Schmidt: Seine Frau hat es ihm ausgeredet?

Stern: Ausgeredet.

Schmidt: Er wäre auch nicht gewählt worden. – Weil Sie jetzt zweimal den Cheney erwähnten: Gehört der Ihrer Meinung nach nun zur Ostküste oder nicht?

Stern: Vor einem oder zwei Jahren habe ich mich mit dem ehemaligen Generalinspekteur der Bundeswehr Klaus Naumann unterhalten – der kennt Cheney aus Berufsgründen mindestens seit den siebziger Jahren –, und der sagte zu mir, er kenne ihn nicht mehr, er sei ein anderer geworden.

Schmidt: Das kann ich unterschreiben. Ich kenne Cheney seit 1974. Ist nicht mehr derselbe Mensch.

Stern: Ist nicht mehr derselbe Mensch.

Schmidt: Die Macht und das Geld haben den Mann verführt.

Stern: Ja. Die Macht, das Geld und seine Nähe zu den Neokonservativen. Er hat die Ideologie der Neokonservativen voll und ganz übernommen.

Schmidt: Wobei der Ausdruck «Neokonservative» irreführend ist. Das sind ja keine Konservativen, sondern außenpolitische Imperialisten, und innenpolitisch stehen sie rechts, so rechts, wie es in Amerika nur geht. Mit Konservativismus hat das überhaupt nichts zu tun, das ist ein absolut irreführendes Wort.

Stern: Genau. Sie waren in Wirklichkeit Radikale!

Schmidt: Ja, das waren Rechtsradikale.

Stern: Rechtsradikal aus tiefster Abneigung gegen liberales Denken und Handeln. Ich glaube, die Anfänge der Neokonservativen liegen in ihrer Auseinandersetzung mit dem Konzept der «affirmative action», das heißt mit dem Versuch, die Schwarzen, die so lange Opfer von Diskriminierung waren, durch öffentliche und private Maßnahmen besonders zu fördern. Sie sagten: Wir haben es alleine geschafft, warum sollen die Schwarzen das nicht auch allein schaffen, ohne staatliche Hilfe. Dahinter steckt ein tief illiberales Denken, das auch von Leo Strauss herkommt. Die Neokonservativen in den frühen sechziger Jahren waren hauptsächlich Juden, oft sogar ehemalige Linksradikale. Dann spielte die Politik gegenüber Israel eine ganz wichtige Rolle. Die Neokonservativen empfanden sich sozusagen als die Hauptverteidiger Israels, als steinharte «Realisten» und hundertfünfzigprozentige Antikommunisten. Helmut, ich muss betonen, dass ich den Einfluss der Neokonservativen für ein Unglück halte, hier bin ich ausgesprochen voreingenommen.

Schmidt: Wie erklären Sie den enormen Einfluss, den sie gewonnen haben?

Stern: Erstens, sie waren Fanatiker mit enormer Energie, verkleidet als «Realisten». Zweitens, sie konnten sich gut organisieren und fanden leicht Zugang zu sehr viel Geld. Sie hatten früh ihr eigenes Journal, «Commentary», später bauten sie verschiedene Organisationen auf, zum Beispiel das American Enterprise Institute. In der Reagan-Ära war der Einfluss schon groß, aber vorbereitet haben sie sich schon seit den sechziger Jahren, ideologisch fundiert in diesem antiliberalen Denken. Sie setzten alles auf Macht, und ganz besonders auch auf militärische Macht.

Schmidt: Haben Sie den Eindruck, dass Bush Jr. von den Neokonservativen manipuliert wurde, oder war er selber einer von ihnen?

Stern: Beides, würde ich sagen. Er wurde zum größeren Teil manipuliert, in erster Linie von Cheney. Cheney war wirklich mit den Neokonservativen sehr eng, und dadurch wurde Bush in diese Richtung gebracht.

Schmidt: Ich würde sogar noch einen Schritt weiter gehen. Sie haben vorhin vom Hof von Bush gesprochen. Ich war versucht, Ihnen dazwischenzurufen, es war in Wirklichkeit der Hof von Cheney, es war nicht der Hof des Präsidenten. Was Sie da zur Ideologie der Neokonservativen gesagt haben, ist wirklich interessant. Dazu zwei kurze Bemerkungen. Erstens: Es geht natürlich nicht nur um Ideologie, es geht auch ganz stark um Geld –

Stern: Das ist gar keine Frage. Aber die Ideologie war wichtig für sie, sie nahmen das alles sehr ernst.

Schmidt: Das zweite, was ich sagen will: Wir können wahrscheinlich nicht umhin, im Laufe unseres Gesprächs uns auch mit Israel zu beschäftigen. Das ist ein kitzliges Thema. Ein Einstieg in dieses Thema wäre Ihre Bemerkung über die fast bedingungslose Unterstützung der israelischen Machtpolitik durch die sogenannten Neokonservativen in den Vereinigten Staaten, die schwer zu verstehen ist. Eigentlich gibt es in der amerikanischen Geschichte bis in die 1930er Jahre keinen Hinweis darauf, dass Amerika sein eigenes Schicksal verbinden würde mit diesem kleinen jüdischen Staat im Nahen Osten. Das hat es getan als Reaktion auf Hitlers Holocaust. Das ist verständlich. Aber dass es dann ins Extrem gegangen ist – «right or wrong, my Israel» –, das ist eine erstaunliche, für mich schlecht zu erklärende Entwicklung.

Stern: Ich will hier ganz deutlich sagen, dass ich die Neokonservativen für die eigentlichen Totengräber Israels halte. Sie glaubten genau das Gegenteil zu sein, aber durch ihre bedingungslose Unterstützung der israelischen Militärpolitik haben sie erheblich zur Isolation Israels beigetragen.

Schmidt: Ich hätte das Thema eigentlich gerne noch ein wenig zurückgestellt. Wir müssen in diesem Zusammenhang natürlich auch zu sprechen kommen auf das Verhältnis zwischen Deutschland und Israel.

Stern: Ja, aber auch auf das Verhältnis zwischen Amerika und Israel, und zwar nicht nur mit Blick auf die Neokonservativen. Kaum jemand in Amerika konnte sich bis vor Kurzem Kritik an Israel erlauben. Eine offenere Debatte fängt jetzt erst an – insofern bin ich etwas optimistischer geworden. Es gibt jetzt eine neue Organisation von vernünftigen jüdischen und auch nichtjüdischen Kräften, die versucht, eine neue Linie zu entwickeln. Im Ganzen kann man sagen, die amerikanischen Juden sind in der Mehrheit ziemlich vernünftig und gehören nicht zu denjenigen, die jegliche israelische Politik unterstützen. Aber die Minderheit ist so gut organisiert und so reich und so ideologisch fanatisiert, dass sie eben eine ganz große Rolle spielt. Das sind jüdische Gruppen, die nicht notwendigerweise neokonservativ sind, wenn auch Likud-nahe, die sich aber besonders stark mit Israel identifizieren und glauben, dass jegliche Kritik unerlaubt ist. In Amerika ist es sehr viel schwieriger, kritisch über Israel zu reden, als in Israel. Die israelische Presse, die israelische Öffentlichkeit ist viel offener als mein Land, wo Kritik an Israel schnell als Antisemitismus gilt. Es ist noch schlimmer als in Deutschland, glaube ich.

Schmidt: Es ist in Deutschland auch ziemlich schlimm. Auch hier wagt kaum einer Kritik an Israel zu üben aus Angst vor dem Vorwurf des Antisemitismus.

Stern: Amerika ist durch die political correctness manchmal wie gelähmt. Am Anfang war es noch anders, da gab es eine ehrliche Sympathie für Israel nach dem Holocaust und ein Gefühl der Verantwortung, und die Vereinigten Staaten waren die erste Nation, die den Staat Israel anerkannt hat. Vielleicht auch bewusste oder unbewusste Schuldgefühle: Man hätte mehr für die verfolgten Juden tun können. Dann wurde die Macht der amerikanischen Juden immer stärker, die gerade bei Wahlen eine wichtige Rolle spielen.

Schmidt: Auch in der Publizistik eine wichtige Rolle spielen.

Stern: Das ist richtig, aber von geringerer Bedeutung. Den größten Einfluss üben die Organisationen aus, die sich bei Wahlen einsetzen, AIPAC zum Beispiel – American Israel Public Affairs Committee. Die haben von Anfang an eine rechtsradikale Position eingenommen, sind auf den amerikanischen Populismus zugesteuert und haben eine enge Verbindung geschaffen zwischen rechts stehenden Amerikanern und Israel. Aber auch für Demokraten im Kongress ist es kaum möglich, sich in irgendeiner Weise kritisch gegenüber Israel zu äußern. Ich erinnere mich noch genau, wie John Kerry in einer Rede bei den letzten Vorwahlen sagte, man müsse «even balanced» sein in Sachen Naher Osten. Da brach ein Sturm los. Ich wurde gefragt, was ich davon halte. Das sei sehr vernünftig, habe ich gesagt. Wenn Amerika Einfluss haben will, muss es «even handed» sein, nicht «even balanced» – «even handed», nach beiden Seiten gerecht. Aber die Stärke und die Empfindlichkeit eines Großteils der amerikanischen Juden, der organisiert ist, reichen sehr weit. Für die gibt es nur, wie Sie schon gesagt haben: right or wrong, my Israel. Meine Einstellung dem gegenüber lautet. Warum soll ich nicht ebenso kritisch über Israels Politik denken und sprechen dürfen wie einige maßgebende Israelis selber. Nur weil ich in New York wohne und nicht in Jerusalem?

Schmidt: Sie sehen, wie heikel das Thema ist.

Stern: Und wie! Für das, was ich eben gesagt habe, würde ich in Amerika in manchen Kreisen als antisemitisch bezeichnet werden.

Schmidt: Vielleicht sollte man sich einmal darüber klar sein, dass es auf der Welt maximal fünfzehn Millionen Juden gibt, von denen leben gut fünf Millionen in Israel und wahrscheinlich fünf bis sechs Millionen in den Vereinigten Staaten von Amerika. Ich weiß es nicht. Macht zusammen elf. Und die restlichen vier verteilen sich über die ganze Welt – davon ein paar Hunderttausend in Deutschland, ein paar mehr in Frankreich, immer noch welche im Mittleren

Osten, immer noch ein paar in Russland. Ein kleiner Staat, der durch seine Siedlungspolitik auf der Westbank und länger schon im Gaza-Streifen eine friedliche Lösung praktisch unmöglich macht. Deshalb haben die Israelis auch in Deutschland viele Sympathien verspielt.

Stern: Wann ist das umgeschlagen?

Schmidt: Die Sympathien waren am Anfang absolut überwältigend. Sie haben angehalten bis in die siebziger, achtziger Jahre. Ich glaube, es gibt da keinen präzisen Wendepunkt, irgendwann ist die Sympathie für Israel geschwunden –

Stern: Durch die Siedlungspolitik?

Schmidt: Wahrscheinlich, ja. Und durch die Beantwortung von Terror mit eigenem Terror.

Stern: Und durch die Sympathien für die Palästinenser, trotz einer Figur wie Arafat –

Schmidt: Sympathie für die Palästinenser ist wenig vorhanden in Deutschland, davon spüre ich nichts. Es gibt durchaus den Willen, Sympathie zu entfalten gegenüber dem Islam, aber nicht gegenüber den Palästinensern, weder in Gaza noch in Libanon noch in der Westbank.

Stern: Gibt es in Deutschland eine Lobby für Israel, so wie es sie in Amerika gibt?

Schmidt: Ich frage mich, ob es aus Nähe zur amerikanischen Politik geschah oder aus unklaren moralischen Motiven, dass Frau Merkel als Kanzlerin 2008 öffentlich gesagt hat, dass Deutschland Verantwortung trage für die Sicherheit des Staates Israel. In meinen Augen eine schwere Übertreibung, aber das ist die offizielle Linie, das hätte Steinmeier ähnlich gesagt.

Stern: Würden Sie nicht zustimmen, dass Deutschland eine besondere Verantwortung für die Sicherheit Israels hat?

Schmidt: Der Ausdruck «besondere Verantwortung» kam heute Morgen schon einmal vor im Zusammenhang mit Polen; da habe ich ihn ebenfalls abgelehnt. Deutschland hat eine besondere Verantwortung dafür, dass solche Verbrechen wie der Holocaust sich niemals wiederholen. Deutschland hat keine Verantwortung für Israel.

Stern: Da bin ich anderer Meinung. Ich kann gut verstehen, dass Deutsche das Gefühl haben, dass sie eine Mitverantwortung haben für Israel. Das schließt ja Kritik nicht aus, im Gegenteil. Es ist wichtig, die falsche Politik Israels zu kritisieren, um die inneren Kräfte dort zu stärken.

Schmidt: Eine besondere Verantwortung für die Sicherheit Israels, das klingt mir fast schon nach einer Art Bündnisverpflichtung.

Stern: So weit würde ich nicht gehen. Aber nehmen Sie als Beispiel die widerlichen Drohungen von Ahmadinedschad, der das Existenzrecht Israels bestreitet und anscheinend eine Politik betreibt, die auf die Vernichtung Israels abzielt. Sind die Deutschen aufgrund der Vergangenheit nicht besonders verpflichtet, Israel in dieser Situation beizustehen?

Schmidt: Das ist richtig, aber ich würde das Wort «Verantwortung» nicht in Anspruch nehmen.

Stern: Also Unterstützung und Solidarität in einem solchen Fall –

Schmidt: Ich bin immer sehr skeptisch, wenn die Deutschen glauben, sie hätten gefälligst eine Meinung zu haben und dieser Meinung auch Ausdruck zu verleihen in Bezug auf die Politiken anderer Staaten und anderer Nationen. Sehr skeptisch. Das ist eine Großmannssucht, die sich dahinter versteckt, die mir höchst unsympathisch und verdächtig ist.

Stern: Glauben Sie, dass diese Sucht bei Deutschen besonders entwickelt ist?

Schmidt: Nein, das nicht, und sie ist auch nicht so stark entwickelt wie zum Beispiel in Amerika.

Stern: Eben!

Schmidt: Und nicht so stark entwickelt wie zum Beispiel in Frankreich – das ist richtig. Trotzdem ist mir die deutsche Großmannssucht sehr unsympathisch.

Stern: Ja. Und in Hinsicht auf die deutsche Vergangenheit besonders unangenehm.

Schmidt: Da wir nun einmal bei dem Thema sind, Fritz: Ich hatte mir drei Fragen aufgeschrieben, die damit zusammen hängen. Antisemitismus hat es in vielen europäischen Staaten gegeben. Meine Frage ist: Was waren die entscheidenden Ursachen dafür, dass der Antisemitismus sich in Deutschland bis zum millionenfachen Genozid übersteigern konnte. Oder anders gefragt: Wie groß darf unser Vertrauen darauf sein, dass wir Deutschen *künftig* psychotischen Gefährdungen erfolgreich widerstehen werden? Oder noch anders gefragt: Ist die deutsche Nation in höherem Maße verführbar als andere europäische Nationen – und warum ist das so? Das sind drei Fragen, die aber eigentlich auf ein und dieselbe Frage hinauslaufen. Und – mir fällt keine Patentantwort ein.

Stern: Die gibt's auch nicht, eine Patentantwort. Aber ich möchte –

Schmidt: Unter uns gesagt: Mein Vertrauen in die Kontinuität der deutschen Entwicklung ist nicht sonderlich groß. Die Deutschen bleiben eine verführbare Nation – in höherem Maße verführbar als andere.

Stern: Alle Nationen sind verführbar, auch die amerikanische, bei der es allerdings noch nicht ausprobiert wurde. – Ich will versuchen, Ihre Frage Punkt für Punkt zu beantworten, mit Teilantworten auf Ihre verschiedenen Fragen, und dazu eben ein paar Notizen machen, damit ich mich richtig daran erinnere, also, wenn es Antisemitismus gab –

Schmidt: Nicht verstanden.

Stern: Antisemitismus –

Schmidt: Sie brauchen nicht laut reden, nur langsam. Ich versteh immer nur die Hälfte, die andere Hälfte muss ich kombinieren. Das habe ich gelernt. Aber wenn Sie zu schnell reden, kommt mein Computer nicht mit. Es ist eine Begleiterscheinung des Alters.

Stern: Bei mir ist es so, dass ich schnell spreche, denn wenn ich langsam spreche, habe ich schon wieder vergessen, was ich am Anfang sagen wollte.

Schmidt: Herzliches Beileid. – Fritz, das habe ich als Politiker gelernt: Man muss langsam reden.

Stern: Ich versuche, es zu verinnerlichen. – Also, Antisemitismus gab es in sämtlichen europäischen Ländern –

Schmidt: Nicht in sämtlichen –

Stern: –

Schmidt: Skandinavien war ziemlich frei davon.

Stern: Richtig, das ist richtig. Das mag damit zu tun haben, dass es da kaum Juden gab. Da würde man auf englisch sagen: That helps. Das macht die Sache leichter. In Frankreich vor 1914 war der Antisemitismus in der Öffentlichkeit stärker als in Deutschland. Siehe Dreyfus. Aber – und darauf verweise ich immer als einen der wichtigsten Punkte: Die Gegenströmung gab es auch. Es gab eine republikanische Abwehr.

Schmidt: Es gab Émile Zola.

Stern: Nicht nur ihn. Es gab auch den großen Sozialisten Jean Jaurès; es dauerte etwas länger bei ihm, aber er war ein entschiedener Verfechter der Gleichstellung der Juden und Verteidiger von Dreyfus. Das ist einer der großen Unterschiede zwischen dem deutschen Antisemitismus und dem französischen Antisemitismus. In Deutschland gab es kaum nichtjüdische Personen von einigem Einfluss, die sich des Themas angenommen hätten. Bürger wie Theodor Mommsen waren Ausnahmen. Eine Abneigung gegen die Juden gab es auch in den meisten anderen europäischen Ländern, aber die Diskriminierung im westlichen Europa war weniger stark ausgeprägt.

Schmidt: Die Engländer haben Disraeli immerhin zum Premierminister gemacht.

Stern: Und die Franzosen haben Léon Blum zum Premierminister gemacht – allerdings zu einem unglücklichen Zeitpunkt.

Und Mendès-France nach dem zweiten Krieg. In Deutschland war es anders, da gab es diese Abwehrstellung nicht, da kam es nicht zur Verteidigung einer linksliberalen Gesellschaft, die gesagt hätte, das akzeptieren wir nicht. Das macht einen Unterschied. Aber das Fehlen dieses aufgeklärten Bewusstseins brauchte natürlich nicht zum Genozid zu führen. Ich gehöre zu denen, die sagen, dass im Jahre 1933 niemand oder kaum jemand – und damit meine ich auch den sogenannten Führer – an Auschwitz gedacht hat.

Schmidt: Ich halte das für wahrscheinlich. Ich bin allerdings ganz skeptisch, was Hitler betrifft; Sie haben ihn eingeschlossen. Da bin ich nicht sicher. Den Mann habe ich bisher als unberechenbar eingeschätzt – auch für sich selbst unberechenbar.

Stern: Ich beschränke mich darauf zu sagen, dass er das Hauptziel hatte: Juden raus aus dem Reich, und dann, als der Krieg anfing, auch raus aus Europa. Erst als sich das als unmöglich erwies und als ein deutscher Sieg zweifelhaft wurde: Entschluss zum Genozid. Ich weiß, dass es 1933 die wildesten Antisemiten in Deutschland gab, und die hatten die Macht gewonnen; aber ich zögere, eine schnurgerade Linie zu ziehen zwischen 1933 und dem Holocaust. Das Erstaunliche an der NS-Zeit war doch, mit welcher Schnelligkeit sich das alles radikalisiert hat. Und während des Krieges fielen sämtliche Schranken weg.

Schmidt: Wenn man versucht, diesen schnellen Prozess zu erklären, darf man, glaube ich, einen Faktor nicht unterschätzen, der keineswegs ein beherrschender Faktor war, der aber doch eine Rolle spielte. Das ist der Umstand, dass das Elend der Weltwirtschaftsdepression der Jahre 1930 und folgende einerseits wirklich bedrückend gewesen ist. Ich denke zum Beispiel an Lokis Familie: Ihr Vater war sechs oder sieben Jahre lang arbeitslos, der *wollte* arbeiten. Andererseits war die ökonomische Politik von Schacht und Hitler unglaublich erfolgreich. Deutschland war das einzige Land der Welt, wo der Keynesianismus einen Riesenerfolg erzielte. Dieser Erfolg der Nazis war ein ganz wichtiger Faktor. Das sehen viele nicht. Viele *wollen* das heute nicht sehen. Wenn ich öffentlich sagen würde, Schacht war einer der erfolgreichsten Ökonomen, die Deutschland je gesehen hat, dann würde man mich für einen Nazi halten. Aber es ist leider wahr. Die Arbeitslosigkeit war 1936 auf Null, und vorher hatten wir sechs Millionen Arbeitslose. Die Nazis haben von 1933 bis 1936 ein ökonomisches Kunststück vollbracht, das sonst niemandem in der ganzen Welt gelungen ist.

Stern: Ja, aber da spielt die Wiederaufrüstung eine ganz große Rolle.

Schmidt: Richtig. Die Wiederaufrüstung wurde finanziert durch Herrn Schacht, durch eine unglaubliche Ausweitung des Staatskredits. Es war Keynesianismus in reinster Form.

Stern: Keynesianismus zum gegenteiligen Zweck, wenn ich so sagen darf. Keynes hatte sehr andere, soziale Ziele. Und die Frage ist natürlich, ob Hitler das aufrechterhalten hätte können ohne Krieg – das ist sehr zu bezweifeln. Der ganze Aufschwung drängte nur in diese Richtung. Hinzu kommt, dass Schacht ein übler Mensch war, politisch gesehen. Ich war jetzt gerade involviert in einen Prozess, bei dem ein unmöglicher deutsch-jüdischer Kläger versuchte, zwei Picasso-Bilder aus New York zurück zu bekommen, völlig unberechtigt. Und in diesem Zusammenhang habe ich mich mit Hjalmar Schacht beschäftigt. Schacht ging zu Hitler und sagte: Die großen jüdischen Bankiers können wir nicht eliminieren, die brauchen wir noch. Und da beauftragte Hitler ihn, die jüdischen Bankiers zu beruhigen, es werde ihnen nichts Schlimmes geschehen. Das wurde 1933, 1934, 1935 so gehandhabt. Sie waren Schikanen ausgesetzt, man hat sie aus den Aufsichtsräten rausgeworfen, aber man hat sie nicht enteignet. Schacht brauchte sie wegen der Devisenknappheit des Reiches.

Schmidt: Schacht war eine zwielichtige Figur. Aber wenn Hitler 1936 erschossen worden wäre, würde er heute als Held der Wirtschaftsgeschichte dastehen. Der ökonomische Erfolg hat die Nazis in den Augen vieler Leute gerechtfertigt, daran habe ich keinen Zweifel.

Stern: Das war ganz sicher so, aber es zeigt ja, dass diejenigen, die bereit waren, ihn als Helden anzuerkennen, auch seine Verbrechen, die offen zutage lagen, akzeptiert haben. Wenn nicht akzeptiert, dann ignoriert. Selbst die Reduzierung der Arbeitslosigkeit war mit Verbrechen verbunden.

Schmidt: Sie war mit Kriegsvorbereitungen sondergleichen verbunden, aber sie war sehr effektiv. Ich wiederhole es: Deutschland von 1933 bis 1936 war der erste Fall von gelungenem Keynesianismus, allerdings in einem Land mit geschlossenen Grenzen, mit Zwangswirtschaft, mit Preis- und Lohndiktat.

Stern: Der Erfolg des Regimes beruhte aber nicht allein auf dem wirtschaftlichen Wiederaufstieg, vielleicht nicht einmal in erster Linie, sondern auf anderen Faktoren: außenpolitische Triumphe, innenpolitische Einschüchterung. Übrigens wurde mir von meinem Vater schon früh beigebracht: «Der Erfolg lehrt nicht», man kann nicht vom Erfolg lernen, aber das nur nebenbei.

Schmidt: In diesem Falle hat er nicht gelehrt, sondern verführt.

Stern: Verführt, ganz richtig. Aber das andere war die Gewalt, die Tatsache, dass Hitler innerhalb von fünf Monaten seine Gegner ausschalten konnte, dass es an den Universitäten und im Militär und in den Kirchen keine wirkliche Opposition mehr gab. Wenn man Goebbels' Tagebücher liest, kann man sehen, dass die Nazis selber überrascht waren, wie schnell sie dieses Maß an Zustimmung erreicht haben. Und dass sie durch Hitlers Erfolge in der Außenpolitik immer radikaler wurden. Die ausländischen Politiker haben es ihnen auch leicht gemacht.

Schmidt: Sie meinen jetzt München 1938 zum Beispiel.

Stern: Nicht erst München, nein. Ich meine damit schon den März 1936, die Hinnahme des deutschen Einmarschs im Rheinland. Oder auch vorher, März 1935, die Einführung der allgemeinen Wehrpflicht. Hitler hat seine eigenen Pläne dabei ungeheuer geschickt versteckt – das muss man schon sagen –, indem er immer wieder versprach, das ist jetzt meine letzte Forderung, mein letztes Ziel. Wenn ich das erreiche, bin ich zufrieden, mehr will ich gar nicht in Europa. Stattdessen ging es immer weiter. Die gemeine Lüge war erfolgreich.

Schmidt: Für mich bleibt dieser Prozess, der 1933 anfängt und 1942 zur Vernichtung der Juden führt, dennoch vollkommen rätselhaft. Es sind keine zehn Jahre. Das ist für mich nach wie vor nicht zu erklären.

Stern: Da pflichte ich Ihnen bei. Es bleibt etwas Unverständliches, etwas Unfassbares.

Schmidt: Ich habe ein dumpfes Gefühl im Bauch, dass es irgendwelche Gene gibt, die dabei eine Rolle spielen. Dass jemand aus dem Handgelenk ein großes Imperium errichtet, das gibt es: Alexander der Große ist ein Beispiel –

Stern: Napoleon.

Schmidt: Wollte ich grad' sagen. Und Pizarro und Genossen sind etwas kleinere Beispiele in Südamerika, das gibt es. Aber dass jemand in großer Zahl fabrikmäßig Menschen ermordet – das ist einmalig. Und das ist für mich der Grund, weshalb mir mein eigenes Volk nach wie vor ein bisschen unheimlich ist. Mein Vertrauen in die Deutschen ist nicht unbeschränkt groß, muss ich bekennen.

Stern: Ich bin nicht glücklich mit dem Wort Gene. Es kommt mir einfach zu biologistisch vor, fast schon rassistisch. Ich glaube auch nicht, dass Sie es wirklich meinen: Gene.

Schmidt: Dann sagen Sie angeboren.

Stern: Anerzogen lieber als angeboren. Woran ich mich stoße, ist das Deterministische. Das Wort suggeriert ja, dass es nicht zu ändern wäre, und das macht mich –

Schmidt: Man kann das Wort Gene von mir aus ersetzen und sagen, dass es irgendeine Veranlagung gibt. Das kann man machen, dann ist die Konnotation, die mit dem Wort Gene verbunden ist, vermieden. Aber das Rätsel bleibt, was die Deutschen hier gemacht haben.

Stern: Hätte es auch in anderen europäischen Ländern in der Mitte des 20. Jahrhunderts möglich sein können, das ist ja im Grunde Ihre Frage. Sie ist hypothetisch und daher schwer zu beantworten. Dass es dieselben antisemitischen Strömungen gegeben hat in anderen Ländern, das ist richtig. Aber eben auch starke Gegenkräfte und zum Teil auch eine, wenn auch umstrittene Tradition des öffentlichen Anstands. Ob in anderen Ländern die Macht auch so leicht erreicht und ausgeübt worden wäre, würde ich deshalb bezweifeln.

Schmidt: Eine der Bedingungen, ohne die der Genozid so nicht hätte geschehen können, war die Tatsache der Diktatur, der Machtherrschaft.

Stern: Ich stimme ohne Einschränkung zu.

Schmidt: Das heißt, wenn ich die theoretische Frage stelle, ob ein anderes Volk etwas Ähnliches hätte tun können, dann muss ein Teil der Antwort lauten: Jedenfalls hätte dann dieses andere Volk eine Diktatur haben müssen.

Stern: Eine besondere Art der Diktatur. Der Stalinismus war ja nicht weniger brutal und grausam –

Schmidt: Er hat aber nicht Hunderttausende fabrikmäßig umgebracht.

Stern: Eben. Das hat er nicht getan. Er hat Millionen Leute verhungern lassen in den Gulags und sie auch sonstwie umkommen lassen. Terror war in Stalins Imperium allgegenwärtig. Wie und wann der stalinistische Terror im Westen erkannt wurde, das ist ein wichtiges, kompliziertes Thema. Gerade in den USA dauerte es lange, bis man Vergleiche zwischen Hitler und Stalin anstellen konnte, denn während des Zweiten Weltkrieges wurden die Verbrechen der

Diktatur Stalins sozusagen von denen der Nazis überdeckt. Das Bewusstsein für diese Verbrechen wurde im Westen, gerade auch bei Teilen der europäischen Linken, lange Zeit überschattet von dem Gefühl «no enemies to the left». Die forcierte Harmonie innerhalb der Linken hatte Vorrang. Aber Auschwitz ist noch etwas anderes.

Schmidt: Die Bartholomäusnacht in Frankreich ist wohl noch am ehesten ein vergleichbarer Vorgang –

Stern: Ja, aber die Hugenotten wurden verjagt, ins Exil getrieben, und nicht zum größten Teil ermordet.

Schmidt: Vorher wurden einige tausend ermordet, daraufhin sind die anderen abgehauen –

Stern: Auch die Vertreibung der spanischen und portugiesischen Juden ab 1492 war eine erzwungene Massenauswanderung. Auch sie hat man nicht ermordet, sondern man hat sie vor die Wahl gestellt: Taufe oder Exil.

Schmidt: Fritz, können sie zwei, drei Sätze hinzufügen über die Entfaltung und den späteren Gebrauch des Begriffs Rasse. Wenn ich es richtig weiß, aber es ist mehr eine Vermutung, wenn ich also vermuten darf, würde ich denken, dass es diesen Begriff Anfang des 19. Jahrhunderts noch nicht gegeben hat.

Stern: Das Wort Rasse hat es gegeben, aber nicht in seiner späteren Bedeutung, da haben Sie ganz Recht. Der Begriff wurde populär gemacht von einem Franzosen namens Gobineau, der Mitte des 19. Jahrhunderts eine eigene Rassenlehre entwickelte, in der die Rassenfrage zum entscheidenden Kriterium der Evolution erklärt wurde.

Schmidt: Meinte er damit den Unterschied zwischen Weiß und Schwarz, oder meinte er innerhalb der weißen Rasse den Unterschied zwischen Indern, Europäern, Juden –

Stern: Ich habe das Buch einmal sehr genau gelesen, aber das ist lange her, und ich habe die Feinheiten des Rassismus inzwischen zum Glück wieder vergessen. Was ich nicht vergessen habe, ist, dass mein Held – wenn ich so sagen darf – Alexis de Tocqueville, der ja heute schon mehrfach erwähnt wurde, mit Gobineau eine rege Korrespondenz hatte. Tocqueville schrieb ihm auf das Buch hin: Vorsicht, was Sie da anfangen, kann schlimme Folgen haben.

Schmidt: Das war sehr hellsichtig!

Stern: Das war ungeheuerlich! Tocqueville besaß eine Feinfühligkeit für geschichtliche Prozesse, die viele Historiker eben nicht haben. Für mich ist er einer der ganz Großen, und deshalb hängt bei mir zu Hause ein Bild von ihm als jemand, den ich ungeheuer verehre und schätze.

Schmidt: Das ist ein schönes Schlusswort für die erste Runde. Was halten Sie davon, wenn wir eine Pause machen?

Erster Tag. Nachmittags

Vorbilder · Thomas Jefferson · Die Ausrottung der Indianer · Heldenverehrung · Thomas Carlyle – Julius Langbehn · Der deutsche Irrationalismus · Ein Nietzsche-Zitat · Bücherverbrennung · Das Jahr 1933 · Wenige Anständige · Was haben die Deutschen gewusst? · Der Mangel an politischer Erziehung in Deutschland · Preußische Reformer · Die Brüder Humboldt · Die Federalist Papers · Versailler Vertrag · Erster Weltkrieg · Ludendorff – Hindenburg · Das schreckliche Primat des Militärischen · Die Chancen von Weimar · Thomas Mann · Die deutschen Gelehrten

Stern: Ich komme noch einmal zurück auf Ihr Buch «Außer Dienst». Sie schreiben über Vorbilder, wie wichtig sie sind in einer Gesellschaft, wie wichtig sie für Sie waren. Als Nebenbemerkung erlaube ich mir den Hinweis, dass bei dem großen antiautoritären Genie des 20. Jahrhunderts, Albert Einstein, derselbe Gedanke vorkommt: Das einzige, was uns «lehrt», sind Vorbilder. Sie nennen einige Ihrer Vorbilder im Buch. Gibt es für Sie noch andere Vorbilder? Welche Vorbilder interessieren Sie besonders? Und wie – das wäre meine eigentliche Frage – kann man die Notwendigkeit von Vorbildern vermitteln? Ich frage das auch, weil in Amerika Vorbilder eher verpönt sind.

Schmidt: Verpönt?

Stern: Ja.

Schmidt: Sind Sie da ganz sicher, Fritz? Gilt nicht ein Mann wie George Washington oder Thomas Jefferson als Vorbild? Oder Abraham Lincoln? Sind das nicht amerikanische Vorbilder? Allgemein akzeptiert?

Stern: Helmut, da muss ich Ihnen gestehen, eine der vielen Sachen, die mich etwas deprimieren in den Vereinigten Staaten im Augenblick, ist die Tatsache – jetzt übertreibe ich etwas, aber nur etwas –, dass, wenn Sie einen liberalen, klugen Studenten heute über Jefferson fragen: Was wissen Sie über Jefferson? – es gut möglich ist, dass er eher über Jeffersons illegitimes schwarzes Kind spricht als über die –

Schmidt: War es nur eins?

Stern: Soweit ich weiß, nur eins. Aber es war eine wirkliche menschliche Beziehung zwischen Jefferson und der Sklavin. Das Kind war nicht nur ein Zufall. All das wird jetzt erforscht, aber es wäre traurig, wenn der Student sich hauptsächlich mit solchen Sachen beschäftigt.

Schmidt: Das ist möglicherweise eine Momentaufnahme; das war heute vor dreißig Jahren nicht so, und das muss auch nicht so bleiben. Was mich bei Thomas Jefferson immer fasziniert hat, ist die Tatsache, dass er nicht nur Sklaverei für selbstverständlich gehalten hat, er hat auch die Ausrottung der Indianer für selbstverständlich gehalten. Das stand eigentlich im Widerspruch zu seiner Menschheitsphilosophie.

Stern: Ich stolpere über das Wort «selbstverständlich». Da stolpere ich einfach. Er hat nicht an die Ausrottung der Indianer gedacht, sondern glaubte an ein Zusammenkommen von Weißen und Indianern. Und was die Sklaverei anlangt, hat Jefferson sehr wohl mitbekommen, dass George Washington verfügt hatte, dass seine Sklaven nach seinem Tode befreit werden sollten. Wenn der erste Präsident der Vereinigten Staaten erklärt, mit meinem Tode sind meine Sklaven frei, dann ist die Sklaverei keine Selbstverständlichkeit mehr, dann ist die Sklavenbefreiung eine Frage der Zeit. Das wusste Jefferson.

Schmidt: Konzentrieren wir uns drei Minuten auf die Indianer.

Stern: Da muss ich passen, einräumen, dass ich nicht weiß, was Jeffersons Einstellung zu den Indianern war. Es konnte ihm jedenfalls nicht gefallen, dass sich die Indianer mit den Franzosen verbündet hatten.

Schmidt: Wann kommt der Gedanke auf, die Indianer in Reservate zurückzudrängen? Wo liegt der Ursprung dieses Gedankens? Geschah das aus Humanität oder war das eine strategische Zweckmäßigkeit?

Stern: Amerikaner verstehen es sehr gut, beides zu kombinieren und die wahren Absichten zu verbrämen. Also könnte man sagen, gleichzeitig das eine und das andere: Wir nehmen euch euer Land, lassen euch aber Reservate. Ihr seid unter euch, damit seid ihr aber gleichzeitig geschützt vor dem Tod, also vor politischem Mord. Man könnte ein Reservat wohl auch mit einem Getto vergleichen. Das ist brutal und inhuman, aber kein Genozid. Das erste Reservat wurde übrigens noch vor der Unabhängigkeitserklärung eingerichtet.

Schmidt: Es klingt ein bisschen sehr überheblich, wenn ein Deutscher das sagt, aber ich will es trotzdem zur Sprache bringen. Ich habe manchmal das Gefühl gehabt, dass die Vereinigten Staaten zeitweilig in Gefahr gewesen sind, einen Genozid an den indianischen Stämmen zu verüben, ohne ihn als solchen zu empfinden und ohne ihn zu wollen.

Stern: Nun hatten die Spanier das vorexerziert, zum Beispiel in Mexiko oder Peru. Aber gerade die Reservate widerlegen die Idee eines Genozids. Allerdings gab es den Spruch «There is no good Indian except a dead Indian». Und natürlich zieht sich eine dunkle Spur der Unmenschlichkeit gegen die Indianer durch das ganze 19. Jahrhundert.

Schmidt: Wer hat diese quasi Heldenverehrung der Indianer geschrieben? War das James Fenimore Cooper?

Stern: Ich erinnere mich an das große Gedicht von Longfellow «The Song of Hiawatha», die heroische Lebensbeschreibung eines kriegerischen Indianers. Cooper setzt dem Untergang des roten Mannes mit Chingachgook im «Lederstrumpf» ein Denkmal. Nur wenig später, Mitte des 19. Jahrhunderts, beginnt ihre vorsätzliche Dezimierung.

Schmidt: Wie ist die Situation der Indianer heute?

Stern: Einerseits wurde bis heute kein ernsthafter Versuch gemacht, die Indianer wirklich in die amerikanische Gesellschaft zu integrieren. Andererseits hat man in den sechziger Jahren angefangen, nicht mehr von «Indians» zu sprechen, sondern von «native Americans». Die Sprache ist ja ungeheuer wichtig in der Politik. In dem Moment, wo es heißt, wir kümmern uns jetzt um die «native Americans», haben diese einen ganz anderen Stellenwert. Es gibt eine Reihe von «affirmative actions», aktiven Förderungsmaßnahmen, wo man tatsächlich «nach-hilft». Man muss hier auch die Vorreiterrolle der amerikanischen und kanadischen Museen erwähnen, die den Amerikanern indianischer Abstammung vielfach die konzeptionelle Ausrichtung der Museen übertragen haben. – Aber Helmut, Sie schulden mir, glaube ich, noch eine Antwort auf meine Frage nach den Vorbildern – und wie man sie vermittelt.

Schmidt: Also, meine persönlichen Vorbilder, das waren alles Sozis. Als Mensch, als Charakter, gehörte Kurt Schumacher dazu; hat mir ungeheuer imponiert wegen seiner charakterlichen Festigkeit, aber seine Politik habe ich rundweg für falsch gehalten. Als politisches Vorbild habe ich Ernst Reuter empfunden. Später Fritz Erler. Soviel dazu. – Wie man ein Vorbild vermittelt, das weiß ich nicht. Ich bin jedenfalls sehr skeptisch gegenüber sogenannten Charismatikern. Adolf Hitler war ein ganz großer Charismatiker.

Stern: Was mich interessiert: Wie können wir, Sie und ich, der Politiker und der Historiker, der nächsten Generation die Notwendigkeit von Vorbildern beibringen: Ihr braucht Vorbilder! Seid nicht so skeptisch, als ob es sie nicht gibt, und seid nicht so scheu! Es gibt Menschen, nach denen man sich richten kann.

Schmidt: Ich kann das nicht beantworten. Ich sehe auch nicht, dass die Vermittlung eines Vorbilds heute schwieriger sein soll als vor hundert Jahren. Mir ist noch jemand in Erinnerung, der für mich während des Krieges ein Vorbild war und es seither geblieben ist: Marc Aurel. Einerseits die ständige Selbstermahnung zur Gelassenheit, andererseits in kantianischer Weise der Appell, sich der Notwendigkeit bewusst zu bleiben, seine Pflichten zu erfüllen.

Stern: Ihren Stoizismus in Ehren, Helmut, ich mache mir ein wenig Sorge darüber, dass man heute Vorbilder als solche verwirft. Das kann ein Zeitphänomen sein, und es hat möglicherweise zu tun mit unseren schlechten Erfahrungen mit Charismatikern wie Hitler und Mao, der ja auch ein Charismatiker war –

Schmidt: Auch Lenin.

Stern: Aber wenn man ganze Generationen hat, die keine Vorbilder mehr kennen, weder in der Gegenwart noch in der Vergangenheit, dann verliert man etwas überaus Wichtiges.

Schmidt: Dem stimme ich zu. Trotzdem bin ich immer noch ratlos bei der Suche nach einer Antwort auf Ihre Frage, wie man der nachfolgenden Generation vermitteln kann, dass sie eigentlich Vorbilder haben sollte. Einigermaßen häufig scheint es immerhin den Fall zu geben, dass Söhne ihren eigenen Vater als Vorbild empfinden. Dazu muss man nicht unbedingt erzogen worden sein.

Stern: Früher hat man sich Vorbilder auch in der Literatur gesucht. Werther war so ein Vorbild, allerdings ein sehr gefährliches. Ende des 18. Jahrhunderts hat er eine ganze Selbstmordwelle ausgelöst. In Frankreich spielte im 19. Jahrhundert Julien Sorel, der Held aus Stendhals «Rot und Schwarz», eine wichtige Rolle für die Jugend, die sich zurechtfinden musste zwischen Staat und Kirche.

Schmidt: Das mag sein, aber zum Beispiel haben die Vorbilder aus der Bibel eine viel geringere Wirkung gehabt auf die Gesellschaft, als sich unsere Pfarrer das gewünscht und vorgestellt haben. – Erzogen wird man eigentlich erstens durch Lob, zweitens, in höherem Maße, durch Tadel und drittens durch Beispiel. Vorbild oder Beispiel sind, neben den Eltern, vor allem die Lehrer – oder besser: Sie sollten es sein. Ich erinnere mich noch heute an mehrere Lehrer, die mich durch die Art und Weise, wie sie mit uns umgingen, erzogen haben – dazu gehörte Jonny Börnsen, und für die Jungs gehörte Herr Schöning dazu, der Turnlehrer. Die haben wir bewundert.

Stern: Warum gerade der Turnlehrer?

Schmidt: Das kann ich Ihnen sagen. Er war nicht nur ein sehr netter

Kerl, tüchtiger Pädagoge, er war im Ersten Krieg auch Chef einer MG-Kompanie gewesen, genau wie Heinrich Brüning. Die Schule war, weiß Gott, nicht militaristisch und auch nicht rechts, aber der Respekt vor einem Mann, der im Krieg eine MG-Kompanie geführt hatte, der war allgemein. Wir hatten übrigens sechs Tage in der Woche je eine Stunde Turnen. Deswegen war ich auch ein guter Sportsmann, als ich hinterher zum Militär kam.

Stern: Jemanden bewundern zu können, ist eine Tugend. Die Kunst zu bewundern, hat Jacob Burckhardt, der große Historiker, einmal gesagt, spricht genauso für uns, für diejenigen, die bewundern, wie für denjenigen, der bewundert wird. Vielleicht hat man im 20. Jahrhundert – ich deutete das eben schon an – die Menschen in Deutschland, in Russland und in vielen anderen Ländern zu oft gezwungen zu bewundern. Sie haben jetzt erst einmal genug davon.

Schmidt: Ja, falsche Heldenverehrung haben wir im letzten Jahrhundert reichlich genossen. Wie hieß dieser Engländer, der das Buch «Helden und Heldenverehrung» geschrieben hat?

Stern: Thomas Carlyle.

Schmidt: Furchtbar. Das habe ich als Schüler gelesen. Hat mich tief abgestoßen.

Stern: Er war ein glänzender Kopf, sehr konservativ – gerade auch in Hinsicht auf die Französische Revolution –, aber ein beachtlicher Historiker und ein sehr guter Schreiber. Ich muss ihn unbedingt in Schutz nehmen. Trotzdem gebe ich zu, dass auch ich «Heroes and Hero-Worship» ein problematisches Buch finde.

Schmidt: Es ist das einzige, das ich von ihm kenne. Ich habe es eingeordnet bei dem Rembrandtdeutschen, Julius Langbehn, bei Richard Wagner, bei Houston Stewart Chamberlain.

Stern: Dazu muss ich jetzt etwas sagen, denn für «Rembrandt als Erzieher» – so hieß das Buch von Langbehn – bin ich gewissermaßen zuständig, da ein Drittel meines Buches über den Kulturpessimismus von Langbehn handelt. Ein entsetzlicher Mensch. Carlyle war grundverschiedener Qualität.

Schmidt: Thank you very much.

Stern: Ich kann über Carlyle nur sagen – das mag jetzt etwas sehr übertrieben und scharf klingen: Dass er einen so schlechten Ruf hat, das hat er zum großen Teil den Deutschen zu verdanken. Die Deutschen haben sich bei ihm ebenso bedient wie bei Houston Stewart Chamberlain. Aber der hat sich dazu auch hergegeben, hat sich ja hier niedergelassen und seine Niederträchtigkeiten hier geschrieben. Es ist sehr bedauerlich, dass man von Carlyle in Deutschland nur das Buch über Heldenverehrung kennt, möglicherweise noch seine Geschichte Friedrichs des Großen; die bekam Hitler noch im Frühjahr 1945 von Goebbels als Durchhaltelektüre geschenkt.

Schmidt: Ich kenne das Friedrich-Buch nicht. Aber was Sie da über Hitlers Bunkerlektüre sagen, das passt in mein Carlyle-Bild.

Stern: Er war aber auch einer der ersten, die gesehen haben, welches Unglück das «Manchestertum», die Industrialisierung, die neuen Fabriken, die Pauperisierung mit sich bringen – zur gleichen Zeit wie das «Kommunistische Manifest». Carlyles Kritik an den englischen Zuständen war beißend scharf. Man darf Carlyle nicht verwerfen. Und ich bitte Sie, ihn nicht mit dem Rembrandtdeutschen –

Schmidt: Ja, ich nehme das auf. Ich werde mich, wenn ich noch dazu komme, dafür interessieren. Dass ich Carlyle erwähnt habe, liegt an der Tatsache, dass ich als Schüler auf ihn gestoßen bin –

Stern: Ich verstehe schon. Ich habe eine Kriegsausgabe von diesem Heldentum-Buch von 1914/18, die mein Vater im Felde bei sich hatte.

Schmidt: Sehen Sie! Mit solchen Büchern ist die deutsche Jugend 1914 nach Langemarck gezogen und hat sich in einem falsch verstandenen Heldentum abschlachten lassen.

Stern: Das einzige, worauf ich bestehen möchte, ist der qualitative Unterschied zwischen einem Carlyle und den anderen, die Sie genannt haben, insbesondere dem Rembrandtdeutschen. Was sie gemeinsam hatten, war ein weit verbreitetes Vorurteil gegen die Modernität, gegen die Stadt, gegen das Geld. Bei Carlyle war das verbunden mit einer gewissen Toleranz und einem ehrlichen Konservatismus, Langbehn faselte von einer völkischen Mission der Deutschen, von der imperialistischen Zukunft Deutschlands. Diese Irrationalität gab es bei Carlyle nicht, im Gegenteil, er hatte eine gewisse Strenge. Jedenfalls darf man einen Autor vom Rang Carlyles nicht dafür in Haft nehmen, was die Deutschen später aus ihm gemacht haben. Dasselbe gilt ja für Rousseau. Sein «Emile» war in Deutschland ein riesiger Erfolg. Dass er außerdem den «Contrat Social» geschrieben hat, dass er fundamentale Überlegungen über politische Erziehung und politische Formen der Gesellschaft angestellt hat, ist in Deutschland so gut wie nicht angekommen. Man hat sich hier in erster Linie für das Sentimentale bei Rousseau begeistert. Und ganz ähnlich hat man sich später bei Carlyle das Heldentum herausgepickt.

Schmidt: Jetzt sind wir tatsächlich im Bereich der intellektuellen Eliten in Deutschland. Außerhalb dieser Eliten wurde weder Carlyle noch Rousseau noch irgendein anderer Staats- oder Gesellschaftsphilosoph wirklich rezipiert.

Stern: Die Wirkung des Rembrandtdeutschen ging weit über die Kreise derer hinaus, die das Buch in den neunziger Jahren des 19. Jahrhunderts gelesen haben. Dieses Gefühl, wir müssen wieder ursprünglich werden, der Abscheu vor allem, was wenig später dann mit dem Begriff «Zivilisation» umschrieben wurde, der Glaube an die deutsche Jugend: All das wirkte tief in die bürgerlichen Kreise hinein.

Schmidt: Das Buch von Langbehn hatte wohl einen ähnlichen Erfolg wie dreißig Jahre später Thomas Manns «Buddenbrooks».

Stern: Das ist nicht vergleichbar. Einen größeren Qualitätsunterschied gibt es kaum.

Schmidt: Das meine ich nicht, aber wenn Sie sich in das sogenannte Herrenzimmer eines deutschen Oberstudienrats aus dem Jahre 1900 denken, dann stand da «Rembrandt als Erzieher», und dreißig Jahre später stand da «Die Buddenbrooks». Und noch einmal ein paar Jahre später stand da «Mein Kampf».

Stern: Helmut, ich muss noch einmal Widerspruch einlegen, auch das kann man so nicht stehen lassen. Bei diesem Oberstudienrat standen auch Goethe, Hebbel, Raabe, Storm –

Schmidt: «Im Westen nichts Neues» stand da nicht. Das habe ich gelesen, hat mich als Schüler ungeheuer beeinflusst. Es hat die Schrecken des Krieges sehr eindrucksvoll vermittelt, sehr eindrucksvoll –

Stern: Aber im Sinne des Pazifismus –

Schmidt: Man wusste nach der Lektüre, was Krieg bedeutet.

Stern: Der deutsche Irrationalismus, über den wir hier reden, diese besondere Form der deutschen, aus der Romantik kommenden Sehnsucht nach einem geistigen Reich, schien ja durch Bismarcks Reichsgründung 1871 vorübergehend gestillt. Als die Hoffnungen dann enttäuscht wurden, schäumte der Irrationalismus über. Keiner hat das scharfsichtiger erkannt und beschrieben als Nietzsche. Ich habe einen kurzen Text von Nietzsche mitgebracht, den ich Ihnen gern vorlesen möchte, wenn Sie erlauben. Es geht darin um die deutschen Historiker, denen, wie Nietzsche schreibt, der Blick fehlt für die kulturellen Zusammenhänge. Er zitiert dann einen von ihnen und schreibt: «Bei solchen Sätzen geht es mit meiner Geduld zu Ende, und ich spüre Lust, ich fühle es selbst als Pflicht, den Deutschen einmal zu sagen, was sie alles schon auf dem Gewissen haben. Alle großen Kulturverbrechen von vier Jahrhunderten haben sie auf dem Gewissen! Und immer aus dem gleichen Grunde: aus der innerlichsten Feigheit vor der Realität, die auch die Feigheit vor der Wahrheit ist. Aus ihrer bei ihnen Instinkt gewordnen Unwahrhaftigkeit, aus ‹Idealismus›.»

Schmidt: Wann geschrieben?

Stern: In «Ecco Homo», das muss 1888 gewesen sein. Den Idealismus zu definieren als Weigerung, die Realität anzuerkennen, als Feigheit vor der Wahrheit, finde ich erstaunlich –

Schmidt: Ein sehr klarsichtiges Zitat. Ich muss sagen, ich kenne von Nietzsche eigentlich gar nichts. Ich erinnere mich, dass im Bücherschrank meines Vaters «Also sprach Zarathustra» stand, aber ich habe da nicht reingeguckt.

Stern: Ich habe mich mit Nietzsche zeit meines erwachsenen Lebens beschäftigt, für mich ist er einer der großen deutschen Psychologen. Das Zitat ist übrigens das einzige, das ich mir vorgenommen habe, Ihnen zuzumuten.

Schmidt: Ich danke Ihnen. Im Bücherschrank meines Vaters standen zwei Bücher, die mich als Schüler außerordentlich beeindruckt haben. Das eine war Ortega y Gasset «Aufstand der Massen», und das andere war Gustave Le Bon «Psychologie der Massen». Ich habe sie lange nicht in der Hand gehabt, sie stehen irgendwo im Nebenhaus. Diese beiden Bücher standen, wie ich vermute, später auch in dem Bücherschrank dieses Oberstudienrats.

Stern: Beide waren sehr erfolgreich.

Schmidt: In dem Zitat, das Sie eben vorgelesen haben, ist von Jahrhunderten deutscher Verbrechen die Rede, drei oder vier Jahrhunderte, haben Sie vorgelesen.

Stern: Ja.

Schmidt: Die eigentlichen Verbrechen kamen ja erst später.

Stern: Ja, richtig.

Schmidt: Was meinte Nietzsche, wenn er 1888 von Jahrhunderten deutscher Verbrechen gesprochen hat?

Stern: Kulturverbrechen.

Schmidt: Ja, was meinte er damit? Ich halte das Zitat für sehr klarsichtig, das unterschreibe ich ohne Weiteres. Aber ich unterschreibe nur mit großem Zweifel die Jahrhunderte von Kulturverbrechen –

Stern: Ich unterschreibe es überhaupt nicht. Das ist eine Nietzschesche Übertreibung, die zu tun hat mit seiner Einstellung zu Luther und dem Luthertum –

Schmidt: Ich verstehe von Nietzsche gar nichts, sehen Sie mir das bitte nach. Von mir aus deshalb kein Beitrag dazu. Wohl aber möchte ich mein Misstrauen zum Ausdruck bringen gegenüber der Tendenz, als ob Adolf Hitler und der Mord an den Juden in Deutschland eine Vorgeschichte von vierhundert Jahren hätten. Für mich ist das nach wie vor nicht zu erklären, was dieses Volk, dem ich angehöre, unter Hitler an Verbrechen zustande gebracht hat. Ich bin nach wie vor ratlos. Und ich kann mich nicht dazu verstehen, einen Teil der Schuld auf Martin Luther abzuladen.

Stern: Ich bin überzeugt, dass Hitler, Nationalsozialismus, Holocaust weder zufällig noch unvermeidlich waren. Wobei ich Ihnen vollkommen beipflichten möchte: Der Gedanke, dass eine direkte Linie von Luther zu Hitler führt, ist ausgemachter Blödsinn – obwohl natürlich auch Luthers Antisemitismus nicht ohne Bedeutung war. Nur gab es Wurzeln. Der Antisemitismus in Europa hat eine lange, lange Geschichte. Vielleicht wiederhole ich mich jetzt – wir sprachen ja heute Vormittag schon darüber –, aber ich denke, dass die Nazis nach dem 30. Januar 1933 selber überrascht waren, wie leicht es ihnen gefallen ist. Wenn man nur an die Bücherverbrennungen vor den Universitäten denkt. Das war an und für sich nicht zu begreifen, dass man im 20. Jahrhundert vor deutschen Universitäten große Scheiterhaufen errichtet und Zehntausende von Büchern verbrennt und dass das schweigend hingenommen wird.

Schmidt: Eine Teilerklärung: Die Studenten, die das organisiert haben, waren Teil einer fanatisierten hysterischen Masse. Eine weitere Teilerklärung: Die Erziehung der Deutschen zum Gehorsam gegenüber dem Staat. So gibt es tausend andere Erklärungen, aber letzten Endes bleibt es unerklärt. Diese Nichterklärbarkeit belastet mich innerlich zutiefst!

Stern: Es waren nicht nur die Studenten, Helmut. Auch die Professorenschaft hat kräftig mitgemacht, und keiner hat sie gezwungen. Das ist es, was mich so erschüttert. Es gibt kaum etwas, was so radikal primitiv, so barbarisch wäre, wie Bücher zu verbrennen. Die Aktion vom 10. Mai 1933 hätte eigentlich Ekel auslösen müssen, hätte dazu führen müssen, dass man sagt, wir können uns doch nicht von solchen Leuten regieren lassen. In einigen Städten sollten wohl auch die Bücher von Thomas Mann den Flammen übergeben werden. Ein Freund von ihm, Ordinarius für deutsche Literatur in Köln, fand das so empörend, dass er protestierte. Mit Erfolg: Thomas Mann wurde von der Liste gestrichen. Daraufhin nahm dieser Freund ungeniert, wohl ziemlich begeistert an dem feierlichen Autodafé teil. Da fragt man sich, was geht in einem solchen Menschen vor? Immerhin hatte er ein bedeutendes Buch über Nietzsche geschrieben.

Schmidt: Bildung schützt vor Strafe nicht, Fritz.

Stern: Sie nannten die Erziehung der Deutschen zum Gehorsam eine mögliche Erklärung für das, was nach 1933 passierte. Glauben Sie, dass dieser Gehorsam der Deutschen, der in der Tat besonders ausgeprägt gewesen ist, auch später, bei der Durchführung der Vernichtung der Juden eine entscheidende Rolle gespielt hat?

Schmidt: Das glaube ich. Die Durchführenden waren einige Tausende. Und die haben das getan, was ihnen gesagt wurde.

Möglicherweise spielten dabei eigene Instinkte oder eigene Emotionen auch eine Rolle, das weiß ich nicht. Ich will dazu eine Geschichte erzählen. 1933, als Adolf Nazi ans Ruder kam, war ich gerade vierzehn Jahre alt geworden. In meiner Klasse und in der Nebenklasse hatte ich Freunde; ich habe nicht gewusst, dass sie Juden waren. Ich wusste auch gar nicht, was das ist, ein Jude. Ich habe das Wort Jude zum ersten Mal in der Propaganda von Streicher und Goebbels gehört, aber ich habe es nicht verstanden. Im Laufe der nächsten Jahre verschwand Helmut Gerson; das war mein Freund in der Schule. Man hörte, der ist ausgewandert mit seinen Eltern nach Amerika. Von jemand anderem hörte man, der ist ausgewandert mit seinen Eltern nach Ungarn. Und so weiter. Sie selber haben mal gesagt – ich erinnere diesen Satz aus einer früheren Unterhaltung, Fritz –, es sei der Führer gewesen, der Sie zum Juden gemacht hat. Mir hat der Führer klar gemacht, was es bedeutete, einen jüdischen Großvater zu haben, weil ich nämlich im Krieg eine Heiratserlaubnis brauchte und einen Ariernachweis erbringen musste. Mein Vater hatte den Ariernachweis gefälscht und eine Bescheinigung beschafft, auf der stand: Großvater unbekannt. Ich habe meinem Großvater nicht übelgenommen, dass er Jude war. Ich habe ihm aber wohl übelgenommen, dass er meine Großmutter geschwängert und dann nicht geheiratet hatte, das habe ich ihm übelgenommen. Und mein eigener Vater auch. Was ich sagen will: Eine Familie des beamteten unteren Mittelstands hatte keine Ahnung, was das Wort Jude bedeutet.

Stern: Also, das bezweifle ich. Aber ich will erst, wenn ich darf, von meiner Seite erzählen. Am 30. Januar 1933 war ich sechs Jahre alt, das heißt, ich wurde zwei, drei Tage später sieben Jahre alt. Ich habe das Extrablatt gekauft, als ich aus der Schule kam – «Hitler zum Reichskanzler ernannt!» –, und meinem Vater überreicht und genau gewusst, das ist eine schreckliche Nachricht. Für mich waren die Nazis schon damals der Inbegriff des Terrors. Furchterregend mit ihren Knüppeln und ihren Straßenschlachten.

Schmidt: Ja, ähnlich bei uns. Das war in meiner Familie ähnlich: Die Nazis sind was Übles. Und mein Schwiegervater hat damals zu seinen Kindern gesagt: Das bedeutet Krieg. Aber dass die Juden angeblich ganz was anderes waren als die Nichtjuden, das ist 1933 weder meinen Schwiegereltern noch meinen eigenen Eltern noch mir damals Vierzehnjährigem bewusst gewesen.

Stern: Nun, der Antisemitismus war ja von den Nazis – und nicht nur von den Nazis – ungeheuer geschürt worden in der Weimarer Zeit, so dass man immer wieder auf diese Propaganda stieß. Aber Opfer waren am Anfang nicht gezielt die Juden, sondern die politischen Gegner. Was mich noch heute ratlos und traurig macht, ist die Brutalität, mit der die Nazis ihre eigenen Volksgenossen, wenn ich das Wort benutzen darf, behandelt haben. Mein Vater hatte unter seinen Patienten viele Sozialdemokraten; einem von ihnen – das habe ich als Kind mitbekommen – war eine Bombe ins Haus geworfen worden. Das war noch vor dem 30. Januar gewesen, im Herbst 1932. Es war ganz klar, die Bombe hatten Nazis geschmissen. Ich erinnere mich deutlich an den Straßenterror vor dem 30. Januar, und deshalb war klar, dass es den politischen Feinden jetzt sehr übel ergehen würde. Bekannt wurde auch bald die Tatsache, dass es Konzentrationslager gab. Die Nazis machten ja keinen Hehl daraus, dass sie solche Lager zur Umerziehung von politischen –

Schmidt: Das hat mich nicht erreicht.

Stern: Dachau wurde im März 1933 eingerichtet. Es diente nicht nur dazu, politische Gegner einzusperren, sondern auch der Einschüchterung aller anderen, und deshalb musste bekannt gemacht werden, was ein Konzentrationslager bedeutete. Das sprach sich ziemlich schnell herum, es wurden sogar Bilder gezeigt.

Schmidt: In Hamburg gab's Kola-Fu – das war eine Abkürzung für Konzentrationslager Fuhlsbüttel, aber Fuhlsbüttel war das normale Gefängnis –

Stern: Aber man wird doch auch in Hamburg den Vers gekannt haben: «Lieber Gott, mach mich stumm, dass ich nicht nach Dachau kumm». Diese Allgegenwart des Terrors, die es bis in den Volksmund schaffte, war für das Regime ungeheuer wichtig.

Schmidt: Sie sagen, die Nazis waren für Sie als Sechs- und Siebenjähriger der Inbegriff von Terror, Terror gegen den politischen Feind. Haben Sie sie auch als eine besondere Bedrohung für die Juden wahrgenommen?

Stern: Wahrscheinlich nein. Aus dem einfachen Grund, weil ich am 30. Januar 1933 nicht wusste, dass ich Jude bin. Meine Eltern waren konvertiert, protestantisch. Dass ich «nichtarisch» bin, also Jude, wurde mir von meinem Vater im Februar, spätestens März, nein, ich glaube Februar 1933 klar gemacht.

Schmidt: Im Februar 1933 war ich vierzehn Jahre alt, und unter dem Einfluss meines Vaters habe ich die Nazis wie die Kommunisten in gleicher Weise verabscheut, aber nicht wegen ihrer Judenfeindlichkeit, sondern wegen ihrer Schießereien und Prügeleien. Mein Vater hatte uns beigebracht, wenn draußen in der Schellingstraße geschossen wird, müsst ihr euch unter die Fensterbank ducken und nicht am erleuchteten Fenster stehen. Für den Vierzehnjährigen waren beide in gleicher Weise Verbrecher: die Kommunisten wie die Nazis.

Stern: Für den Siebenjährigen verband sich die Gewalt recht schnell mit schrecklichen Geschichten aus der Prinz-Albrecht-Straße –

Schmidt: Von dieser Adresse können Sie doch erst sehr viel später Kenntnis erlangt haben.

Stern: Nein, 1933! Ich habe ja erzählt, dass unter den Patienten meines Vaters zahlreiche Sozialdemokraten waren, und über die hörten wir vieles, von Leuten, die in der Prinz-Albrecht-Straße verprügelt und gefoltert wurden, von Leuten, die über Nacht fliehen mussten, aus Angst, dass ihnen etwas passieren könnte. Das ist völlig wach in meiner Erinnerung.

Schmidt: Die Prinz-Albrecht-Straße in Berlin war der Sitz der Geheimen Staatspolizei.

Stern: Ja, des späteren Reichssicherheitshauptamts. Das psychologische Gespür, das die Nazis dafür entwickelten, wie man Macht aufbaut auf Terror, hat für mich immer noch, wie soll ich sagen, eine gewisse Faszination, die Faszination des Schreckens. Sie wussten, dass eine bestimmte Art von Terror notwendig ist, und sie trafen offenbar genau das rechte Maß. Die Frage ist nur, warum sich die Deutschen so leicht haben einschüchtern lassen.

Schmidt: Wenn man davon ausgeht, dass die Deutschen innerlich nicht in ihrer Mehrheit damit einverstanden waren, ist schon verwunderlich, dass es zu keinerlei nennenswertem Widerstand kam. Anfang Mai waren die Gewerkschaften weg, zwei Monate später alle Parteien.

Stern: Selbst bei der letzten Wahl Anfang März, die ja bereits unter verschärften Bedingungen erfolgte, lag die Zustimmung zum neuen Regime bei nur 43 Prozent.

Schmidt: Sie müssen als Bezugsgröße die Wahl vom Sommer 1932 nehmen, da waren es etwas über 37 Prozent. Ich erinnere mich gut. Die Nazi-Stimmen sind steil nach oben gegangen, und das lag eindeutig an den ökonomischen Umständen – es gab damals beinahe sechs Millionen Arbeitslose. Es war eine schlimme Situation. Arbeitslosigkeit bedeutete damals wirklich Elend. Das ist heute ganz anders. – Ich muss Ihnen hier bekennen: Ich habe erst während des Krieges begriffen, dass die Nazis Verbrecher waren. Ich habe sie verabscheut seit etwa 1934. Da musste ich zum

Klavierunterricht, zu Fuß, das war ungefähr ein Fußmarsch von vierzig Minuten bis zum Haus der Klavierlehrerin. Und da kam ich immer an so einem Kasten vorbei, wo der «Stürmer» aushing – den fand ich ekelhaft. Das zweite Erlebnis war 1937, da war ich im Arbeitsdienst. Da gabs in München, unvorstellbar weit weg von Hamburg – München war damals genauso weit weg von hier wie heute Neuseeland –, da gabs eine Ausstellung «Entartete Kunst». Darüber las ich in der Zeitung. In dieser Ausstellung waren alle meine Lieblingsmaler ausgestellt, weil sie für «entartet» erklärt wurden. Da habe ich begriffen: Die Nazis sind verrückt! Ich hatte darüber einen Riesenstreit mit einem Onkel von mir, der in der Partei war und das alles in Ordnung fand. Aber ich habe nur begriffen, dass die verrückt sind, nicht dass sie Verbrecher sind. Das habe ich erst im Krieg allmählich begriffen. Richtig begriffen habe ich es erst an dem Tag, an dem ich zum Volksgerichtshof abkommandiert wurde und in den Reihen der Zuhörer saß, die zuhören mussten, wie der Freisler mit den Angeklagten umsprang. Die Zuhörer sollten wohl auch eingeschüchtert werden. Da habe ich begriffen, dass das Verbrecher sind. Das war im Sommer 1944. So spät.

Stern: Helmut, entschuldigen Sie, wenn ich es so sage: Dazu gehörte ein gewisser Wille, es nicht zu sehen. Dazu gehörte das, was Nietzsche die «Feigheit vor der Wahrheit» genannt hat. Die Realität war, dass die Nazis die Straße beherrschten in dem Sinne, dass sie Andersdenkende oder ehemalige politische Feinde oder Juden verhafteten, jeden, der ihnen nicht passte. Ich bin weiterhin als protestantisches Kind aufgewachsen und habe mit meinen Eltern Weihnachten gefeiert, aber mir war völlig klar, dass ich als nichtarisch gestempelt war, also nach dem Verständnis der neuen Herren unwürdig und minderwertig und was weiß ich alles – und gefährdet. Diese Realität habe ich als Kind vollkommen begriffen.

Schmidt: Gab es Zeichen der Solidarität?

Stern: Ja, natürlich gab es die anständigen Ausnahmen, «arische» Freunde, die bis zuletzt zu Besuch kamen, oder Patienten meines Vaters. Auch Pfarrer aus der Bekennenden Kirche. Ausnahmen! Aber rückblickend muss ich sagen, was eben immer wieder fehlt in Deutschland, ist die Tradition des Protests gegen den Staat, die Solidarität mit politischen Opfern.

Schmidt: Es gab hier in unserer Nachbarschaft ein herausragendes Beispiel von Solidarität. Das war in Dänemark. Nach der Besetzung Dänemarks – 1940 – haben die Dänen fast alle ihre Juden gerettet, indem sie sie bei Nacht und Nebel nach Schweden gebracht haben; fast alle dänischen Juden sind davongekommen. So eine Geschichte gibt es in Europa kaum irgendwo.

Stern: Entschuldigen Sie, da muss ich zwei Sachen hinzufügen. Es waren leider nicht *die* Dänen, sondern einige Dänen –

Schmidt: Richtig, Sie haben ganz Recht. Auch dänische Kommunisten übrigens; ein Freund von uns war damals junger Kommunist, der hat nachts mit den Fischern gemeinsam die Juden über den Sund gefahren.

Stern: Es war heroisch, gar keine Frage, ich klammere mich gern an solche Ausnahmen, und deswegen kenne ich Beispiele auch aus anderen Ländern. Es gab einen großen holländischen Historiker namens Huizinga. Als Rektor der Universität von Leiden hat er, 1933, einen deutschen Teilnehmer bei einer Konferenz formell ausgeschlossen wegen einer antisemitischen Hetzschrift. Huizinga wurde 1942 in ein NS-Geisellager eingesperrt und blieb nach seiner Freilassung bis zu seinem Lebensende unter Hausarrest. Ein noch viel mutigerer Protest kam auch in Leiden im November 1940 zustande, als der Dekan der Rechtsfakultät, Rudolph Cleveringa, die Absetzung eines jüdischen Kollegen öffentlich kritisierte; er wurde am nächsten Tag von den Deutschen verhaftet. Es gab solche Ausnahmen! Es gab sie auch in Deutschland. Ich erinnere an den großen Psychologen Wolfgang Köhler, der 1933 öffentlich gegen die Rassenpolitik protestiert hat – ein Vollarier! – und ausgewandert ist. In dem Moment, wo es die Professoren hingenommen haben, dass ihre jüdischen Kollegen rausgeworfen wurden, fing das Unheil an. Bei vielen mag es eine Mischung aus latentem Antisemitismus und Opportunismus gewesen sein: Die haben für sich Chancen gesehen, wenn die Stellen von Juden frei wurden.

Schmidt: Es hat in Deutschland punktuell sehr viele Ausnahmen gegeben. Zum Beispiel haben meine Schwiegereltern viele Male, immer nur für eine Nacht, jüdische Freunde im Keller oder auf dem Boden versteckt. Die mussten morgens, wenn es hell wurde, wieder verschwinden. Die nächste Nacht übernachteten sie bei einer anderen Familie. Dergleichen hat es nicht nur in Deutschland gegeben, das hat es überall in Europa gegeben.

Stern: Ja. Ich stehe auf dem Standpunkt, dass diese Ausnahmen, oder wie ich mich nicht scheuen würde, sie zu nennen, die Menschen des stillen Anstandes viel mehr geehrt werden müssten, als es getan wird. Man kann den nachfolgenden Generationen nicht nur die Gräuel und Mord und Totschlag und Vergasung des Holocaust überlassen, als ob sich da nie jemand dagegen gewehrt hätte. Diesen stillen Anstand müsste man viel mehr berücksichtigen. Aber auf der anderen Seite muss natürlich die Frage gestellt werden: Wieso waren es so wenige? Dass es den Deutschen zum Teil gelungen ist, den latenten Antisemitismus in den besetzten Ländern zu mobilisieren, ist gar keine Frage. Sie haben den latenten Antisemitismus in Frankreich, in Holland, überall mobilisiert, ganz zu schweigen von den osteuropäischen Ländern.

Schmidt: Ich erzählte ja bereits, dass ich auf dem Weg in die Klavierstunde immer an diesem «Stürmer»-Kasten vorbeikam und wie sehr mich das abstieß. Ich glaube, den meisten Deutschen war diese Ekel-Propaganda zuwider, man konnte es nicht mehr hören, dieses ewige «Der Jude ist schuld». Die Deutschen wollten es eigentlich nicht wissen.

Stern: Das ist meines Erachtens ungeheuer wichtig: Sie wollten es nicht wissen. Man könnte das freilich über das ganze Jahrhundert sagen: Man wollte es nicht sehen, man wollte es nicht hören.

Schmidt: Das ganze Jahrhundert, das geht zu weit.

Stern: Es ist der berühmte Satz, wenn ich den eben einfügen darf, in der Weizsäcker-Rede vom 8. Mai 1985, der Satz, der vierzig Jahre danach noch für Aufregung sorgte: «Wer seine Ohren und Augen aufmachte, wer sich informieren wollte, dem konnte nicht entgehen, dass Deportationszüge rollten».

Schmidt: Ja, Richard Weizsäcker gehörte zur deutschen Oberschicht. Der brauchte seine Ohren nicht anzustrengen, der lebte in familiären Verhältnissen ähnlich wie Marion Dönhoff. Das war oberste gesellschaftliche Schicht. Die wussten über alles Bescheid. Aber für meine Schwiegereltern zum Beispiel oder für meine Eltern, kleine Leute, war es fast unmöglich, etwas zu wissen. Ich denke an die Kristallnacht – wann war die? 1938. Ich war damals Rekrut, Soldat in Bremen-Vegesack. Wir haben davon überhaupt nichts gemerkt. Kam auch in dem Kompanie- oder Batterieunterricht nicht vor, wurde nirgends erwähnt.

Stern: Sie waren abgetrennt durch die Kaserne, gewissermaßen isoliert. Aber die meisten mussten es doch sehen, die zerstörten Geschäfte, die brennenden Synagogen.

Schmidt: Nein. Am Wochenende kriegte man Urlaub, Wochenendurlaub. Vielleicht einmal im Monat ging ich nach Hamburg, einmal im Monat ging ich nach Bremen und zweimal im Monat nach Fischerhude. Die Kristallnacht kam nicht vor im Gespräch. Es stimmt nicht, dass man nicht sehen *wollte*; man hat es einfach nicht mitgekriegt.

Stern: Nein, nein. Millionen von Deutschen müssen es gesehen haben, denn sie haben ja gebrannt, die Synagogen – überall im ganzen Land.

Schmidt: Mein Vater, wenn er das gesehen hätte, hätte er darüber geredet. In unserem Viertel gab es keine Synagoge. Die gab es in Harvestehude, aber nicht bei uns. 1942 zogen meine Frau und ich in die Gluckstraße. Wie ich viele Jahre nach dem Krieg erfuhr, hatte dort bis zum November 1938 eine Synagoge gestanden. Davon wussten wir damals nichts.

Stern: Die Frage, wie viel die Deutschen gewusst haben, wird normalerweise in Bezug auf den Holocaust gestellt. Die Vernichtungslager lagen bekanntlich außerhalb Deutschlands, in Polen. Das war eine diabolische Sache. Es könnte immerhin auch darauf hin deuten, dass sich die Nazis ihrer Sache nicht sicher waren und Proteste fürchteten, weshalb sie es vorzogen, die Juden weit in den Osten zu transportieren. Natürlich war die Diskriminierung der Juden nicht zu übersehen – «Juden unerwünscht», das war ja überall zu lesen. Man durfte nicht auf öffentlichen Bänken sitzen, man durfte dies nicht, man durfte das nicht, das habe ich alles in der Kindheit miterlebt! Das war unübersehbar! Trotzdem waren die Deportationen später etwas anderes. Das geschah bei Nacht und Nebel. Ich meine, das war der Unterschied.

Schmidt: Ich will auch hier ein Beispiel erzählen. Das spielt im März 1945 – Rückzug aus der «Battle of the Bulge» oder, auf Deutsch, Ardennenoffensive. Das Armeekorps, zu dem ich gehörte, war völlig überrannt, und ich schlug mich mit zwei Kameraden und später ganz allein hinter der amerikanischen Front, dann hinter der englischen Front Richtung Hamburg durch. Das heißt, von den Ardennen nach Hamburg alles zu Fuß. Nachts musste man marschieren, tagsüber versteckte man sich und schlief irgendwo. Im Schlaf wurde ich überrascht und gefangen genommen und dann von einem englischen Offizier verhört. Der fragte mich über Bergen-Belsen aus. Die Engländer hatten mich ein paar Kilometer nördlich von Soltau gefangen genommen, in unmittelbarer Nähe von Bergen-Belsen. Ich hatte keine Ahnung, was Bergen-Belsen ist. Keine Ahnung.

Stern: Das kann ich wiederum nachvollziehen. Dass Sie keine Ahnung von Dachau hatten, ist für mich viel überraschender –

Schmidt: Das Wort Dachau habe ich zum ersten Mal nach dem Krieg gehört. Auch das Wort Auschwitz habe ich erst nach dem Krieg gehört.

Stern: Das Letztere kann ich verstehen. Das erste nimmt mich einfach wunder!

Schmidt: Es ist aber so. Ich will Ihnen noch eine andere Geschichte erzählen. In dem Stab im Verband des Oberkommandos der Luftwaffe, zu dem ich im Jahr 1944 gehörte, war mein unmittelbarer Vorgesetzter ein junger Generalstabshauptmann oder Major, Friedrich Georgi. Der wurde nach dem Krieg Chef des Parey Verlags und war eine Zeit lang Vorsteher des Börsenvereins des Deutschen Buchhandels, wunderbarer Kerl. Friedrich Georgi war der Schwiegersohn des Generals Olbricht, der im Bendlerblock erschossen worden ist am 20. Juli. Georgi wurde gleich am 21. Juli verhaftet und hat sich durchgelogen, seine Frau ist darüber verrückt geworden. Jetzt sind sie beide lange tot. Ich war der jüngste Mitarbeiter von Georgi, der sogenannte rote Oberleutnant; ich war nicht rot, aber ich war gegen die Nazis. Das wussten alle im Stab von Georgi, die waren nämlich auch gegen die Nazis, und wir redeten ganz offen miteinander. Aber niemals hat Georgi was von Auschwitz erzählt oder von der Vernichtung der Juden. Davon hat er wahrscheinlich auch nicht wirklich viel gewusst, obwohl sein Schwiegervater einer der höchsten Generäle war. Aber möglicherweise hat Olbricht seinen Schwiegersohn nicht mit Wissen belasten wollen. Dass man andere nicht mit seinem Wissen belasten wollte, das kann ich persönlich bezeugen. Ich habe zum Beispiel meiner Frau während des Krieges nichts erzählt von meiner mangelhaften arischen Abstammung.

Stern: Wann haben Sie davon erfahren?

Schmidt: 1934.

Stern: Von wem? Ihrem Vater?

Schmidt: Von meiner Mutter. Und meine Mutter hat gesagt: Du darfst mit niemandem darüber reden. Ich habe begriffen, es wäre gefährlich, darüber zu reden, und habe das infolgedessen nicht getan, auch nicht mit meinem Vater. Mit meinem Vater habe ich zum ersten Mal darüber geredet, als ich den arischen Nachweis wegen der Heiratserlaubnis brauchte. Das war 1942. Aber Loki hat von der nicht ganz einwandfreien arischen Abstammung ihres Ehemannes erst nach dem Krieg erfahren, als ich aus der Gefangenschaft zurück kam.

Stern: Sie schildern überzeugend an einzelnen Beispielen, dass Sie nichts wussten. Würden Sie sagen, das gilt für die große Mehrheit der Leute aus den mittleren und unteren Schichten?

Schmidt: So weit würde ich nicht gehen. Es gab in der Arbeiterschaft einen dauerhaften persönlichen Zusammenhalt aus Zeiten des Rot-Front-Kämpferbundes, aus Zeiten des Reichsbanners, aus Zeiten der SPD, aus Zeiten der KPD. Die kannten sich untereinander und wussten zum Teil viel besser Bescheid als die Studienräte oder die Volksschullehrer, weil sie miteinander redeten. Ehemalige Funktionäre der SPD hielten zusammen, ehemalige Funktionäre der KPD hielten natürlich auch zusammen, soweit ihnen das möglich war. Das heißt, in dieser ehemaligen Funktionärsschicht der linken Parteien gab es wahrscheinlich ein genaueres Wissen über die Nazis als in der Masse des Kleinbürgertums und des Bürgertums. Aber das ist mehr eine Vermutung.

Stern: Ich würde Ihnen zustimmen, aber auf der anderen Seite war der Terror gerade am Anfang gegen die ehemaligen politischen Feinde besonders groß. Man musste gewaltige Angst haben, wenn man die alten Kontakte aufrecht erhielt.

Schmidt: Terror und Angst waren gewaltig. Jedermann hatte Angst vor der Gestapo.

Stern: Allein das Wort Gestapo. Die Angst ist sicher mit zu bedenken, wenn man heute fragt, was wussten die Deutschen. «Wissen» in dem Sinne, dass man etwas wahrnimmt und offen drüber spricht, ist eine Sache. «Wissen» im Unterbewusstsein oder im halben Bewusstsein – also zum Beispiel zur Kenntnis zu nehmen, dass in den Tagen nach der Kristallnacht auf einen Schlag beinahe 40 000 Juden inhaftiert werden, dass da etwas passiert, was man eigentlich besser nicht zur Kenntnis nimmt, dieses Wissen, ohne wissen zu wollen – das müssen viele Millionen gewesen sein, die sich so verhielten. Haben einfach weggeguckt. – Noch etwas anderes will ich erwähnen, es betrifft das Ausland. Vieles von dem, was ab 1942/43 an Nachrichten über die Vernichtung der Juden ins Ausland drang, klang so ungeheuerlich, dass viele sich weigerten, es zu glauben. Das kann gar nicht sein, sagten viele und beruhigten das eigene Gewissen, obwohl es ja doch ziemlich verlässliche und konkrete Informationen gab, ab etwa 1943. Auch viele Juden wollten es nicht glauben. Die Nazi-Politik vor dem Krieg war ja gewesen, die Juden aus Deutschland heraus zu treiben. Wie schaffen wir die Juden raus aus Deutschland? Und wo bringen wir sie hin? Das waren die Überlegungen, die dann mit Kriegsausbruch eine so andere Richtung nahmen. Ich glaube nicht, dass die physische Vernichtung der Juden am Anfang ein erklärtes Ziel der Nazi-Politik war. Aber ich erinnere mich, dass ich meiner Schwester Anfang Februar 1939 einen Brief geschrieben habe – sie war in einem College, ich lebte bei meinen Eltern in New York –, in dem ich ihr über die Rede des Führers berichtete, in der er gesagt hatte: Wenn es zu einem Krieg kommt, führt das zur Ausrottung der Juden in Europa. Ich habe das irgendwie ernst genommen.

Schmidt: Wann hat er das gesagt?

Stern: Ich glaube, am 30. Januar 1939. Ich will sagen, dass die wenigsten Nazis an eine tatsächliche Ausrottung der Juden vor dem Krieg gedacht haben, sondern: Raus mit ihnen! Und das Raus! war ja zum Teil auch das große Glück der deutschen Juden, dass sie sechs Jahre Zeit hatten zu gehen. Aber wenige glaubten, dass die ständig wiederholte Drohung mit Ausrottung – «Juda verrecke!» – Wirklichkeit werden würde, wenn die Dinge sich zuspitzten.

Schmidt: Die Psychologie der Nazis ist ein Thema, über das können wir noch stundenlang reden, sollten wir aber nach meinem Gefühl nicht tun. Ich würde mich lieber mit Ihnen darüber unterhalten, warum die Deutschen politisch so unaufgeklärt waren. Die politische Erziehung der großen Masse der damals lebenden Deutschen hat in jeder Hinsicht das Prädikat unzureichend verdient. Sie hatten keine Vorstellung davon, was eigentlich ein Staat war. Das Wort Demokratie zum Beispiel habe ich in der Schule nicht ein einziges Mal gehört. Das Wort ist nur in der Nazipropaganda aufgetaucht. Weil die Nazis darüber räsonierten, was das für eine schlechte Sache ist, war mir eigentlich klar, dass das nicht stimmen kann; aber was Demokratie wirklich ist, davon hatte ich keine Ahnung.

Stern: In der Weimarer Republik haben Sie nichts von Demokratie gehört?

Schmidt: Ja, niemals. Demokratie kam nicht vor. Der Begriff des Rechtsstaates kam nicht vor. Naturrecht, Menschenrechte – ist alles nicht vorgekommen.

Stern: Was haben Sie denn dann in der Schule gelernt?

Schmidt: Selbständig zu arbeiten und selbständig zu urteilen. Es war übrigens eine besondere Schule, eine in der Tendenz linke Schule, die meisten Lehrer waren Sozis oder Kommunisten, idealistische Kommunisten, idealistische Sozis, aber politische Erziehung kam nicht vor. Wichtig war Musik, Kunstunterricht und, wie gesagt, selbständig zu arbeiten.

Stern: Erstaunlich ist, dass der Rechtsstaat nicht geläufig war, denn darauf waren die Deutschen sehr stolz. Rechtsstaat – ja, unbedingt, Demokratie – nein.

Schmidt: Eigentlich schon seit Friedrich dem Großen. Drei Tage, nachdem er König wurde, hat er die Folter abgeschafft: Bei Gericht durfte die Folter nicht mehr angewendet werden. Er war ein aufgeklärter Despot, sicherlich einer der ersten aufgeklärten Politiker in Deutschland.

Stern: Es ist interessant, dass Ihnen beim Stichwort Rechtsstaat als erstes Preußen einfällt –

Schmidt: Man ist, wenn man die deutsche Geschichte betrachtet, immer geneigt, im Wesentlichen auf Preußen zu gucken. Man guckt vorbei an Württemberg und Bayern, am katholischen Rheinland und an Westfalen, man guckt vorbei an den Freien Reichsstädten. Die waren frühdemokratisch, eine oligarchische Form von Demokratie. So wie im alten Athen. Das alte Athen war auch keine Demokratie, das war in Wirklichkeit eine oligarchische Demokratie. Die Metöken durften an Abstimmungen nicht teilnehmen, die Sklaven sowieso nicht. So ähnlich war das in Hamburg auch: Wer keinen Bürgerbrief hatte, konnte nicht teilnehmen.

Stern: Meine Verwunderung, dass Sie auf Preußen kamen, sollte Zustimmung ausdrücken. Den Preußen war der Gedanke des Rechtsstaates wichtig.

Schmidt: Und auf wen geht er wirklich zurück? Da bin ich ungebildet. Geht er auf Friedrich II. zurück?

Stern: Allgemeines preußisches Landrecht, veröffentlicht 1794, oft als eine Art Pseudo-Verfassung von Preußen bezeichnet. 1794 war Friedrich schon tot, aber die Vorbereitung durch ungewöhnlich gute Köpfe ging auf einen frühen Wunsch von ihm zurück. Klar definiert wurde der Rechtsstaat allerdings erst von dem Staatswissenschaftler Robert von Mohl, einem württembergischen 1848er, in Analogie übrigens zum angelsächsischen «Rule of Law».

Schmidt: Lassen Sie mich noch einen Moment bei Friedrich dem Großen bleiben. Ich habe ihn immer für eine gespaltene Figur gehalten –

Stern: Eine völlig gespaltene Figur, wie so oft in der deutschen Geschichte –

Schmidt: Innenpolitisch liberal, und außenpolitisch Alexander der Große im Taschenformat.

Stern: Ich könnte versucht sein, dieser Formulierung zuzustimmen. Obwohl «liberal» etwas zu weit geht. Und außenpolitisch, muss man sagen, erstens hatte er Glück –

Schmidt: Und zwar im wörtlichen Sinne. Er stand ja immer selber draußen. Wie leicht hätte er auf dem Schlachtfeld umkommen können.

Stern: Er hat sich immer wieder exponiert – im doppelten Sinne: Ein Krieg nach dem anderen, allerdings in einem Zeitalter, in dem fast alle europäischen Nationen beinahe ununterbrochen Krieg gegeneinander führten. Wobei es hauptsächlich um Schlesien ging. So zumindest hat es angefangen.

Schmidt: Als Sie in Breslau zur Schule gingen, war Friedrich der Große da eine Vorbildfigur?

Stern: Er wurde schon von Hitler überschattet. Mit dem allgemeinen Landrecht, rechtsstaatlichen Prinzipien, Toleranz und solchen Traditionen konnten die Nazis nicht viel anfangen. Gegen Ende des Krieges wurde Friedrich II. dann zur Ikone des Durchhaltewillens gemacht, aber das habe ich nicht mehr miterlebt. Nein, ich erinnere mich nicht, dass Friedrich II. eine besondere Figur in der Schule war. – Ich würde gern meinerseits noch einmal auf Ihre Bemerkung zurückkommen wollen, die politische Erziehung der Deutschen sei unzureichend gewesen. Die Frage deckt sich mit einer Frage, die ich vorbereitet habe: Wieso der Erste Weltkrieg mit all seinen unglaublichen Schrecken nicht genügte, das deutsche Bürgertum zur politischen Vernunft zu erziehen? Wieso gab es so wenige Menschen wie Thomas Mann, der vom Krieg 1914 begeistert war und 1922 den berühmten Vortrag «Von Deutscher Republik» gehalten und gesagt hat, wir müssen neu verstehen und uns ändern. Sein Ziel war es, Jugend und Bürgertum «für die Republik zu gewinnen und für das, was Demokratie genannt wird und was ich Humanität nenne». Dabei verband er in poetisch-waghalsiger Weise den deutschen Romantiker Novalis mit dem amerikanischen Dichter Walt Whitman, um zu zeigen, dass Demokratie und Poesie zutiefst vereinbar sind. Die Rede war jedenfalls ein eindeutiges Bekenntnis zu Weimar – ein allzu seltenes Bekenntnis. Wieso hat das Bürgertum aus dem Krieg nicht mehr gelernt, sondern im Gegenteil die falschen Konsequenzen gezogen?

Schmidt: Meine Antwort ist ganz vorläufig und wahrscheinlich ganz unvollkommen. Aber als vorläufige Antwort würde ich sagen, die Deutschen haben über die notwendigen Strukturen des Staates nie richtig nachgedacht. Die Ursachen reichen weit zurück. Anders als in Frankreich oder England – ich nenne Montesquieu oder Rousseau oder Locke oder Hume – hat es in Deutschland eigentlich keine Staatsdenker gegeben. Es gab ein paar Leute am Beginn der Aufklärung, die man inzwischen wieder vergessen hat – einer hieß Pufendorf –, die sind alle ohne Einfluss geblieben auf die bürgerliche Gesellschaft. Was unter anderem dazu geführt hat, dass – außerhalb der freien Städte – die Masse der Deutschen, insbesondere der Adel und das Offizierkorps, aber auch die Professorenschaft, die Demokratie nicht begriffen hat. Das war in ihren Augen etwas Unangenehmes und eher Gefährliches.

Stern: Es gab Hegel. Hegel hat den Staat geradezu überhöht. Und es gab Karl Marx.

Schmidt: Karl Marx war Soziologe, er hat über den Staat nichts wirklich Brauchbares geschrieben. Das Staatsdenken fehlt bei Marx fast total. Und Hegel hat den Staat so, wie er war, für den besten aller denkbaren gehalten. Den preußischen Staat wohlgemerkt, den Staat Friedrich Wilhelms III., den Engels einen der größten Holzköppe nannte, die je auf einem Thron saßen. Nein, die Deutschen haben nicht über Gewaltenteilung philosophiert, das haben sie Montesquieu überlassen. Sie haben auch nicht, wie die Autoren der Federalist Papers in Amerika, philosophiert über den Machtausgleich innerhalb eines Staates. Das fehlt alles bei den Deutschen. Sie haben über den Staat in abstracto philosophiert.

Stern: Mit einer Ausnahme: der kurzen Zeit der preußischen Reformära, als es darum ging, aus dem Untertanen einen Bürger zu machen. Dieses Ideal schwebte sowohl den Militärreformern vor als auch den Reformern des preußischen Staatswesens, Hardenberg, Humboldt, Stein. Man muss hinzufügen: Es gelang nicht ganz!

Schmidt: Es war weniger ein Nachdenken über die wünschenswerte Struktur des Staates als vielmehr ein Nachdenken über den wünschenswerten Typus des Staatsbürgers.

Stern: Ja, aber das fällt doch zusammen!

Schmidt: Nicht notwendigerweise. Das Motiv der Reformer war, soweit ich es sehe, ein pädagogisches und ist schnell verpufft. Wenn ich an 1848 – Paulskirche – denke, kamen die meisten Anregungen aus Frankreich, vor allem aus Amerika. Aus Preußen kam so gut wie nichts.

Stern: Richtig, aber ich würde die preußische Reform schon deshalb besonders erwähnen, weil es der Versuch einer Revolution von oben war – etwas, was für Marxisten kaum zu verstehen ist. Sie wollten das friderizianische System wirklich renovieren und sozusagen eine Französische Revolution in gemäßigter Form durchführen. Es ging um Nicht-Korrumpierbarkeit, um Pflichtgefühl, Verantwortungsgefühl, in einem gewissen Sinne auch um den Rechtsstaat.

Schmidt: Ich bin bereit, dem Rechtsstaat jede Anerkennung zu zollen. Mit Stein und Hardenberg habe ich mich weniger befasst, die Leistung der Militärreformer kann ich etwas besser beurteilen. Clausewitz sagt ganz eindeutig: Den Krieg hat die Politik zu führen und nicht das Militär. Das war nicht nur revolutionär, das sorgte auch für eine wirkliche Machtbalance innerhalb des Staates. Denn natürlich hat das Militär die Tendenz, Krieg zu führen – hundert Jahre später tönte dann Wilhelm II.: Jetzt hat Strategie das Sagen, Politik hat's Maul zu halten. Aber von der Einbindung des Militärs abgesehen, ist verfassungspolitisches Denken bei den preußischen Reformern relativ unerheblich.

Stern: Die Prügelstrafe wurde abgeschafft.

Schmidt: Der Wegfall der militärischen Prügelstrafe hat aus den preußischen Soldaten trotzdem keine Staatsbürger in Uniform gemacht.

Stern: Nein, nein, das blieb der Bundeswehr vorbehalten. Oder darf ich sagen, dem Verteidigungsminister Schmidt! Damit ein gewisser Ruhm auch hier am Tische bleibt!

Schmidt: Also verglichen mit Clausewitz und Scharnhorst ist die heutige Bundeswehr tatsächlich ein weiterer unglaublicher Fortschritt. Aber auch gegenüber den späten 1960er, frühen 1970er Jahren ist sie abermals ein unglaublicher Fortschritt.

Stern: Bürger in Uniform ist das Ideal, das ist gar keine Frage. Dahinter steckt aber die Idee der Französischen Revolution, aus einem Untertanen, der von seinem König zu den Waffen gezwungen wird, einen Bürger zu machen, der zur Verteidigung seiner eigenen Ideale mit Begeisterung in den Krieg zieht. Die preußischen Reformer sprachen deshalb nicht notwendigerweise von Bürgern im Soldatenrock, sondern sie meinten wirklich den Bürger als solchen, der so sehr von den Werten seines Vaterlandes überzeugt ist, dass er dafür auch zu kämpfen bereit ist. Das war die Idee der Revolution von oben: Wie sichert sich der Staat die für ihn nützlichen Errungenschaften der Revolution, ohne eine wirkliche Revolution zu riskieren. Allein die Einsicht, dass die Französische Revolution Errungenschaften gebracht hatte, die es zu übernehmen galt, war schon revolutionär genug. Die Reformen mussten denn auch gegen den erbitterten Widerstand des Königs durchgesetzt werden und versandeten in dem Moment, wo die äußere Gefahr, Napoleon, gebannt war. Der Begriff der Nation, auf den sie sich dabei beriefen, war dem König von Preußen fremd.

Schmidt: Wann waren Fichtes Reden an die Nation?

Stern: 1808. Leider gab es da schon das, was wir heute nationalistisch nennen, einen gewissen völkischen Anklang.

Schmidt: Die Reform der Universität fällt ja auch in diese Zeit. Die Verherrlichung der Humboldtschen Ideen wird bis in die heutigen Tage zelebriert, überall ist vom Ende der Humboldtschen Universität die Rede. Ich glaube, Humboldts Vorstellung einer Universität, die auf dem Prinzip der Einheit von Lehre und Forschung beruht, ist ein Trugbild, das in Wirklichkeit nicht realisierbar ist. Und das zum Beispiel zur völligen Vernachlässigung der Naturwissenschaften und der Technik geführt hat.

Stern: Ich gebe Ihnen insofern recht, als die Universität Wilhelms heute mehr denn je auch die Universität seines Bruders Alexander sein sollte. Aber um 1810 standen die Naturwissenschaften noch ganz am Anfang, und das hat er nicht mitbekommen, obwohl er diesen berühmten Naturforscher zum Bruder hatte. Er war zwar nur kurz im Amt, hat aber das gesamte preußische Erziehungswesen grundlegend reformiert, und er hat aus der Berliner Universität eine große Universität gemacht. Seine Überzeugung, dass Lehre allein nicht genug ist und Forschung allein auch nicht genug ist und dass beide zusammen gehören, ist zwar kaum realisierbar – da stimme ich Ihnen zu –, aber dennoch hat diese Überzeugung ungeheuer viel in der Wissenschaftsgeschichte bewirkt. Die Leistungen waren enorm, das ist gar keine Frage, auch wenn die zugrunde liegende Idee möglicherweise utopisch war.

Schmidt: Zurück zu Ihrer Ausgangsfrage. Weder bei Humboldt noch bei Fichte noch bei Hegel – soweit ich das beurteilen kann – finde ich Grundlegendes über die Notwendigkeit des Staates.

Stern: Wilhelm von Humboldt hat sich mit dieser Frage auseinandergesetzt in seinen «Ideen zu einem Versuch, die Grenzen der Wirksamkeit des Staates zu bestimmen», eine Schrift, wohl komponiert im Jahre 1792, also auch unter dem Einfluss der Französischen Revolution. Dort nimmt er – mit Recht – den Staat als politische Wirklichkeit vorweg und versucht, dem einzelnen Menschen die Möglichkeit zu geben, seine Kräfte zur höchsten Bildung zu sammeln: «Zu dieser Bildung ist Freiheit die erste unerlässliche Bedingung.» Dass dies nicht der preußischen Wirklichkeit mit ihrer Zensur und Polizeimacht entsprach, ist klar. Der vielleicht wichtigste Text des europäischen Liberalismus, John Stuart Mills «On Liberty» (1859), trug als Motto einen Satz aus Humboldts Schrift. Er wurde aber vielleicht mehr im Ausland als in deutschen Ländern beachtet.

Schmidt: Worum geht es da?

Stern: Es handelt sich um die Beschreibung und Verteidigung, ja mehr noch, die absolute Notwendigkeit von Liberty in ihren vielen Formen, aber auch um eine Analyse der Gefahren, die Liberty zwangsläufig mit sich bringt, vor allem die Gefahr der Tyrannei der Mehrheit.

Schmidt: Interessant. – Ich will aber noch mal auf die Federalist Papers hinweisen. Die waren der deutschen Debatte hoch überlegen, haben viel genauer nachgedacht.

Stern: Sicher. Und sie waren nicht nur der deutschen Debatte überlegen. Die Federalist Papers brachten grundlegende Argumente für die Ratifizierung der amerikanischen Verfassung: Hier ging es um die fundamentalsten Fragen, wie eine föderalistische Republik aufgebaut werden kann, hier wurde argumentiert für «the separation of powers», für «checks and balances» und, inter alia, die Notwendigkeit eines Obersten Gerichtshofes. Die Federalist Papers sind der größte praktische Ausdruck der westlichen Aufklärung, da ist gar kein Zweifel. Aber man kann diese Ausführungen natürlich nur schwer mit Humboldts Ideen zur Universitätsreform vergleichen. Jedenfalls schmälert es nicht seinen Versuch, auch wenn er politisch enttäuschend blieb. Sie dürfen nicht vergessen, dass unabhängiges Denken nicht etwas war, wozu man in der deutschen Universität ermutigt wurde. Von den Studenten wurde gewöhnlich nicht mehr erwartet, als dass sie das tun, was ihre Professoren wollten. Humboldts Ideen hatten große Wirkung in Amerika, in der zweiten Hälfte des 19. Jahrhunderts bereits in England –

Schmidt: Gegen Ende des 19. Jahrhunderts auch eine große Wirkung in Japan.

Stern: Ich wollte ja nur sagen: Mir geht es nicht um eine Glorifizierung Humboldts, mir geht es um die Tatsache, dass da ein großartiger Versuch gemacht worden ist, der gewiss nicht vollkommen gescheitert ist.

Schmidt: Also damit bin ich voll einverstanden. Ich möchte auch nicht in den Verdacht geraten, Wilhelm von Humboldt zu verkleinern. Trotzdem will ich als überflüssige Randbemerkung hinzufügen: Von heute aus gesehen, scheint mir Alexander von Humboldt bedeutsamer als sein Bruder Wilhelm.

Stern: Wollen wir uns darauf einigen: Es gab zwei bedeutende Brüder, von denen war – genau wie Sie sagen, von heute gesehen – der eine der bedeutendere. Aber es wäre gut, gerade in der heutigen Zeit, sich wieder etwas mehr mit Wilhelm zu beschäftigen.

Schmidt: Ich stimme zu. Und doch habe ich ein bisschen den Verdacht, dass Wilhelm von Humboldt nicht ganz unschuldig ist daran, dass sich Bildung und Politik im Laufe des 19. Jahrhunderts in Deutschland immer weiter auseinander entwickelten. Der deutsche Bildungsbürger musste Griechisch lernen, er musste Latein lernen, er musste wissen, wer Thukydides war, er musste wissen, wer Perikles war, er musste Augustus kennen und was weiß ich noch alles – aber zu einem mündigen Staatsbürger wurde er dadurch nicht. Er lernte, zu den Großen der Geschichte aufzublicken und an Autoritäten zu glauben, aber er lernte nicht, zwischen richtigen und falschen Vorbildern zu unterscheiden. Wenn ich nur an die völlig übertriebene Verehrung für Hindenburg denke. Der galt als große Autorität, weil die Deutschen ihn als Feldherrn verehrten – in Wirklichkeit war nicht er der Feldherr gewesen, sondern Ludendorff, aber das haben die Deutschen nicht gewusst.

Stern: Weil Ludendorff sie darüber bewusst im Unklaren ließ. Er hat das sehr geschickt gemacht, so konnte er hinter dem breiten Rücken von Hindenburg sein Unwesen treiben.

Schmidt: Was das Ende angeht, den Untergang von Weimar, muss man wohl drei Leute verantwortlich nennen: Papen, Schleicher und den Sohn, Oskar von Hindenburg –

Stern: Nach der neuen Hindenburg-Biographie muss man, glaube ich, auch den Reichspräsidenten selber dazu zählen. Er war offenbar eitel genug, selber am großen Rad mitdrehen zu wollen.

Schmidt: Ich frage mich, ob er die Führung nicht schon 1916 an Ludendorff abgegeben hatte. Jedenfalls eine völlig überforderte Persönlichkeit, ähnlich wie Pétain 1940: Ein alter Mann mit Verdiensten in früherer Zeit. Hindenburg hatte keine wirkliche Autorität, trotz seines gravitätischen Auftretens. Er hatte nicht viel im Kopfe, aber ein würdiges

Gesicht. Und er gab den Deutschen das Gefühl, dass der Versailler Vertrag eine unerhörte Schweinerei war. Natürlich war er ungerecht –

Stern: Da muss ich ein klein wenig Einspruch erheben!

Schmidt: Tun Sie das!

Stern: Natürlich war der Versailler Vertrag ungerecht. Aber: War Brest-Litowsk gerecht, der Friedensvertrag, den die Deutschen ein Dreivierteljahr vorher den Russen diktiert hatten?

Schmidt: Das kann ich nicht beurteilen. Wahrscheinlich sind Friedensschlüsse meistens nicht ganz gerecht, aber der Versailler Vertrag war besonders hart für die Besiegten. Und er hat die große Mehrheit der Deutschen aufgebracht. Sie hatten auf das Wort von Woodrow Wilson vertraut, es müsse einen Frieden ohne Sieger geben. Weil der Vertrag den Deutschen ungeheure finanzielle Lasten aufbürdete, war der Demokratieversuch à la Weimar von vornherein mit schwersten Risiken behaftet.

Stern: Richtig, das ist gar keine Frage. Auf der anderen Seite gibt es zahlreiche Wirtschaftshistoriker, die sagen, dass die Hyperinflation schon aus dem Krieg kam und durch die Verpflichtungen des Versailler Vertrages wahrscheinlich nur erschwert wurde –

Schmidt: Erheblich erschwert –

Stern: Aber dass die Bedingungen des Vertrages nicht der eigentliche Grund der Inflation waren.

Schmidt: Nicht der alleinige Grund. Jeder Krieg führt zu einer erhöhten Staatsverschuldung, ob es dabei um eine Verlierermacht oder um eine Siegermacht geht, das ist ganz normal. Bei einer Verlierermacht stärker als bei einer Siegermacht. Aber wenn der Verlierermacht außerdem artifizielle Reparationsschulden auferlegt werden in einem solchen Ausmaß wie den Deutschen 1919, dann muss man sich nicht wundern, dass das zu einer Hyperinflation führt.

Stern: Auch beim Sieger führt der Krieg zu einer Hyperinflation?

Schmidt: Ja, weil jeder Staat in jedem Krieg Schulden macht, die zu bedienen ihm nachher so schwer fällt, dass er seine Zuflucht sucht beim Drucken von Geld.

Stern: Aber die deutsche Führung hat immer damit gerechnet, dass der Krieg von den Besiegten bezahlt wird.

Schmidt: Ja, das waren aber militärische Dummköpfe.

Stern: Nein, das waren zum Teil auch politische –

Schmidt: Na ja, schön, militarisierte politische Dummköpfe!

Stern: Helmut, manchmal fällt es einem schwer, Ihnen zu widerstehen. – Ich komme zurück zu der Frage, die ich eben aufgeworfen habe: Warum haben die Deutschen aus dem Ersten Weltkrieg nicht genug gelernt oder überhaupt nichts gelernt. Einer der Hauptgründe war die Tatsache, dass so viel verschwiegen worden ist. Aus den Kabinettsprotokollen von 1918/19 geht hervor, dass man darüber debattiert hat, ob man die Dokumente der Vorkriegszeit veröffentlichen soll, die ganz klar machten, dass das deutsche Militär sich für den Krieg nicht nur vorbereitet, sondern auf den Krieg gedrängt hatte. Da gab es innerhalb der SPD – ganz zu schweigen von der USPD – Stimmen, die sich trotz aller Bedenken, dass man es den Alliierten nicht noch leichter machen dürfe, für eine Publikation aussprachen. Sie wollten die Wahrheit ans Licht bringen. Einer derjenigen, der Offenheit besonders scharf vertreten hat, war ein Mann namens Friedrich Ebert, dem ich das als einem konservativen Sozialdemokraten an und für sich nicht zugetraut hätte. Aber die Partei konnte sich mehrheitlich nicht zu einem entsprechenden Beschluss durchringen. Auch die Deutsche Demokratische Partei hat nicht auf Veröffentlichung gedrängt. Stattdessen wurde Kurt Eisner in München, der einen Teil veröffentlicht hat, verpönt, als innerer Feind bezeichnet und schließlich ermordet. Das Verdrängen und Verschweigen 1918/19 über Kriegsausbruch und Kriegführung war die perfideste Hypothek der Weimarer Republik, der Anfang der Tragödie.

Schmidt: Dem würde ich zustimmen. Aber in den anderen am Krieg beteiligten Ländern sah es auch nicht viel besser aus.

Stern: Mit dem Unterschied, dass es sich die Sieger leisten können, immer etwas großzügiger mit der Wahrheit umzugehen als die Besiegten.

Schmidt: Der Einzige, der in herausragender Weise versucht hat, wenn auch nur vorübergehend, aus dem Ersten Weltkrieg grundsätzliche, die ganze Welt umfassende Konsequenzen zu ziehen, war der amerikanische Präsident Woodrow Wilson. Das hat aber nur ein Jahr gedauert, dann ist er gescheitert –

Stern: Zu Hause, an seinen Landsleuten.

Schmidt: Er wäre ansonsten an den Franzosen gescheitert.

Stern: Vielleicht. Aber es gab in Frankreich – neben den Pazifisten, die allerdings zu weit gegangen sind – auch Staatsmänner wie Briand, der verstanden hatte, dass eine deutsch-französische Zusammenarbeit unbedingt notwendig ist, dass Franzosen und Deutsche sich einen neuen Krieg nicht leisten können.

Schmidt: Ja, solche Politiker hat es gegeben, hat es auch in Deutschland gegeben, aber das waren Ausnahmen. Selbst Gustav Stresemann war zwar zu einer Verständigung mit Frankreich bereit, gegenüber Polen hatte er jedoch starke Vorbehalte – wir sprachen heute Morgen schon darüber.

Stern: Ich komme immer wieder auf Nietzsche zurück. Sein Wort von der Realitätsverweigerung ist 1918/19 nachdrücklich bestätigt worden, als ein großer Teil des deutschen Bürgertums sich geweigert hat, die Gründe für die eigene Niederlage wirklich anzuerkennen. Die Mehrheit klammerte sich an die Dolchstoßlegende: Wir haben eigentlich den Krieg nicht verloren, der Sieg ist uns gestohlen worden, wir wurden von hinten meuchlings niedergemacht, von den Sozis und von den Juden. Selbst der SPD-Vorsitzende Friedrich Ebert begrüßte die heimkehrenden Truppen mit dem Ruf: «Im Felde unbesiegt».

Schmidt: Sie erklären das mentalitätsgeschichtlich, aus einer Neigung der Deutschen heraus, die Wahrheit nicht anzuerkennen. Aber war es nicht vielmehr der Schock, dass man vier Jahre geglaubt hatte, man siegt, und dann plötzlich, im Spätsommer 1918, innerhalb weniger Wochen, bricht alles zusammen?

Stern: Eigentlich war seit 1917 ziemlich unwahrscheinlich, dass man den Krieg gewinnen würde. Aber die Art und Weise, wie der Krieg geführt wurde, und welche politischen Fehler vom Militär gemacht worden sind und die Kriegszielpolitik: All das hätte 1918/19 aufgeklärt werden müssen.

Schmidt: Wann ist zuerst das Wort vom Siegfrieden gefallen? War das 1916?

Stern: Es kam im Sommer 1917 auf, als Parole gegen den von SPD, Zentrum und Fortschrittspartei geforderten Verständigungsfrieden. Ein Jahr später hat Ludendorff die Nerven verloren und auf einen sofortigen Waffenstillstand gedrängt; die Verhandlungen sollten freilich nicht die Militärs führen, sondern die Regierungsvertreter. Die Niederlage hat die Bevölkerung daher nur mit dem Parlament in Verbindung gebracht. Das kam wie ein Schock. Das Unheil braute sich zusammen im Juli 1917 mit dem Sturz von Bethmann Hollweg. Der war ein noch immerhin recht vernünftiger Politiker, der bremsen wollte, der glaubte, er müsse im Amt bleiben, um Schlimmeres zu verhüten. Entlassen wurde er unter dem Druck Ludendorffs, und von da an war Deutschland endgültig eine Militärdiktatur. Das Schlimme war, dass es den Militärs am Ende gelang, ihre Verantwortung zu vertuschen und der Politik die Schuld in die Schuhe zu schieben.

Schmidt: Ich stimme erstens zu: Das war eine Militärdiktatur, spätestens seit 1916. Aber zweitens: Schon lange vor Beginn des Ersten Weltkrieges hatte die Politik den Schlieffenplan akzeptiert, das heißt, das Militär hatte vorher festgelegt, wie der Krieg geführt werden sollte. Der Kaiser und seine

Regierung haben sich dem selbstverständlich angepasst. Und hier rächt sich das vorhin von mir apostrophierte Fehlen einer Balance zwischen den einzelnen Machtzentren innerhalb des deutschen Staates.

Stern: Das geht zurück auf die Verfassung von 1871.

Schmidt: Es geht zurück auf die tatsächlichen Machtverhältnisse, den Primat des Militärischen.

Stern: Den Bismarck erkannt hatte, als er von den Militärhalbgöttern sprach. Er war sich bewusst, was er damit angerichtet hatte, das Reich auf einen militärischen Sieg zu gründen.

Schmidt: Wenn Bismarck dreißig Jahre länger gelebt hätte und hätte 1914 noch gelebt, wäre vieles ganz anders gelaufen.

Stern: Da wäre er 99 gewesen!

Schmidt: Der Mann hatte Überblick und Urteilskraft – die Bethmann Hollwegs und wie sie alle hießen, hatten das eigentlich nicht, sie hatten auch keine Erfahrung im Regieren. Vor allem hatten sie einen Kaiser, dem Intelligenz, ein extremes Geltungsbedürfnis und ein gravierender Mangel an Selbstdisziplin zu eigen waren und der sich innerlich völlig dem Militär ausgeliefert hatte.

Stern: Nehmen Sie die berühmte Szene am Abend des 1. August, als der Kaiser im letzten Augenblick den Aufmarsch gegen Frankreich abblasen und statt dessen sämtliche Truppen erst gegen Russland werfen will. Moltke war fassungslos. Er versuchte dem Kaiser klarzumachen, dass man ein Millionenheer, wenn es einmal in einer Richtung in Bewegung gesetzt ist, nicht einfach in die andere schicken kann. Es sei nun einmal anders beschlossen. Moltke war einem Nervenzusammenbruch nahe. Er war völlig erschüttert, dass Deutschland einen Mann an seiner Spitze hatte, der von nichts etwas verstand.

Schmidt: Das wusste ich nicht, aber ich unterschreibe, dass er wirklich nicht verstand, was er tat.

Stern: Eine entsetzliche Unglücksfigur, nicht nur für Deutschland, für ganz Europa.

Schmidt: Ein Scheißkerl!

Stern: Und ein großer Antisemit. Am 2. oder 3. November 1918, als Groener und andere ihn baten, zurückzutreten, hat er gesagt: «Ich denke nicht daran, wegen der paar hundert Juden und der tausend Arbeiter den Thron zu verlassen.» So hat er die Sache gesehen.

Schmidt: Ein Maulheld!

Stern: Und von der Realität weit entfernt. Am Verlauf des Krieges war er nicht besonders interessiert, und man durfte ihm auch keine schlechten Nachrichten bringen, dann brach er zusammen. Er verkörperte eine gewisse deutsche Mischung aus Angst, Arroganz und Maßlosigkeit – wirklich eine schreckliche Kombination.

Schmidt: Und nicht zu vergessen, ein persönlicher Feigling. Selber hat er nie im Leben einen Schuss gehört. Ich sage ganz leise: Er erinnert mich ein bisschen an all jene NATO-Generäle mit der ganzen Brust voller Orden, die auch nie einen Schuss gehört haben. – Sie haben eben auf den deutsch-französischen Krieg als Voraussetzung der Reichsgründung hingewiesen. Im Jahre 1928 – ich war neun Jahre alt, in der dritten Klasse Grundschule – hat die ganze Schule eine Sedan-Feier veranstaltet. Da wurde im Jahre 1928 der Sieg bei Sedan aus dem Jahre 1870 gefeiert! Und da steckte nicht die deutsche Volkspartei dahinter, sondern das war die Lehrerschaft meiner Schule, die eine Sedan-Feier veranstaltete. Zugrunde liegt, wie mir scheint – jetzt komme ich auf das zurück, was ich eben gesagt habe: Niemand in Deutschland hatte eine Vorstellung vom Ausbalancieren der Mächte innerhalb des Staates. Und deshalb blieb der Nationalismus selbstverständlich, bis hinein in die Grundschule in Hamburg-Hohenfelde.

Stern: Und das Militär hatte seine eigene Position. Es war ein Staat im Staat –

Schmidt: Die Idee des Militärs vom Staat im Staate war allerdings keine deutsche Spezialität, sie hat sich nur in Deutschland besonders schlimm ausgewirkt. Der Respekt vor dem Militär war auch nach 1918 ungeheuer. Wer Uniform trug, wurde als eine überparteiliche, überpolitische Instanz empfunden und dargestellt.

Stern: Woher kommt Ihrer Meinung nach die Liebe der Deutschen zur Uniform?

Schmidt: Das ist nicht nur in Deutschland so, das finden Sie überall auf der Welt – gucken Sie sich die Uniformen doch an! Die Generäle haben alle irgendwo Rot und viel Gold auf den Schultern und Rot an der Mütze und Rot an den Hosen – also diese gockelhafte Ausstattung des Militärs, die ist weit verbreitet, bis hin nach Zaire und in den Kongo. Gucken Sie sich die Uniformen an in Nordkorea!

Stern: Oder die Kostüme von Herrn Gaddafi!

Schmidt: Gaddafi sieht beinahe aus wie eine Karikatur auf Wilhelm II. Im Ernst, Fritz, von allen Diktaturen auf der Welt der letzten zweihundert Jahre sind mindestens die Hälfte Militärdiktaturen. Das hängt nicht unbedingt nur damit zusammen, dass das Militär besonders machthungrig wäre, es hängt damit zusammen, dass das Militär weltweit viel Autorität hat bei den Volksmassen. Das gilt für ganz Südamerika –

Stern: Was sich jetzt möglicherweise ändert. Ich glaube, ein Teil Lateinamerikas ist im Begriff, sich zu entmilitarisieren. Aber ich möchte noch mal betonen, dass die Militärdiktatur Ludendorffs getragen wurde von politischen Kräften wie der Vaterlandspartei, den Alldeutschen –

Schmidt: Die Deutschen im Jahre 1916 haben vermutlich gar nicht gewusst, dass sie in Wirklichkeit vom Militär regiert wurden. Ist ihnen nicht bewusst gewesen, dass es in Wirklichkeit der General Ludendorff war – auch ein Scheißkerl.

Stern: Ja, und ungeheuer einflussreich. Ich erinnere mich noch gut, dass ich als Kind eine rote Broschüre von Mathilde

Ludendorff besaß – ich habe das Exemplar leider, glaube ich, in der Emigration verloren –, in der sie erklärte, wie Schiller von Goethe ermordet worden sei. Das war eine der Verschwörungstheorien von Mathilde Ludendorff. Sie begründete das damit, dass Goethe Freimaurer gewesen sei und die Freimaurer unter jüdischem Einfluss gestanden hätten, und als sich Schiller dem deutschen Volkstum zuwandte und so weiter. Man darf diesen völkischen Unsinn nicht unterschätzen. Der Rechtsradikalismus, der nach dem 1870er Krieg in Bewegung gekommen war und dann unter Wilhelm zu einer ersten Blüte aufstieg, dann die Kriegshetze vor 1914, die Kriegführung durch die Oberste Heeresleitung mit allen politischen Folgen, die das hatte, die Gründung der Vaterlandspartei, die eineinhalb Millionen Mitglieder hatte in ganz kurzer Zeit, zuletzt das Verschweigen der Wahrheit – das war die eigentliche Hypothek, die auf Weimar lastete. Jeder Gegner war potentiell erst einmal ein Vaterlandsverräter. Diesen Stil darf man nicht unterschätzen.

Schmidt: Die Weimarer Republik war von beiden Extremen her unterminiert, von links wie von rechts. Aber, Fritz, wir müssen aufpassen, dass unser Gespräch sich nicht darauf konzentriert, die ganze deutsche Geschichte des frühen 20. Jahrhunderts als ein Kolossalgemälde von Versagen und Verbrechen darzustellen. Was wir bisher zum Beispiel gar nicht berührt haben, ist die Tatsache, dass das wichtigste Bundesland, Preußen, während der gesamten Dauer der Weimarer Epoche von zwei Sozialdemokraten anständig und gut regiert wurde.

Stern: Es war nicht die SPD allein, die in Preußen regierte, sondern eine Koalition aus SPD, Zentrum und DDP.

Schmidt: Mit zwei Sozis an der Spitze, dem überaus fähigen Ministerpräsidenten Otto Braun und dem Innenminister Carl Severing. Im Juli 1932 wurden sie von Papen gewaltsam abgesetzt.

Stern: Das Versagen der Weimarer Republik war jedenfalls nicht unausweichlich, wie das Beispiel Preußen zeigt. Es war ein ungeheuer schweres Unternehmen, ein bankrottes Land, ein verstörtes Land, ein politisch vergiftetes Land aus den Wirren des verlorenen Krieges herauszuführen. Aber wenn man bedenkt, was für Erfolge dabei erzielt wurden, nicht nur in Preußen, sondern überhaupt und fast ohne jede Hilfe von außen –

Schmidt: Und gleichzeitig eben auch im geistigen, im intellektuellen, im künstlerischen Leben, im Theater, in der Musik – unglaubliche Leistungen, auch in der Wissenschaft unglaubliche Leistungen!

Stern: Ganz richtig. Ich möchte noch etwas hinzufügen. Ich habe hier eben ziemlich klar meine Meinung zur Rechten dargestellt – der Feind steht rechts. Aber ich würde ohne Weiteres zugeben, dass die Linke, die extreme Linke einschließlich der Intellektuellen wie Tucholsky, der Republik auch nicht gerade geholfen hat. Weimar war extrem unter Druck von beiden Seiten. Aber ich wiederhole, das Ende war nicht unausweichlich. Es gab Vorschläge, wie man Kompromisse finden konnte. Es hätte alles auch anders kommen können. Ich erinnere noch einmal an Thomas Mann, der sich 1930 zur SPD bekannte und das Bürgertum in seinen Reden dazu aufrief, SPD zu wählen.

Schmidt: Hat er seine Stimme sehr laut erhoben?

Stern: Laut war nicht seine Art. Aber eindeutig und ungeheuer eindrucksvoll.

Schmidt: Wann war das Buch über Friedrich den Großen?

Stern: 1915.

Schmidt: Darin hat er sich doch ganz auf die Seite des Krieges gestellt.

Stern: Mann wollte zeigen, dass Preußen im 18. Jahrhundert genauso von seinen Feinden eingekreist worden war wie Deutschland 1914 und dass die Deutschen beide Male in Notwehr gehandelt hätten. Es war die Propagandaschrift eines vom Krieg Begeisterten, man sollte das nicht zu hoch bewerten. 1922 hat er sich selber korrigiert. Genau das, was dem deutschen Bürgertum abgegangen ist.

Schmidt: Wann?

Stern: 1922, in einer großen Rede in Berlin, «Von deutscher Republik». Da er selber, wenn ich das so sagen darf, dem Rausch des Deutschtums verfallen war und großes Verständnis, vielleicht auch Sympathie für das Irrationale, für politischen Obskurantismus hatte, hat er sehr schnell erkannt, wie gefährlich der Rechtsradikalismus mit seinem Anti-Weimar-Affekt war. Ich wollte eigentlich nur darauf hinweisen, dass Thomas Mann –

Schmidt: Lassen Sie uns nicht über Thomas Mann streiten, ich kenne mich da zu wenig aus. Aber ich stelle noch mal die Frage nach den Autoritäten. Ich glaube, dass es in Deutschland, sieht man vom Kaiser ab, traditionell nur zwei Autoritäten gab, nämlich das Militär und die Professorenschaft. Zwei Autoritäten, die sich, nebenbei bemerkt, gegenseitig nicht sonderlich gewogen waren.

Stern: Aber beide nationalistisch! Viele Gelehrte haben sich militärische Ideale angeeignet. Wenn man heute liest, was die deutsche Professorenschaft im August 1914 an chauvinistischen Aufrufen von sich gegeben hat, wird einem noch immer schwindelig.

Schmidt: Chauvinistisch ist der angemessene Ausdruck.

Stern: Und zutiefst antidemokratisch.

Schmidt: Wir reden von den deutschen Professoren, Fritz. Auch Max Weber war offenbar kein Demokrat. Neulich habe ich einen Menschen kennen gelernt – wo war das denn, in Tübingen, glaube ich, oder in Marburg, an einer dieser beiden Universitäten habe ich einen Vortrag gehalten, in dem ich auch etwas über Max Weber sagte, und hinterher kam ein Professor auf mich zu, ein älterer Herr, und sagte: «Übrigens, Herr Schmidt, ich bin ein Weber-Fachmann, aber ich muss Ihnen sagen, wenn er länger gelebt hätte –

möglicherweise wäre er ganz was anderes geworden als ein Demokrat». Das hat mich beeindruckt, und ich habe es mir gemerkt.

Stern: Auf der anderen Seite hat er in seiner erbarmungslosen Kritik am Kaiserreich die notwendige Rolle des Parlaments hervorgehoben: Das Parlament als Lehrschule der Politik. Das hat er wirklich verstanden, dass in Deutschland ein wirkliches Parlament fehlte.

Schmidt: Wir wollten heute Abend zusammen essen, Fritz. Wenn wir vorher noch nach vorn in die Bar gehen wollen, um einen Schluck zu trinken, müssten wir allmählich aufhören.

Stern: Sind Sie sicher, dass wir unser Pensum erledigt haben? Die deutsche Geschichte in den letzten zwei Jahrhunderten – in ihrer Größe und ihrer gelegentlichen Unmenschlichkeit – war eigentlich einmalig. Das Tragische dieser Kombination –

Schmidt: Wenn ich einen Einwurf machen darf: Im Vergleich mit China nicht einmalig, in keiner Beziehung. Mao Zedong hat mindestens zwanzig, möglicherweise dreißig Millionen Hungertote auf dem Gewissen. Das hat ihn nicht geschert, er hat seine Experimente fortgesetzt. Er hat schreckliche Dinge zu verantworten.

Stern: Ja, dessen bin ich mir bewusst. Ich rede hier von Europa oder besser, vom Westen. Und die Frage, die ich habe, ist dieselbe, die ich heute Morgen als erste stellte, es ist im Grunde immer wieder dieselbe Frage, aber es ist eine Frage, die Sie auch fortwährend stellen: Was kann man daraus lernen? Wie kann man das den jungen Menschen in der nächsten Generation vermitteln? Hört mal: Es war nicht alles falsch, da war auch viel Größe dabei, wenn man an die Kunst denkt, an die Philosophie, wenn man an Technik und Medizin denkt – und dann auf der anderen Seite dieses Entsetzliche.

Schmidt: Fritz, wir wollten in die Bar gehen!

Zweiter Tag. Vormittags

Gesamtausgaben · Gerald Ford · Zur Rolle der US-Vizepräsidenten · Die Brüder Rockefeller · Die neuen Medien · Adenauer, Kohl und das Fernsehen · Das Internet: Risiken und Chancen · Die Macht der Medien · Wahlkampf für Obama · Parteienfinanzierung · Eisenhower · Die amerikanische Verfassung · Im Vergleich: das Grundgesetz · Die FDP · Wirtschaftsliberalismus · Warum wir internationale Regeln brauchen · Vom Reichtum · Alte und neue Werte · Politik und Moral · Traditionen · Bildung · Schicksale der Emigration · Anfänge der Bundesrepublik

Stern: Gestern Abend, als wir zum Essen nach vorn gingen, habe ich im Bücherregal die Rhöndorfer Adenauer-Ausgabe gesehen und gleich daneben die Willy-Brandt-Ausgabe. Das bringt mich darauf, dass ich Sie fragen wollte, was eigentlich mit Ihrer eigenen Ausgabe geplant ist.

Schmidt: Ich halte es – das muss ich ehrlich sagen – für mehr als fragwürdig, ob man so was machen soll. Dieses Haus und meine Bücher und mein Archiv gehören ja inzwischen einer Stiftung, und der Stiftungsvorstand meint, er müsse meine gesammelten Schriften herausgeben. Ich bin zutiefst skeptisch gegenüber jeder Großmannssucht. Außerdem bin ich skeptisch, dass es jemanden gibt, der so etwas braucht.

Stern: Da bin ich anderer Meinung! Die Historiker zum Beispiel würden eine solche Ausgabe gebrauchen, das ist gar keine Frage, und sie würden sie sehr lange gebrauchen. Bei einigen Bundeskanzlern finde ich es nicht abwegig, eine solche Ausgabe zu veranstalten, da gibt es fast ein nationales Interesse, dass bestimmte Vorgänge dokumentiert werden.

Schmidt: Nehmen wir mal Adenauer und Brandt, beides bedeutende Kerle. Hätten die es gebilligt, dass sich nach ihrem Tod ein Heer von Wissenschaftlern hinsetzt, um jeden Schnipsel aufzuheben, den sie mal fallen gelassen haben?

Stern: In Amerika hebt jeder Präsident seine Papiere auf, zumindest seit Franklin Roosevelt. So entstanden die großen Presidential Libraries, die für Historiker zur Verfügung stehen. Sie kosten eine Stange Geld und werden in der Regel finanziert von «Freunden» oder Gönnern; und vieles wird auch veröffentlicht.

Schmidt: Gibt es wirklich Gesammelte Werke von Richard Nixon?

Stern: Nein, nur Gesammelte schlechte Erinnerungen an ihn.

Schmidt: Ja, er hat einen besonders schlechten Ruf. Ich bin in Amerika manchmal gefragt worden: Sie haben oder Du hast doch mit vielen amerikanischen Präsidenten zu tun gehabt. Wer war der beste? Und ich habe immer geantwortet: Es wird Sie erstaunen, aber für mich war der angenehmste und zuverlässigste Jerry Ford.

Stern: Das überrascht mich nicht. Er war ein zuverlässiger Typ.

Schmidt: Ja. Man konnte sich auf sein Wort verlassen.

Stern: Und irgendwie auch typisch amerikanisch.

Schmidt: Wollte ich gerade sagen: Und außerdem ein richtiger Amerikaner! Patriotisch und fortschrittsgläubig.

Stern: Und anständig –

Schmidt: Absolut anständig.

Stern: In den USA ist er heute allerdings weitgehend vergessen, jedenfalls nicht so in Erinnerung wie seine beiden Vorgänger Nixon und Johnson.

Schmidt: Worauf führen Sie das zurück?

Stern: Erstens war er nur kurze Zeit im Amt, zweieinhalb Jahre, wenn ich recht weiß. Zweitens hatte er keinen Wahlkampf geführt, sondern kam als Stellvertreter automatisch ins Amt. Und drittens hat er seinen eigenen Wahlkampf gegen Carter dann klar verloren. Er hatte allerdings auch keine wirkliche Chance nach Watergate. Im Grunde hat er für die Fehltritte Nixons bezahlt.

Schmidt: Ich kannte Jerry Ford noch nicht, oder nur ganz flüchtig, als er Nixon nachfolgte. Eine seiner ersten Amtshandlungen war die Pardonierung von Nixon. Als ich davon hörte, sagte ich zu den Leuten, die gerade in meinem Arbeitszimmer versammelt waren: Donnerwetter! Der Mann hat Mut! Damals habe ich geglaubt, dass die Entscheidung richtig war, heute bin ich davon überzeugt.

Stern: Unter den damaligen Umständen war es absolut richtig. Nixon hatte aufgegeben und damit seine Schuld bekannt.

Fertig. Da brauchte man keine Bestrafung mehr, man konnte den Ex-Präsidenten ja schlecht ins Gefängnis stecken.

Schmidt: Es war eine schwierige Situation für Ford. Er war Vizepräsident geworden, nachdem Spiro Agnew zurückgetreten war. Dann war er plötzlich Präsident geworden und musste nun seinerseits einen Vizepräsidenten ernennen, eine unglaubliche Geschichte.

Stern: Wobei er einen guten Mann geholt hat, Nelson Rockefeller.

Schmidt: Ja, aber er hat auch einen Fehler gemacht, den fast alle amerikanischen Präsidenten vor ihm und nach ihm auch begingen: Er hat von den Fähigkeiten seines Vize keinen wirklichen Gebrauch gemacht. Nelson Rockefeller kam nie in den inneren Kreis, er wurde draußen gehalten. Ich kannte ihn aus den fünfziger Jahren und war deswegen mit ihm viel vertrauter als mit Gerald Ford. Bei irgendeiner Gelegenheit habe ich Nelson mal gefragt: Was machst du eigentlich als Vizepräsident? Da sagte er: «Ich bin hier zuständig für earthquakes and funerals.» Ja, dazu war er gut genug, für protokollarische Auftritte.

Stern: Das war damals die Funktion des Vizepräsidenten. Was dessen Rolle angeht, habe ich mal Position bezogen. Das war nach dem Attentat auf Reagan; da gab es eine Phase der Ungewissheit, in der General Haig vorgestoßen ist und gesagt hat: Ich bin jetzt die Hauptfigur. Dabei war er nicht einmal Vizepräsident, sondern nur die Nummer vier in der vorgeschriebenen Nachfolge, er war Secretary of State. Außerdem steht ja nicht in der Verfassung, dass der Präsident am Leben sein muss. Erst mit Cheney wurde das Amt anders bewertet, ganz anders. Das war allerdings ein Vierteljahrhundert später. Eine der radikalen Änderungen der Ära Bush Jr.

Schmidt: Wie erklären Sie sich das?

Stern: Mit der ungeheuren und, wie ich glaube, noch immer nicht ganz durchschauten Ambition von Cheney. Er wollte unbedingt ein zweites Weißes Haus für sich aufbauen und hat ungeheuer viele Kräfte um sich gesammelt, mehr als je ein anderer Vizepräsident hatte.

Schmidt: Saß Cheney eigentlich immer noch in diesem alten Executive Building?

Stern: Ja, ich glaube. Er hatte selbstverständlich auch ein Office im Weißen Haus, aber sein «Hof» war im Old Executive Office Building. Er hatte nicht nur einen sehr großen Staff, sondern auch entscheidende, oft fatale Macht.

Schmidt: Nelson Rockefeller war ein sehr gebildeter Mann, nicht nur Politiker und Gouverneur, sondern er hatte auch einen enormen Sinn für die Kunst. Es muss in den fünfziger oder frühen sechziger Jahren gewesen sein, jedenfalls lange vor seiner Zeit als Vizepräsident, als ich ihn einmal in New York besuchte. Ich hatte ein bisschen Zeit, wir kamen im Gespräch auf die Bildhauerei, und da fragte mich Nelson Rockefeller, ob ich Lust hätte, mal mit ihm raus zu fahren. Dann fuhren wir den Hudson rauf zu seinem Landgut upstate New York, das war in Pocantico Hills – ist ein indianischer Name. Es war ein großer im englischen Stil angelegter Park. Da standen unter freiem Himmel alle möglichen Skulpturen. Und dann packte er mich am Arm und führte mich durch diesen Park. War ein wunderbarer Kerl.

Stern: Ich habe ihn 1967 oder 1968 kennen gelernt, als er sich Hoffnungen machte, Präsident zu werden. Er trat gegen Nixon an. Er gab eine achtbändige Ausgabe heraus «Critical Choices for America». Ich sollte den Band über Westeuropa durchsehen, zu dem verschiedene britische und amerikanische Gelehrte und Journalisten beigetragen hatten; ich sollte meine Kommentare dazu geben. Ich habe ihn sehr geschätzt.

Schmidt: Haben Sie den Bruder auch gekannt?

Stern: Ja, aber nicht so gut.

Schmidt: Mit David Rockefeller saß ich in den neunziger Jahren gemeinsam in einem höchst seltsamen Gremium. Die Japan Art Association hatte die gloriose Idee, zur Aufbesserung des japanischen Prestiges in der Welt jedes Jahr einen kaiserlichen Preis zu stiften, den Praemium Imperiale. Sie wollten aber nicht nur einen, sondern gleich fünf Preise vergeben: einen für Malerei, einen für Musik, einen für Architektur, einen für Skulptur, den fünften habe ich vergessen. Dazu beriefen sie einen internationalen Beirat ein, und dem gehörte David Rockefeller an – im Übrigen auch Jacques Chirac, der damals noch nicht Präsident war. Das war ein sehr höfisches Gehabe! Aber ich bin trotzdem eine Reihe von Jahren drin geblieben, weil das eine einzigartige Chance für mich war, unter den Preisträgern weltbekannte Leute zu treffen, die ich bis dahin persönlich nicht kannte. Die Liste der Preisträger reichte von Richard Meier und Ieoh Ming Pei bis zu Ravi Shankar. Nach ein paar Jahren schickte David Rockefeller statt seiner seinen Sohn hin, da bin ich auch ausgeschieden; und Richard von Weizsäcker wurde der deutsche Nachfolger.

Stern: Für mich verbindet sich der Name in erster Linie mit dem Rockefeller-Archiv. Das ist nicht nur das persönliche Archiv der Familie, sondern auch das Archiv der Rockefeller Foundation, das zurück geht bis in die Zeit vor dem Ersten Weltkrieg. Besonders interessant sind die Bestände aus der Zeit zwischen den Kriegen. Da habe ich viel gearbeitet, und das war immer sehr schön. Unter anderem liegt in Pocantico Hills das Archiv von Paul Ehrlich, dem deutschen Biochemiker, der beinah zweimal den Nobelpreis bekommen hätte, aber durch seinen frühen Tod blieb ihm der zweite versagt. Ich weiß nicht, weshalb ausgerechnet seine Privatbriefe im Rockefeller-Archiv liegen, aber deswegen bin ich hingegangen. Hochinteressante Lektüre.

Schmidt: Ich glaube, die Zeit interessanter Privatbriefe ist endgültig zu Ende.

Stern: Das fürchte ich auch. Und für die Historiker ist das besonders schlimm. Sie werden es in Zukunft schwerer haben, Zusammenhänge zu rekonstruieren. Heute ist ja fast die gesamte Kommunikation elektronisch, in Form von SMS und Mails, und das meiste wird früher oder später gelöscht. Poststempel, Eingangsstempel, Umlaufstempel, Paraphen, all das, was man aus den Archiven kennt, wird es nicht mehr geben. Die Terminkalender werden hoffentlich bleiben.

Schmidt: Nicht nur werden heute keine Briefe mehr geschrieben. Nein, die Leute lesen auch nicht mehr. Wenn man da an die langen Briefe denkt, die sich die Leute vor hundertfünfzig Jahren geschrieben haben!

Stern: Im Übrigen ändert sich durch die neuen Kommunikationsmittel auch der Politikstil. Alle sind fortwährend am Handy; wenn sie nicht telefonieren, schreiben oder lesen sie irgendwelche Nachrichten. Alles wird kürzer und knapper, für Memoranden bleibt da gar keine Zeit mehr.

Schmidt: Die Veränderung der Gesellschaft durch die elektronischen Medien: Das scheint mir ein interessantes Thema.

Stern: Und ob.

Schmidt: Das fing mit dem Radio an, und mit dem Fernsehen setzte es sich fort. Das Fernsehen sorgt heute für große Popularität von charismatisch begabten Rednern. Und nun haben wir das Internet und die interaktiven Medien, und weiß der Kuckuck, was alles im Jahre 2035 erfunden wird! Da gibt es jedesmal eine neue Umdrehung in irgendwelche andere Sphären. Wir sprachen über Adenauer. Wenn Adenauer Kanzler gewesen wäre im Zeitalter des Fernsehens, sagen wir in den achtziger Jahren, hätten seine hölzerne Art aufzutreten und seine ziemlich unterdurchschnittliche Rhetorik möglicherweise dazu geführt, dass die Leute ihm nicht zugehört hätten.

Stern: Dazu hatte Marion eine hübsche Geschichte. Zwei CDU-Leute unterhalten sich darüber, dass Adenauers Wortschatz so klein ist. Sagt der eine: «Eigentlich benutzt er nur zweihundert Worte.» Sagt der andere: «Ja, und wenn er mehr hätte, wäre er klug genug, sie nicht zu benutzen!»

Schmidt: Auch Kohl ist keine Figur, die vom Fernsehen erfunden wurde. Er war in den späten achtziger Jahren in der Meinung des Volkes eigentlich am Ende, weil er auf das Fernsehpublikum nicht wirkte. Dann kam der Glücksfall mit der Chance, die deutschen Nachkriegsstaaten zu vereinigen, und er hat seinen Teil dazu beigetragen, hat die Chance genutzt. Durch dieses Ereignis wurde er plötzlich eine ganz große Figur.

Stern: Ich habe ihn in den fünfziger Jahren in New York kennen gelernt, als er im rheinland-pfälzischen Landtag saß. Mein erster Eindruck war: Ein sehr provinzieller Mensch.

Schmidt: Ja, das war er wohl auch. Aber die Tätigkeit in der Bundesregierung in den achtziger Jahren und erst recht dann ab 1989 hat auch seinen Horizont gewaltig erweitert. Die Provinzialität, die Sie in den fünfziger Jahren empfunden haben, hatte er in den neunziger Jahren weitgehend hinter sich gelassen. Am Anfang der Kanzlerschaft war sie allerdings noch deutlich spürbar. Ich habe mich damals über ihn gern lustig gemacht.

Stern: Aber nicht öffentlich.

Schmidt: Nicht öffentlich.

Stern: Ich würde gern noch einen Moment bei den elektronischen Medien bleiben. In diesen Tagen war vielfach zu lesen, dass sich die Opposition im Iran ohne das Internet wahrscheinlich nicht diese weltweite mediale Aufmerksamkeit hätte verschaffen können. Die Zensur hat es offenbar sehr schwer, dieses Medium in irgendeiner Weise zu beherrschen. Man kann zwar die Opposition von der Straße holen und die ausländischen Journalisten einsperren, aber wenn das Internet einmal läuft, läuft es. Deshalb sind die Chinesen ja so vorsichtig und behalten sich die Möglichkeit vor, das Internet zu sperren.

Schmidt: Eine Möglichkeit, die die Iraner offenbar nicht hatten –

Stern: Ich verstehe von all dem nichts oder nicht genug, aber was ich mir ausmale, ist, dass Al Qaida oder wer auch immer eines Tages einen Angriff auf unsere Computer unternimmt, mit Viren ganz gemeiner Art, die, sagen wir, unsere gesamte Luftfahrt lahm legen und uns in ein wirkliches Chaos stürzen.

Schmidt: Das wird sicherlich eines Tages geschehen.

Stern: Eben, das wird geschehen –

Schmidt: Und nicht nur durch Al Qaida, und nicht nur auf die amerikanische Luftfahrt, sondern auf sämtliche westlichen Geheimdienste zugleich.

Stern: So ist es. Es gibt in Amerika Hacker, 15-, 16jährige, die es sich zum Sport machen, in die geschlossenen Systeme großer Gesellschaften einzudringen. Das kommt ja immer wieder vor, selbst beim Pentagon ist es in einzelnen Abteilungen vorgekommen. Ich habe mir das einmal von einem CIA-Mann erklären lassen. Offenbar gibt es Systeme, die bis jetzt zumindest so sicher sind, dass man nicht in sie eindringen kann. Aber irgendwann wird es passieren! Nicht umsonst hat Obama ein eigenes Amt angekündigt, das zuständig sein soll für die Sicherheit im Netz.

Schmidt: Wenn ich das richtig verstehe, funktionieren die Systeme nur, weil die Satelliten funktionieren. Und die kann man abschießen. Einen Satelliten abzuschießen ist viel einfacher, als ein Flugzeug abzuschießen. Ein geostationärer Satellit steht, von der Erde aus betrachtet, immer am selben Fleck. Mit einer Rakete, die einen zielsuchenden Kopf hat, ist er relativ leicht zu treffen.

Stern: Bei der Amtsübernahme durch Obama dauerte es offenbar eine gewisse Zeit, bis es den Sicherheitsdiensten gelungen war, ein Kommunikationssystem für den Präsidenten zu schaffen, das ihnen sicher genug schien. Obama regiert ja sozusagen per SMS. Und da muss man jetzt auch mal das Positive hervorheben: Die neuen Möglichkeiten erwecken auch neue Kräfte, und mit neuen Kräften lässt sich etwas Neues gestalten. Ich zum Beispiel bekomme von Obama regelmäßig Nachricht: «Dear Fritz». Ich nehme an, zehn Millionen andere Amerikaner auch –

Schmidt: Wie oft bekommen Sie solche Nachrichten vom Präsidenten?

Stern: Ungefähr zweimal die Woche. Nicht in regelmäßigen Abständen, aber sehr oft, und oft auch: «Unterstützen Sie mich!» Der Grundgedanke der Demokratie, dass die Gemeinde zusammensitzt und debattiert, verändert sich durch die elektronischen Medien nur der Form nach, nicht im Kern.

Schmidt: Da bin ich mir nicht sicher. Vielleicht ist die Veränderung, die wir heute erleben, wirklich nur eine Frage der Beschleunigung; es ist alles sehr viel kürzer, sehr viel schneller geworden. Aber die Demokratie lebt vom Austausch der Argumente und braucht deshalb den öffentlichen Raum. Gehen Sie zweieinhalbtausend Jahre zurück in die athenische Demokratie des Perikles, 400 v. Chr. Da redete man zum Volk in der Versammlung, dann hielt einer eine Gegenrede, dann wurde wieder geredet, und dann wurde noch am selben Tag abgestimmt. Das war direkte Demokratie. Um das Volk bei Laune zu halten, haben die Römer später für ein wenig Abwechslung gesorgt; sie nannten das Panem et Circences. Das Volk jubelte und war zufrieden. Das Volk muss unterhalten werden. Es wird heute unterhalten von der Bild-Zeitung. Auf diese Weise wird das Interesse an wichtigen Vorgängen unterdrückt.

Stern: Der Niedergang der demokratischen Kultur fing also lange vor der Einführung der elektronischen Medien an.

Schmidt: Immerhin konnte man sich auf Parlamentsdebatten konzentrieren – trotz Boulevardpresse. Heutzutage werden Parlamentsdebatten weder im Fernsehen verfolgt, noch werden sie von den Beteiligten selber ernst genommen. Wenn Sie heute eine Bundestagsdebatte auf Phoenix sehen, sitzen da, wenn es hoch kommt, zwanzig von über sechshundert Abgeordneten.

Stern: Was die Macht der Medien angeht, fällt mir das berühmte Beispiel der McCarthy-Verhöre ein. In dem Moment, wo einige Verhöre im Fernsehen übertragen wurden, schlug die Stimmung im Land um und wendete sich gegen ihn. Es war in den Army Hearings, als McCarthy einen Mitarbeiter des Rechtsanwalts Welch angriff; dieser ließ sich die Gelegenheit nicht entgehen, dem bereits angeschlagenen McCarthy ins Gesicht zu sagen: «Have you left no sense of decency, Sir?»

Schmidt: Ich habe den Satz akustisch nicht verstanden.

Stern: «Haben Sie überhaupt kein Gefühl für Anstand mehr, Sir?» Das ganze Land konnte zusehen, und vielleicht war das der Dolchstoß, mit dem McCarthy erledigt wurde. Außerdem hat er zu viel getrunken.

Schmidt: Aber heute gibt es doch wieder so einen Schreihals bei Euch, der jeden Tag Millionen Hörer über das Radio erreicht, diesen schrecklichen –

Stern: Ja, schrecklich! Ich habe das Beispiel McCarthy nur erwähnt, um daran zu erinnern, dass das Fernsehen manchmal auch seine guten Seiten hat.

Schmidt: Wie heißt dieser politische Entertainer, der die Massen da gegen Obama aufwiegelt?

Stern: Rush Limbaugh. Es gibt aber noch viele andere. Was sie von sich geben, ist so formuliert, dass jeder versteht, um was es geht, dass man ihnen aber keinen Gesetzesverstoß nachweisen kann. Es geht gegen Schwarze, gegen das Establishment, gegen Homosexuelle, gegen Randgruppen, aber immer versteckt, nie offen. Das meiste ist unter der Gürtellinie.

Schmidt: Und das wird landesweit übertragen?

Stern: Absolut.

Schmidt: Das bestätigt eigentlich, was ich sage. Man kann es zusammenfassen unter der Überschrift: Die Entwicklung der modernen Massenmedien führt zur Oberflächlichkeit in der Information und in der Bildung. Weil Entertainment und Sensation immer wichtiger werden und die Oberflächlichkeit sich immer mehr ausdehnt, sind etwaige Führungspersonen darauf angewiesen, mitzuspielen, wenn sie das Publikum erreichen wollen. Dazu brauchen sie weniger Argumente als vielmehr charismatische Befähigung. Ein Mann wie Bismarck, der nicht richtig reden konnte und eine hohe Stimme hatte, oder ein hölzerner Kerl wie Adenauer würden in der heutigen Welt nicht reüssieren. Allerdings wecken Steinmeier und Merkel auch keine Beifallsstürme. Ein Franz Josef Strauß würde das heute noch tun. Und Obama wurde gewählt, weil er eine unglaubliche charismatische Fähigkeit besitzt.

Stern: Da muss ich jetzt kritisch anmerken, dass mir das Wort Charisma, die Überbenutzung des Wortes Charisma, ehrlich gestanden, etwas auf den Wecker geht!

Schmidt: Ich gebe Ihnen recht, Fritz. Auf das Wort würde es mir nicht ankommen. Man kann vielleicht von Ausstrahlung sprechen.

Stern: Eben, Ausstrahlung ist viel angenehmer. In Amerika zumindest wird das Wort Charisma überstrapaziert. Bei uns gibt es sogar charismatische Bettwäsche.

Schmidt: In Deutschland auch. Was bei uns alles charismatisch ist! Selbst Helmut Kohl ist charismatisch.

Stern: Warum nur die Bettwäsche!

Schmidt: Warum nur die Bettwäsche! Warum nicht auch die Unterwäsche?

Stern: Ich wollte mich dezent ausdrücken, außerdem habe ich die Bettwäsche selber gesehen! Aber im Ernst, Helmut, man darf Ausstrahlung nicht nur in Verbindung mit Television bringen, es gibt nicht nur Fernsehbilder, die «ausstrahlen». Ich erinnere an den großen französischen Sozialisten Jean Jaurès, der 1914 einen Tag vor Kriegsausbruch ermordet wurde, der hatte diese Ausstrahlung auch ohne das Fernsehen. Er war ein begnadeter Redner. Man darf die öffentliche Wirkung von Reden nicht unterschätzen. Oder denken Sie an die Radioansprachen von Roosevelt, seine Fireside Chats hatten eine enorme Wirkung. Roosevelt verfügte über eine besondere Kraft des gesprochenen Wortes.

Schmidt: Es sind in der Tat nicht nur die elektronischen Medien oder die Boulevard-Zeitungen, nach deren Rolle wir fragen müssen. Wir müssen auch sehen, dass das Parteiwesen sich in seiner bürokratischen Verwaltungsspitze verselbständigt hat, und zwar durch Geld. Es geht darum, Wahlen zu gewinnen. Ob das die CDU ist oder die CSU oder ob es die FDP oder die Sozialdemokraten oder die Linken sind – sie alle wollen Wahlen gewinnen und haben dazu Riesenapparate an der Spitze, die mit Steuergeldern finanziert werden. Jeden Monat und jedes Jahr. Stichwort: Wahlkampfkostenerstattung. Die Wahlkampfkostenerstattung geht an die Zentralen der Parteien entsprechend den Stimmenergebnissen. Wir haben bei der Bundestagswahl vermutlich über zwanzig Parteien, die hinterher vom Staat das Geld wieder kriegen, das sie für den Wahlkampf ausgegeben haben. Das hat dazu geführt, dass die Wahlkämpfe heute von Public Relations-Büros und Reklamefirmen geführt werden. Früher war das so: Da haben junge Leute voller Begeisterung Broschüren ausgetragen, von Haustür zu Haustür geklingelt und mit den Empfängern ein Wort gewechselt, voller Begeisterung haben sie Plakate geklebt. Das machen heute Firmen, die dafür bezahlt werden, und das Geld kommt aus der Staatskasse. Das passiert übrigens inzwischen auch in Amerika in zunehmendem Maße.

Stern: Da wollte ich gerade einhaken, da gibt es Unterschiede. In Amerika ist die Situation meines Erachtens sogar noch gefährlicher. Das Geld spielt bei uns eine viel größere Rolle, es ist privates Geld, es wird gesammelt –

Schmidt: In Amerika ist es immer noch weit überwiegend privates

Geld, aber die staatliche Finanzierung fängt auch in Amerika an.

Stern: Das private Geld wiederum stammt zum großen Teil von Unternehmen, von Banken, aus der Industrie. Was ich sagen möchte, ist, dass ich selber zwar nicht Plakate geklebt habe, aber stundenlang im Parteibüro am Telefon gesessen und Leute, die ich nicht kannte, nach einer Liste angerufen habe, um für Obama zu werben. Was ein amerikanischer Wahlkampf kostet, ist unvorstellbar, verglichen mit europäischen Verhältnissen.

Schmidt: Die Masse der Wahlkampfgelder, die beide Parteien für den Wahlkampf ausgeben, fließt offenbar in die elektronischen Medien.

Stern: Zum großen Teil, ja. Jedenfalls war es für mich ein Zeichen der neuen Kraft von Obama, dass sich so viele freiwillig gemeldet haben, um das zu tun, was es früher einmal gab: Plakate kleben. Es gab Leute, die Plakate klebten, es gab Leute wie mich, die Telefonate führten und –

Schmidt: Wie ging das vor sich? Sie haben eine Liste mit zwanzig Namen bekommen, einen Buchstaben aus dem Alphabet?

Stern: Genau, meist auch mit Angabe des Berufs und Alters oder einer ähnlichen Information, und dann habe ich angerufen. «Kann ich den so und so sprechen?» – «Das bin ich.» – Dann nannte ich meinen Namen und fragte, ob er bereit sei, mit mir ganz kurz über die Wahl zu sprechen, weil ich diese Wahl für ungeheuer wichtig hielte. «Ich sehe in Obama eine ganz große Hoffnung. Sind Sie auch dieser Meinung?» Manchmal gelang es mir sogar, jemanden zu bitten, am Wahltag einen Autoservice zu machen oder etwas ähnliches. Manchmal wurde auch sofort aufgelegt – «mit Obama will ich nichts zu tun haben». Aber im Ganzen war es ein Erfolg, und ich habe mich sehr eingesetzt – eine interessante und befriedigende Arbeit. Ich habe es zweimal gemacht, bei den Vorwahlen Obama gegen Clinton, und dann bei der Präsidentschaftswahl. Bei den Vorwahlen habe ich mit dem Ex-Präsidenten von Harvard zusammen gesessen, und wir haben in Pennsylvania angerufen, das ein ungeheuer wichtiger Staat war. Wir haben unsere Namen genannt, und es mag sein, dass ich im Gespräch einmal gesagt habe, ich bin Historiker, aber im Prinzip war alles anonym.

Schmidt: War das Larry Summers?

Stern: Nein, der ist in Ungnade gefallen – zu Recht, jedenfalls wegen seiner verschiedenen Aktivitäten in Harvard.

Schmidt: Der kann nicht mit Menschen umgehen. – Das, was Sie da erzählt haben, empfinde ich als urdemokratisch: Menschen unterhalten sich über anstehende politische Entscheidungen, wenn es sein muss, am Telefon. Trotzdem: Das Geld, das für den Wahlausgang entscheidend war, das kam nicht übers Telefon.

Stern: Richtig, ich brauchte nicht Geld sammeln, aber die Tatsache, dass ich in einem Büro saß, in einem Anwaltsbüro, das der Partei zwar überlassen wurde, dessen Telefone wir aber ununterbrochen benutzten, das kostete Geld.

Schmidt: Mein Ideal ist es nicht – ob in Amerika oder Deutschland oder sonst wo in einer westlichen Demokratie –, dass die Parteien sich auf diese Weise finanzieren. Mein Ideal wäre: Erstens, politische Parteien kriegen keinen Pfennig vom Staat; zweitens, Aktiengesellschaften, juristische Personen, Unternehmen dürfen nicht wählen, folglich dürfen sie auch den Parteien kein Geld geben; drittens, Parteien sind angewiesen auf das Geld ihrer Mitglieder. Punkt.

Stern: Das Letzte geht sehr weit. Bedenken Sie, wie gering die Mitgliederzahl ist im Verhältnis –

Schmidt: Die würde dann vielleicht wieder etwas steigen.

Stern: Das mag sein. Aber ich weiß nicht, ob es mit der amerikanischen Verfassung zu vereinbaren wäre, wenn man Leuten verbieten würde, Geld zu spenden. Dass man es Unternehmen verbieten sollte, ist ganz richtig, aber Individuen?

Schmidt: Juristischen Personen muss man es auch verbieten.

Stern: Schon deshalb, weil es den Ämtermissbrauch und die Personalkorruption erheblich reduzieren würde. In Amerika haben Corporations einen Status wie eine Person. Die Frage, ob Unternehmen, die ja selber kein Wahlrecht haben, ihr Geld zur Wahlkampffinanzierung einsetzen dürfen wie Individuen, liegt gerade jetzt vor dem Obersten Gericht.

Schmidt: Solange die politischen Spitzen über das Geld gebieten, sehe ich schwarz. Nehmen Sie das Adenauer-Haus, das Brandt-Haus in Berlin. Dahin geht das Geld. Und sie haben auch den Apparat und die Telefonleitungen und den Zugang zu den elektronischen Medien. Das führt dann dazu, dass die Parteizentralen entscheiden, ob im Lande Rheinland-Pfalz oder im Lande Schleswig-Holstein dieser Mann als Kandidat aufgestellt wird oder jene Frau. Auch die sogenannten politischen Stiftungen haben einen großen Einfluss in Berlin. In Wirklichkeit hat sie niemand gestiftet, sondern sie wurden eingerichtet, um die politischen Parteien intellektuell zu unterstützen und um dafür Geld aus der Staatskasse zu ziehen. Einerseits machen sie ihre Arbeit, wissenschaftlich orientiert, aber andererseits sind sie die Nachwuchsschulen für die Parteien. Und das wird vom Staat finanziert.

Stern: In Amerika ist es ähnlich, nur ein bisschen anders. Das American Enterprise Institute, aber auch alle anderen Institute jedweder Richtung – meistens der rechten Richtung – leben von den «Spenden» der Firmen, die sie unterstützen. – Meine erste und letzte politische Erfahrung hat übrigens auch mit Wahlkampfgeldern zu tun. Sie fällt ins Jahr 1952, als ich in Cornell lehrte, meine Habilitation fertig machen musste, kleine Kinder hatte und viel lehren musste. Die Wahl lief zwischen Stevenson und Eisenhower. Als Vizepräsident von Eisenhower war Nixon nominiert. Im Herbst hielt er eine berühmte Rede, die Checkers-

Rede, eine widerliche, weinerlich-heldenhafte, populistische Rede. Da habe ich mir gesagt: Lass alles stehen und liegen, du versuchst jetzt Geld zu sammeln für Stevenson. Ich will das jetzt nicht alles erzählen. Ich hielt das Eisenhower/Nixon-Team für eine ganz schlechte Sache und habe deshalb Leute ermutigt, mit mir ein Komitee innerhalb der Uni zu gründen und zu sammeln. Dann habe ich an der Fakultät tatsächlich gesammelt, etwas mehr als tausend Dollar, was damals nicht wenig war. Eines Tages rief mich die örtliche Stelle der Demokratischen Partei an und verlangte vierzig Prozent des Geldes für den lokalen Wahlkampf. Aber der Kandidat hatte gar keine Chance; es war völlig aussichtslos, den Konservativen, der seit Jahren den Sitz im Kongress hatte, irgendwie wegzukriegen. Außerdem hatte ich das Geld ja für Stevenson gesammelt. Also habe ich gesagt: Ich gebe euch keinen Pfennig, ich schicke das Geld direkt an Leon Henderson, der war damals einer der Chefs der Partei in Washington, mit dem ich in Verbindung stand. Das hat mir die lokale Partei sehr übel genommen. Es gab einen ziemlichen Streit, und das war das Ende meiner direkten politischen Aktivität.

Schmidt: Dass Sie Nixon damals schon durchschaut haben, zeichnet Sie aus. Das Urteil über Eisenhower war hoffentlich nicht ganz so negativ.

Stern: Nein. Aber aus zwei Gründen sah ich seiner Präsidentschaft mit großer Sorge entgegen. Erstens, wie gesagt, wegen seinem Vize-Präsidenten, und zweitens: wie er George Marshall behandelte, den ich ungeheuer respektierte.

Schmidt: Das habe ich von Deutschland aus nicht mitgekriegt.

Stern: Im Wahlkampf hat Eisenhower McCarthy eingeladen, mit ihm im Zug durch Wisconsin zu fahren. McCarthy hatte Marshall, der wirklich ein großer Mann war, zuvor ziemlich angegriffen, diesen Patrioten als verdächtig dargestellt, nicht genügend antikommunistisch.

Schmidt: Das war sicherlich eine ziemlich unerfreuliche Geschichte.

In meinen Augen hat der Präsident Eisenhower seine Sache, vom Ausland aus betrachtet, dann aber ganz ordentlich gemacht.

Stern: Das gebe ich ohne Weiteres zu, wobei ich zwei Punkte hervorheben würde. In seiner letzten Rede, seiner berühmten Farewell Address, sprach er über den «militärisch-industriellen Komplex», den er genau kannte; aber er kannte auch – was wenige Amerikaner damals durchschaut haben – die Gefahr, die von diesem militärisch-industriellen Komplex ausgeht, das sich gegenseitig Hochschaukeln und das sich gegenseitig Verpflichtet-sein und die enorme Rolle, die das Geld dabei spielt. Das alles hat er in dieser Rede angesprochen und davor gewarnt. Und das gerade aus seinem Mund, aus dem Mund eines Militärs.

Schmidt: Ja, auch in meinen Augen war das eine Glanzleistung. Hat sich dem jungen Schmidt, weit weg in Deutschland, damals schon als Glanzleistung mitgeteilt. – Was Sie da über den Wahlkampf in Amerika erzählt haben, bringt mich auf die Frage, die ich Ihnen schon gestern stellen wollte. Wie ist es eigentlich um die amerikanische Verfassung bestellt?

Stern: Da fällt mir spontan eine Anekdote ein. Es gab einen berühmten Mathematiker in Princeton namens Kurt Gödel, der mit Einstein sehr befreundet war. Gödel wollte amerikanischer Bürger werden und fragte Einstein, wie stelle ich das an, und Einstein sagte: «Das Wichtigste ist, dass Du von der amerikanischen Verfassung eine Ahnung hast, denn jede Frage zur Einbürgerung geht auf die amerikanische Verfassung zurück.» Gödel ließ sich ein Exemplar der Verfassung geben, studierte sie genau und kam nach einiger Zeit zurück zu Einstein und sagte: «Also, ich habe jetzt wochenlang daran gearbeitet und bin zu dem Schluss gekommen, das kann auch schief gehen, die Verfassung kann auch zu einer Diktatur durch den Präsidenten führen.» Da sagte Einstein zu ihm: «Um Gottes willen, sagen

Sie so etwas nicht vor dem Richter.» Weil Einstein mitgefahren ist, hat der Richter Gödel privat empfangen und ihn gefragt: «Wo kommen Sie her?» – «Ich komme aus einem Land, das früher Österreich hieß.» – «Wie wurde es regiert?» – «Es wurde erst demokratisch regiert, und dann kam es zu einer Diktatur.» – Sagt der Richter: «Das kann in unserem Land nicht passieren.» – Und da sagt Gödel: «Nein, nein, es kann passieren. Ich habe die Verfassung genau studiert! Und der Verfassung nach ist es tatsächlich möglich, dass Amerika eine Diktatur wird.» Er wurde dann trotzdem eingebürgert. – Aber, um jetzt ernsthaft auf Ihre Frage zu antworten: Die Gefahr des Ausbaus der Exekutive besteht. Da kommen wir zurück auf Cheney. Oder denken Sie an Arthur Schlesingers «Imperial Presidency». Die Gefahr, dass die Exekutive ausgeweitet wird, war immer da und wurde auch ausgenutzt –

Schmidt: Und ist manifest geworden durch die Regierung von Bush Jr. –

Stern: Der den 11. September sofort ausgenutzt hat, um die Exekutive noch mehr zu stärken.

Schmidt: Ich wollte mit meiner Frage eigentlich auf etwas anderes hinaus: Ich wollte wissen, ob die amerikanische Verfassung auch so oft überarbeitet wird wie unser Grundgesetz?

Stern: Nein, sehr viel seltener, weil die Verfassung selbst strenge Bestimmungen festgelegt hat, um solche Veränderungen einem langen und vernünftigen Prozess der Willensbildung zu unterwerfen. In jedem Fall wird die amerikanische Verfassung sehr selten der Substanz nach geändert, wohl aber ist ihre Auslegung umstritten und erfährt Veränderungen.

Schmidt: Da ist dem Missbrauch ein dicker Riegel vorgeschoben. Bei uns grassiert die Sucht zur Perfektion.

Stern: Es ist anzunehmen, dass die meisten Amerikaner die Verfassung nicht so genau kennen, wie das zu wünschen wäre, aber trotzdem sind sie überzeugt: Das ist das fundamentale Dokument, auf dem unsere Demokratie ruht, daran sollte man möglichst nicht rühren. Gleichzeitig gibt es aber – und das zeichnet das Land, glaube ich, besonders aus – so etwas wie ein Bewusstsein für die großen Vorbilder, angefangen mit Washington und Jefferson, Vorbilder, auf die man sich berufen kann. In den letzten Jahren ist das allerdings – vielleicht aus einem Mangel an Bildung – zurückgegangen. Die Verfassung ist nicht nur ein Dokument, das vollkommen anerkannt wird und sich über zwei Jahrhunderte bewährt hat – außer in den Südstaaten während des Bürgerkrieges –, sie ist vor allem auch sehr lebendig durch die Vorbilder der demokratischen Führung.

Schmidt: Ich bin der Meinung, dass die dauernde Bastelei am Grundgesetz verwerflich ist. Übrigens sind nicht nur das Parlament und der Bundesrat dafür verantwortlich, auch das Verfassungsgericht ist mitverantwortlich. Aber der entscheidende Unterschied zwischen der amerikanischen Verfassung und dem deutschen Grundgesetz liegt in zwei anderen Punkten. Der eine ist: Nach dem Grundgesetz geht die Regierung, das heißt die Exekutive, aus dem Parlament hervor. Es ist das Parlament, das den Bundeskanzler wählt. Deutschland ist eine parlamentarische Demokratie, Amerika ist keine parlamentarische Demokratie, das ist ein Riesenunterschied. Der zweite Unterschied ist, dass infolge der amerikanischen Verfassung der Spitzenmann, der Präsident, allein die Verantwortung trägt für alles, was seine Exekutive tut. Letzten Endes ist er verantwortlich für alles, auch für alles, was schief geht. Er muss seinen Kopf dafür hinhalten, auch wenn er die Lage selber überhaupt nicht übersehen kann.

Stern: Deshalb ernennt der amerikanische Präsident ja auch nicht nur seine Minister, sondern auch die Staatssekretäre, die Ministerialdirektoren, es geht zum Teil bis hinunter zu Unterabteilungsleitern im State Department oder in der Treasury.

Schmidt: Richtig, das Berufsbeamtentum spielt in Amerika eine viel kleinere Rolle als hier bei uns in den obersten Etagen; das gilt vielleicht nicht bei der Zollbehörde im Hafen von Baltimore, wohl aber im State Department, wohl aber in der Treasury. Das Berufsbeamtentum spielt in der amerikanischen Exekutive keine große Rolle. Das ist in Deutschland anders.

Stern: Ich könnte mir denken, dass das amerikanische Modell die Entscheidungsfindung erleichtert, jedenfalls beschleunigt. Auf der anderen Seite ist die Exekutive, wie Sie gesagt haben, nicht vom Parlament, sondern vom Volk gewählt und hat daher eine starke legitime Position. Es war die Weisheit der Männer, die die Verfassung zustande gebracht haben, dass es immer wieder auch «Checks and Balances» gibt, um die Macht der Exekutive zu begrenzen. Eine Anmerkung: Der Präsident ernennt zwar seine Leute, sie müssen aber vom Senat bestätigt werden –

Schmidt: Was besonders wichtig ist bei der Ernennung von Richtern und Obersten Richtern. Das ist in allen Demokratien der Welt ein Schwachpunkt.

Stern: So ist es.

Schmidt: Ist auch bei uns ein Schwachpunkt. Die Leute wissen das nur nicht, aber de facto werden bei uns die Obersten Richter von einem ganz kleinen Richter-Wahlausschuss ausgekungelt. In Amerika hat der Präsident die Prärogative, das Vorrecht, den Vorschlag zu machen, aber der Senat muss zustimmen.

Stern: Ja, der Senat muss mit einfacher Mehrheit zustimmen.

Schmidt: Es gibt übrigens in der Verfassungswirklichkeit einen ganz gewaltigen Unterschied, der nicht im Unterschied zwischen der Constitution und dem Grundgesetz begründet ist, das sind die Wahlgesetze. Das amerikanische Wahlgesetz steht nicht in der Verfassung. Man könnte es ändern, wenn man eine Mehrheit im Kongress hätte. Das Wahlgesetz sagt: In jedem Wahlkreis wird derjenige gewählt, der die meisten Stimmen hat. Das deutsche Wahlgesetz und ähnlich das französische, das italienische, alle Wahlgesetze in Kontinentaleuropa – nicht in England – sagen: Die Sitze im Parlament verteilen sich nach den Prozentzahlen, die die Parteien in den Wahlen erringen. Fast überall haben sie infolge dessen nicht zwei Parteien oder drei, sondern fünf, sechs und zum Teil acht Parteien im Parlament. Das amerikanische Wahlgesetz und das englische führen praktisch zu einem Zweiparteiensystem. Die kontinentaleuropäischen Wahlgesetze führen zu einem Vielparteiensystem. Das steht nicht in den Verfassungen, ist aber in der Verfassungswirklichkeit von ungeheurer Bedeutung, weil es zur Koalitionsbildung im Parlament zwingt. Das ist überall in Kontinentaleuropa ähnlich, nur in Frankreich ist es ein bisschen gemildert durch die Stellung des Präsidenten, der über der Regierung steht und auch über dem Parlament.

Stern: Es ist in Amerika inzwischen selbstverständlich geworden, dass es zwei große Parteien gibt. Aber es gibt immer auch in der Geschichte Amerikas die Erscheinung der dritten Partei –

Schmidt: Ja, und unabhängige Kandidaten gibt es auch.

Stern: Und manchmal haben dritte Parteien für eine kurze Zeit eine wichtige Rolle gespielt und großen Einfluss gehabt.

Schmidt: Es hat ja auch in England im 19. Jahrhundert zwei Parteien gegeben, Tories und Whigs, und dann ist gegen Ende des 19. und im frühen 20. Jahrhundert eine dritte Partei groß geworden, nämlich Labour.

Stern: In Deutschland gibt es auch eine dritte Kraft!

Schmidt: –

Stern: Ich meine die FDP.

Schmidt: Die heutige liberale Partei in Deutschland ist eine ausschließlich wirtschaftsliberale Partei. Früher hätte man so etwas nationalliberal genannt, aber die Liberalen sind heute weniger national gesinnte als vielmehr am wirtschaftlichen Erfolg interessierte Leute.

Stern: Was bedeutet wirtschaftsliberal für Sie?

Schmidt: Er bedeutet, dass sie die Wirtschaft so frei wie möglich sich entwickeln lassen. Die Führung, die da heute am Ruder ist bei der FDP – wie heißt er noch, Westerwelle, der hat heute vor zwölf oder fünfzehn Jahren seine Partei öffentlich als die Partei der Besserverdienenden bezeichnet. Das ist die Gesinnung. Das ist nicht verboten, es ist auch nicht wider die Verfassung, aber es ist weder für die Überwindung der gegenwärtigen Weltkrise noch der deutschen Krise hilfreich.

Stern: Aber es gibt doch in Deutschland eine Mehrheit für die Erhaltung des Sozialstaates. Die Wahlen können doch nicht gewonnen werden mit der Botschaft: Wir bauen den Sozialstaat weiter ab! Soweit ich das aus Amerika verfolge, sagt die FDP ja nur, man muss ihn anders finanzieren, es darf nicht mehr so viel verteilt werden, sondern das System muss sich aus dem Markt heraus sozusagen selber finanzieren.

Schmidt: Das ist alles Ideologie. Und es ist mit der deutschen Wirklichkeit nicht leicht in Übereinstimmung zu bringen. Was untergegangen ist bei der heutigen FDP, sind Leute vom Typ Heuss oder vom Typ Hamm-Brücher oder auch, eine Generation jünger, vom Typus Wolfgang Döring.

Stern: Vom Typ Ralf Dahrendorf! Fehlt das liberale Element Ihrer Meinung nach in der deutschen Gesellschaft heute?

Schmidt: Ich würde nicht sagen, dass es fehlt, aber es wird durch die heutige FDP nicht repräsentiert. Sie finden liberale Elemente ebenso stark innerhalb der CDU, Sie finden sie innerhalb der Sozialdemokratie, Sie finden sie bei den Grünen. Liberal ist in Deutschland nicht das Monopol einer kleinen Partei. Das war übrigens auch in den fünfziger und sechziger Jahre nicht so; da ist vielleicht in der Erinnerung ein falsches Bild entstanden.

Stern: Aber diese Entwicklung ist zu begrüßen. Es ist eine gute Entwicklung, dass das liberale Element nicht auf eine Partei konzentriert ist, sondern dass die anderen Parteien sich dessen auch angenommen haben.

Schmidt: Nehmen Sie als Beispiel die Wochenzeitung, für die ich arbeite, die ZEIT, eine liberale Zeitung seit den fünfziger Jahren. Von den Redakteuren, die dort arbeiten, hätten 1950 höchstens zwei Prozent die FDP gewählt. Neuerdings wählen viele wahrscheinlich die Grünen. Die liberale Grundhaltung meiner Zeitung hat mit Herrn Westerwelle überhaupt nichts zu tun, schon gar nichts mit seinem Wirtschaftsliberalismus. Das liberale Element hat sich sehr verbreitet in Deutschland.

Stern: Ich komme noch mal auf das Stichwort Wirtschaftsliberalismus. Glauben Sie, dass man durch Regeln, die man etabliert, und Institutionen, die man schafft, die jetzigen Auswüchse des Kapitalismus unter Kontrolle bekommt?

Schmidt: Das Problem ist, dass nationale Regeln heute nicht mehr ausreichen. Der internationale Kapitalverkehr, der internationale Finanzverkehr, sogar der internationale Geldverkehr – vergleichen Sie das einmal mit anderen Bereichen des Verkehrs, dem internationalen Seeverkehr oder dem internationalen Luftverkehr. Das älteste dieser Verkehrssysteme ist der internationale Seeverkehr. Schon im 19. Jahrhundert gab es selbstverständlich auf der ganzen Welt dieselben Vorschriften für die Lichter: Backbord ist rotes Licht, Steuerbord grünes Licht, es gab eine Hecklaterne und eine so genannte Dampferlaterne, es gab Ausweichregeln und Lotsenzwang. Im internationalen Luftverkehr ist es ähnlich: Als Charles Lindbergh über den Atlantik geflogen ist, brauchte er keine Ausweichregeln, er hatte auch kein Patent als Pilot, und sein Flugzeug war auch von keiner Behörde auf Sicherheit überprüft worden. Der flog los und kam sogar an. Wunderbar. Wenn Sie heute über den Atlantik fliegen, dann werden Sie von einem Piloten geflogen, der sich jedes Jahr einer Gesundheitsprüfung unterziehen muss. Es wird ihm gesagt: Du darfst noch nicht, du musst noch eine halbe Stunde warten. Dann wird ihm gesagt, welche Höhe er fliegen darf und so weiter. Das ist alles strikt reguliert. Aber im Kapitalverkehr nichts dergleichen! Im kurzfristigen Geldverkehr nichts dergleichen! Die Regeln werden dringend benötigt, damit sich die Krise nicht wiederholt. Aber das kann nicht eine deutsche Bundesregierung, nicht einmal die amerikanische Regierung allein, ohne Rücksicht und ohne Kooperation mit allen anderen.

Stern: Ich bin skeptisch, ob es solche Regeln geben wird. Man braucht, glaube ich, einen Mentalitätswandel. Das hat mit Erziehung zu tun, mit einer gewissen moralischen Erziehung. Der Gier selbst muss eine Grenze gesetzt werden, es muss deutlich werden, dass es andere Werte im Leben gibt als Geld –

Schmidt: Das Ganze hängt natürlich auch zusammen mit zwei Phänomenen, die gar nichts unmittelbar mit dem Geld zu tun haben. Das eine ist der unglaubliche technologische Fortschritt während des 20. Jahrhunderts, das andere ist die Bevölkerungsexplosion. Im Jahre 1900 gab es 1,6 Milliarden Menschen auf der Welt, heute sind es sieben Milliarden; die Weltbevölkerung hat sich also innerhalb eines Jahrhunderts vermehrt um den Faktor 4. Im Jahre 1900 trafen Sie beim Wandern in der Lüneburger Heide, wenn Sie Glück hatten, einmal am Tag auf eine große Schafherde. Und es konnte vorkommen, dass Ihnen auch mal ein Bauer mit seinem Wagen begegnete, der Heidekraut abgeerntet hatte, um es seinen Pferden als Streu vorzuwerfen. Heute geht eine Autobahn durch die Heide, und auf der Autobahn gelten Verkehrsregeln. Sie brauchen einen Führerschein, und wenn da steht 60 Kilometer, dürfen Sie nicht mit 120 fahren. Ihr Auto muss vom TÜV abgenommen werden alle drei Jahre oder wie oft, weiß ich nicht. Das heißt, wenn der Verkehr immer dichter wird, weil immer mehr Menschen da sind, und außerdem der technologische Fortschritt hinzukommt, so dass Sie statt dem Ackerwagen des Bauern am Wilseder Berg plötzlich eine endlose Schlange auf dieser Autobahn vor sich haben, dann brauchen Sie Regeln. Das ist zwangsläufig eine Folge der Bevölkerungsvermehrung und des technischen Fortschritts. Im internationalen Kapitalverkehr und im internationalen Geldverkehr brauchen sie keinen Führerschein, es gibt keinen TÜV, es gibt keine Verkehrsregeln, und es gibt keine Verkehrspolizei.

Stern: Ich hatte eigentlich über den Mentalitätswandel etwas sagen wollen. Wenn ich an die amerikanischen Elite-Universitäten denke, so war es noch vor fünfundzwanzig oder dreißig Jahren normal, dass sich Studenten auf die verschiedensten Berufe vorbereiten: Medizin, Justiz, öffentlicher Dienst, alles mögliche, aber nicht gerade auf das Business, ganz zu schweigen vom Finanzbusiness. In den letzten Jahren will ein großer Teil der Studenten ins Finanzleben, selbst in Harvard. Und warum? Nur um Geld zu verdienen. Geld hat heute einen eigenen Wert, einen sozialen und moralischen Wert, den es nach dem Krieg nicht hatte. Hier muss man umdenken. Das meine ich – ganz allgemein – mit Mentalitätswandel.

Schmidt: In der Nachkriegszeit war das Geld nicht das Entscheidende, das Entscheidende war der Bezugsschein.

Stern: Das war natürlich auch eine Form des Geldes. Und auch das Wirtschaftswunder funktionierte nach dem Prinzip, dass sich die Leute für ihr Geld endlich wieder etwas kaufen konnten. Trotzdem. Geld ist heute anscheinend die einzige Form der Anerkennung. Eigentlich schrecklich!

Schmidt: Mir geht das zu weit. Ich muss darauf aufmerksam machen, dass es einen exorbitanten Hang zur Selbstbereicherung schon in römischen Zeiten gegeben hat, Herrn Crassus zum Beispiel. Genauso wie es im Straßenverkehr Leute gibt, die am liebsten 220 Stundenkilometer fahren wollen. Es gibt immer und überall Individuen, die glauben, für sie gelten keine Grenzen. Und deswegen müssen die Grenzen von hoher Hand überwacht werden. Solange dieser Mensch, der sich selbst bereichern will, alleine auf der Erde lebt, ist es in Ordnung, dann muss er sich eben an sich selbst bereichern. Aber wenn einer zu Lasten des Nachbarn sich bereichert, dann kommt der Richter und sagt, du hast ihm was gestohlen, erstens gib es zurück, zweitens kommst du ins Gefängnis. Die Seeräuberei ist ein gutes Beispiel dafür, dass der Hang zur Selbstbereicherung nichts Neues ist. Was wir heute in Somalia erleben, hatten wir in früheren Jahrhunderten an anderen Küsten, auch in Nord- und Ostsee. Mit Recht gehen die westlichen Staaten heute her und versuchen die Seeräuberei am Horn von Afrika und in Somalia zu verhindern. Mit demselben Recht müssen sie heute aber auch hergehen, um durch neue Aufsichtsbehörden die Seeräuberei der Finanzmanager zu beenden. Die Einstellung dieser Finanzmanager werden Sie auch in zweitausend Jahren wieder finden, bei einzelnen Individuen, nicht in der Masse.

Stern: Mein Kollege Simon Schama hat vor Jahren ein herrliches Buch geschrieben über den Reichtum der Holländer im 17. Jahrhundert. Der basierte vor allem auf dem Gewürzhandel. Die Leute haben löffelweise Pfeffer gegessen und hielten das für eine tolle Delikatesse, weil sie das Gefühl hatten, das ist jetzt die Spitze des Luxus. Aber mit dem Geld, das die holländischen Kaufleute dabei verdienten, haben sie die Kunst bezahlt, die uns heute noch fasziniert.

Schmidt: Noch viel schlimmer als der Pfeffer ist das andere holländische Beispiel: die Tulpenzucht.

Stern: Und obwohl diese Auswüchse zum Teil schrecklich waren, war es nicht das Gleiche wie heute. Da hat sich was im Wertegefüge verschoben, das ist für mich unübersehbar. Und ich halte es für verderblich. Umso notwendiger ist es, zu versuchen, den Menschen ein anderes Vorbild zu geben, eine andere Möglichkeit der Anerkennung. Der

Stellenwert von Gemeinwohl, der Stellenwert von Bildung, der Stellenwert von karitativem Handeln: Das hat sich doch alles total verschoben in den letzten Jahrzehnten –

Schmidt: Die Mäzene in Hamburg spenden heute mehr, als sie vor hundert Jahren gespendet haben, viel mehr.

Stern: Das mag sein. Die Frage ist: Gibt es für die Jugend Alternativen, gibt es für sie erfüllende Aufgaben?

Schmidt: Ich möchte vor Ihrem Kulturpessimismus etwas warnen. Die heutige deutsche Gesellschaft ist mir tausendmal lieber als die Gesellschaft des Jahres 1945.

Stern: Ja, aber hat die Not von 1945 möglicherweise nicht auch Tugenden hervorgebracht?

Schmidt: Vielleicht sollte ich mich korrigieren und das Jahr 1945 ersetzen durch das Jahr 1944.

Stern: Mir ist die heutige Gesellschaft jedenfalls lieber als die Gesellschaft von 1933 –

Schmidt: Auch lieber als die Gesellschaft von 1871 –

Stern: Ich wehre mich ein bisschen gegen das Wort Kulturpessimismus. Ich glaube nicht, dass ich ein Kulturpessimist bin, denn ich habe die Hoffnung, dass man die Dinge ändern kann. Die Entwicklung einer Gesellschaft verläuft ja wohl in Wellenbewegungen, und das bedeutet, dass Werte sich abwirtschaften und sich dann wieder neu aufbauen. Ich meine, wir sollten uns mehr um die Jugend kümmern und sie früh zu einer gewissen Frugalität erziehen, dazu, dass sie aus ihrem eigenen Tun eine gewisse Befriedigung zieht und nicht passiv vor dem Fernseher sitzt oder halb passiv vor dem Computer.

Schmidt: Worauf zielt Ihre Frage, Fritz?

Stern: Die Ausgangsfrage lautete doch: Kann man den Kapitalismus zähmen durch Regulierung? Ich habe gesagt, man braucht nicht nur Regeln, man braucht auch einen gewissen – mir ist kein besseres Wort eingefallen – Mentalitätswandel.

Schmidt: Aber der angebliche Werteverfall à la Spengler geht mir zu weit.

Stern: Ich glaube nicht, dass ich das Wort benutzt habe. Amerikanische Ökonomen wie Thorstein Veblen oder J. K. Galbraith haben die Gier auch gegeißelt. Der extreme Individualismus, den wir heute beobachten, rührt auch daher, dass es immer weniger soziale Bindungen gibt. Es gibt kein wirklich ausgeprägtes Bewusstsein für das Gemeinwohl mehr, auch die Familie als Sozialverband hat enorm an Bedeutung verloren. Und das führt zur Vereinzelung. Wenn der Einzelne aber nicht mehr in den traditionellen Sozialverbänden sozialisiert wird, wie soll er dann Solidarität lernen. Solidarität muss doch gelernt werden.

Schmidt: Und man muss Anerkennung dafür finden.

Stern: Ja, Anerkennung dafür, dass man solidarisch ist. – Man hat Ihnen von konservativer Seite sehr oft das zweischneidige Kompliment gemacht, Sie seien eigentlich der richtige Mann, leider in der falschen Partei. Das kennen Sie ja. Sie haben gelegentlich versucht, zu erklären, was Ihnen als Sozialdemokrat wichtig ist, warum Sie sich als Sozialdemokrat fühlen. Ich weiß nicht, ob das verstanden wurde. Aber wenn man die Veränderung innerhalb der SPD über die letzten fünfzig Jahre verfolgt – und da komme ich jetzt zu meiner Frage –, kann man dann wirklich noch von Unterschieden zwischen den beiden großen bürgerlichen Parteien sprechen? Glauben Sie, dass heute ein junger Sozialdemokrat mit Anfang zwanzig den gleichen Idealismus mitbringt, wie Sie ihn damals mitgebracht haben? Heute braucht man die Partei, um Karriere zu machen. Man kann eigentlich keine politische Karriere machen, wenn man nicht über die Hinterzimmer der Kreisverbände und Ortsverbände sich seine Stimmen sichert. Und trotzdem gehört etwas dazu, in eine bestimmte Partei einzutreten und zu sagen, ich gehe jetzt zu den Sozialdemokraten und nicht zur Union. Was bestimmt einen jungen Menschen heute dazu, gerade in die Partei einzutreten, der Sie angehören? Solidarität?

Schmidt: Ich finde es sehr freundlich von Ihnen, aber ich habe meine Zweifel, ob es richtig ist, mir zu unterstellen, dass ich mich als Idealist in die Politik begeben hätte. Kann man so sagen, aber ich bin ein bisschen skeptisch gegenüber dem Wort Idealismus. Es gab auch Idealisten, die mit falschen Prinzipien ausgestattet waren. Ich habe immer versucht, ein konkretes Problem so realistisch wie möglich zu erkennen und es sodann so praktisch wie möglich zu lösen. Die Erziehung des eigenen Volkes zu einem Ideal hin oder in Richtung auf einen Wertekanon, das ist nach meiner Meinung eigentlich nicht Sache der Politik, und schon überhaupt nicht Sache der Regierung. Dafür gibt es andere Kräfte in der Gesellschaft; dazu gehören die Erzieher, dazu gehören die Philosophen, dazu gehören die Pfarrer. Ethik ist nicht Sache der Politik, sollte es nicht sein. Natürlich gibt es immer wieder Politiker, die sich damit schmücken, dass sie pädagogischen oder volkserzieherischen Prinzipien folgen. Besser wäre es, wenn sie wenigstens in der Lage wären, ihre Schulpolitik oder ihre Steuerpolitik oder ihre Verkehrspolitik zweckmäßig und gleichzeitig so weit wie möglich gerecht zu gestalten. Das wäre schon viel. Politische Führer, die gleichzeitig kulturelle Führer sein wollen, sind mir zutiefst verdächtig.

Stern: Kann man Fragen der Moral völlig aus der Politik verbannen? Die Politik gibt den Handlungsrahmen vor, in dem sich die entsprechenden gesellschaftlichen Kräfte, die solche Werte schaffen oder zu solchen Diskussionen anregen, überhaupt erst entfalten können.

Schmidt: Die Politik gibt das nicht vor. Das glaube ich nicht.

Stern: Ihre Skepsis gegenüber dem Wort oder dem verherrlichten Begriff Idealismus kann ich nachvollziehen. Idealismus kann sehr gefährlich werden – deshalb habe ich ja gestern das Nietzsche-Zitat vorgelesen. Gerade in Deutschland hängt Idealismus sehr oft mit Verweigerung der Wahrheit zusammen, mit Realitätsverweigerung. Außerdem ist es so furchtbar leicht, Idealismus zu predigen. Einer meiner Lieblingsautoren in der amerikanischen Literatur ist der Philosoph William James, ein älterer Bruder des berühmten Schriftstellers Henry James. Einige Jahre vor dem Ersten Weltkrieg hat er einen Aufsatz veröffentlicht: «The Moral Equivalent of War». James nahm an, dass ein moderner Krieg unmöglich sei; aus technischen Gründen würde er so viele Tote und so viel Zerstörung bringen, dass alle Verantwortlichen davor zurückschreckten. Auf der anderen Seite könnten es die Pazifisten nicht verstehen, dass ein Krieg auch gewisse Tugenden fördert: Pflichterfüllung, Einsatz für andere, Mut. Daher sollte man jungen Menschen die Möglichkeit schaffen, solche Tugenden in Friedenszeiten aufzubringen. Kennedy hat das ins Praktische übersetzt, als er das Peace Corps etablierte. Die Idee dazu stammte aus diesem Aufsatz, wahrscheinlich auch aus dem Ethos der Kennedy-Familie. Dass man solche Tugenden wecken und belohnen soll, die früher ausschließlich mit dem Militär und mit Krieg zu tun hatten, ist auch heute eine gute Idee. Krieg ist heute in Europa kaum denkbar, also sollte der Aufsatz von James umso mehr Resonanz finden. Man muss jungen Menschen die Möglichkeit geben, die Tugenden der Tapferkeit, der Kameradschaft, des Einsatzes gerade im zivilen Leben zu beweisen. – Im Übrigen sollten wir bei alledem nicht vergessen, wie wichtig Traditionen sind. Ich hatte einmal eine lange Diskussion darüber mit einem Italiener, der beklagte, dass seine Landsleute so wenig über die Vergangenheit wüssten. Er sagte immer wieder: Was uns fehlt, ist die Großmutter! In der italienischen Gesellschaft von früher gab es ein regelmäßiges gemeinsames Essen, und bei dem gemeinsamen Essen hat die Großmutter erzählt, wie sie aufgewachsen ist, wie sie erzogen wurde, und das hatte anscheinend eine gewisse

Wirkung auf die Enkel, so meinte jedenfalls der Mann, mit dem ich mich unterhielt.

Schmidt: Ihr Italiener hat Recht. Das Prinzip der Tradition darf man nicht ohne Not aufgeben. Ich halte Tradition für ein ganz wichtiges Element der Stabilität einer Gesellschaft und der Stabilität eines Staates. Das große Drama der Nazizeit und der beiden Weltkriege war, dass am Ende alle staatlichen Traditionen in Deutschland zugrunde gegangen waren. 1945 war nicht mehr viel übrig geblieben. Geblieben sind ein paar Traditionen in der Kunst, in der Musik, in der Literatur, in der Malerei, auch im Theater, ein bisschen auch in den Geisteswissenschaften und in den Naturwissenschaften, aber gesellschaftliche und staatliche Traditionen waren zerbrochen. Als wir 1945 vor dem Nichts standen, gab es ein paar alte Männer – der eine hieß Heuss, der andere hieß Adenauer, der dritte hieß Schumacher – die und noch ein paar andere hatten ein bisschen mitgebracht von der alten Tradition. Die gaben uns ein Gefühl für das, was gut ist, und das, was schlecht ist. Im Verhältnis zur Situation der Nachkriegsjahre, muss ich noch mal sagen, ist die deutsche Gesellschaft von heute besser dran, deutlich besser. Ich sehe keinen Grund für Pessimismus.

Stern: Kein Grund für Pessimismus, aber ein bisschen mehr Heuss, wenn ich so sagen darf, würde nicht schaden. Im Gegenteil, es würde die jetzige Gesellschaft verbessern, und zwar nicht nur in Deutschland, sondern überall, gewisse Traditionen nicht ganz über Bord zu werfen.

Schmidt: Wobei Heuss eigentlich weniger ein Exponent der staatlichen Traditionen ist als vielmehr der kulturellen –

Stern: So habe ich Sie verstanden. Es geht ja nicht nur um staatliche Traditionen, es geht auch um die Tradition der Anerkennung von Literatur, von Kunst, von Bildung im weitesten Sinn. Was bei einem Mann wie Heuss überzeugte, war die besondere Verknüpfung von Politik und Bildung, eingebettet in eine große persönliche Bescheidenheit – was ja in Deutschland nicht immer der Fall ist. Und deshalb war er eben nicht nur der Vertreter einer bestimmten Schicht des deutschen Bürgertums, sondern ein Bundespräsident für alle. In den sechzig Jahren Bundesrepublik, die seither vergangen sind, hat sich die Politik sehr verselbständigt. Politiker sind heute Leute, die ihr Handwerk verstehen, mehr oder weniger. Die meisten Leute erwarten von einem Politiker letztendlich nur, dass er von dem, was er zu verantworten hat, so viel versteht, dass er eine Entscheidung treffen kann. Das ist doch, wenn ich das richtig sehe, der Pragmatismus, den Sie immer betont haben. Deswegen haben Sie sich doch dagegen gewehrt, dass Herr Kohl sagte, Führung muss auch geistig-moralische Führung bedeuten. Was ich sagen wollte: Heuss war nicht nur in der Politik, er war sozusagen als Gesamterscheinung präsent. So eine Figur war zuletzt auch Richard von Weizsäcker, bei dem man das Gefühl hatte, dass sich ein großer Teil der Gesellschaft durchaus mit ihm identifizieren konnte. Jedenfalls bestehen innerhalb dieses Kontextes gewisse Traditionen.

Schmidt: Das Wort Gesamterscheinung würde ich so nicht akzeptieren. Jeder Politiker hat auch ein Privatleben, das die Öffentlichkeit nichts angeht. Seine Ehe, seine religiöse Einstellung, seine Lektüre –

Stern: Richtig. Dabei fällt mir ein, Kennedy hat berichtet, dass die Lektüre von Barbara Tuchmans «August 1914» in den Tagen der Kubakrise 1962 einen gewissen Einfluss auf seine Entscheidungen gehabt hat. Man kann sonst von seinem Privatleben nicht gerade schwärmen –

Schmidt: Die kubanische Raketenkrise war nicht eine Sache, die an einem einzigen Tag entschärft werden konnte. Das hatte sich langsam aufgebaut und wurde immer kritischer. Und Kennedy war nicht allein; er hatte seinen Bruder Bobby neben sich, er hatte McGeorge Bundy neben sich, er hatte einige Historikerfreunde an seiner Seite wie Arthur Schlesinger, und er hatte einen erstklassigen Redenschreiber –

Stern: Ted Sorensen.

Schmidt: Ja, Ted Sorensen. Wer sonst noch zum inneren Kreis gehörte, weiß ich nicht, aber dieser innere Kreis hat wahrscheinlich Tage und Nächte zusammengesessen, immer wieder, und jeden einzelnen Schritt beraten.

Stern: Den Außenminister Dean Rusk erwähnen Sie bezeichnenderweise nicht.

Schmidt: Das war ein ordentlicher Mann, aber ich weiß nicht, ob er zum inneren Kreis von Kennedy gehörte –

Stern: Nein, und er war bei Weitem nicht so wichtig wie die von Ihnen Genannten. Bobby spielte eine sehr große Rolle.

Schmidt: Ja, erstaunlich, angesichts seiner Jugend. In der heutigen Politik ist einer, der noch keine vierzig ist, die Ausnahme. Kennedy selber war Anfang, Mitte vierzig.

Stern: In Berlin gibt es jetzt einen neuen Wirtschaftsminister, Herrn zu Guttenberg. Allein die Tatsache seiner Jugendlichkeit und seines unbeschwerten Auftretens hat in den wenigen Monaten, die er im Amt ist, einen hervorragenden Eindruck hinterlassen.

Schmidt: Im Wesentlichen hat er einen großen Eindruck hinterlassen bei den Journalisten, und die haben diesen Eindruck verbreitet.

Stern: Das Alter allein sagt wenig über einen Menschen. Mit zunehmendem Alter scheinen wir die Wichtigkeit des Alters zu überschätzen. Es hängt doch vom einzelnen Menschen ab.

Schmidt: In meiner Generation hatte man, wenn man Mitte zwanzig war, schon so viel hinter sich bringen müssen, dass man erwachsener war als heute ein Fünfundzwanzigjähriger. Die Jahrgänge 1918 bis 1926, die haben einiges mitgemacht.

Stern: Die Ausgestoßenen oder Emigranten auch, wenn ich das so sagen darf.

Schmidt: Die Generationen, die im Ersten Weltkrieg ins Feld mussten, sind dezimiert worden, aber nicht im wörtlichen Sinn; nicht jeder Zehnte ist geblieben, sondern insgesamt gab es «nur» zwei Millionen tote Soldaten. Das war im Zweiten Weltkrieg schon anders. Da haben wir weit über drei Millionen tote Soldaten gehabt und mehr als zwei Millionen tote zivile Bürger. Aber was die Generationen angeht – und da greife ich jetzt Ihren Hinweis auf –, so ist nicht der Jahrgang als solcher ausschlaggebend, sondern der Lebensweg ist entscheidend. Jemand, der wie zum Beispiel Willy Brandt oder Bruno Kreisky oder Herbert Wehner sein Land verlassen musste wegen der Nazis, hat den Krieg außerhalb erlebt, und das heißt, er hat den Krieg selber überhaupt nicht erlebt. Als sie zurückkommen konnten, 1946/47, da waren sie natürlich erwachsen, hatten aber andere Erfahrungen als wir. Gerade für die Politik hatten sie sehr nützliche Erfahrungen. Andererseits konnten sie sich das Leben der Deutschen im Kriege und unter den Nazis nicht wirklich vorstellen. Herbert Wehner hat mal im Zorn über mich irgendwo gesagt: «Der Schmidt, der hat seine Sitten im Offizierskasino gelernt.» Reiner Quatsch, denn Wehner konnte sich gar nicht vorstellen, dass man als Leutnant im Krieg kein Offizierskasino von innen gesehen hat. Ich war acht Jahre lang Soldat und habe ein einziges Mal ein Offizierskasino erlebt. Da haben wir dumme Witze über Adolf Nazi gemacht. Wehner hat weder den ersten Krieg als Soldat erlebt noch den zweiten. Was er erlebt hat, waren schreckliche Dinge in Moskau, die ihn geprägt haben bis ans Lebensende. Schlimme Dinge hat er da erlebt und zum Teil mitgemacht, wie mir scheint. Aber er konnte sich überhaupt nicht vorstellen, was ich –

Stern: Ernst Reuter hat die ersten Jahre des Nationalsozialismus sehr wohl erlebt und unter schrecklichen Bedingungen – er wurde gefoltert. Reuter konnte sich, als er aus der Türkei zurückkam, das Leben in Deutschland sehr gut vorstellen. Sicher nicht alles im Detail, aber er wusste über die NS-Zeit genug. Umso mehr wollte er sich am Wiederaufbau seines Landes beteiligen – dem Lande dienen, das war ihm eine ganz wichtige Pflicht.

Schmidt: Haben Sie sich jemals vorgestellt oder vorstellen können, in den fünfziger oder sechziger Jahren nach Deutschland zurückzukommen?

Stern: Zurückzukommen im Sinne von für immer?

Schmidt: Nein, im Sinne von mitzuwirken am Aufbau, in dem Sinne, in dem Sie eben von Ernst Reuter sprachen.

Stern: Nein. Aber in dem Moment, wo ich gemerkt habe – im Jahre 1964 war das –, dass ich zu historischen Fragen möglicherweise beitragen kann, dass ich helfen und mitarbeiten kann, hat mich das sehr gefreut, und das wollte ich auch. Aber davor bin ich auf die Idee nicht gekommen. Ich hatte immer großes Interesse an allem, was sich auf Deutschland bezog, aber zurückzukehren – also für immer zurückzukehren: nein. Aber wie gesagt, wenn die Gelegenheit sich bot, über deutsche Geschichte und deutsche Vergangenheit mitzusprechen, jungen Kollegen zu helfen, die von der älteren Generation damals noch ziemlich schlecht behandelt wurden, das empfand ich als wertvolle Bereicherung.

Schmidt: Aber wenn Sie einen Ruf bekommen hätten in den fünfziger Jahren, wie so viele emigrierte Historiker, einen Ruf an die Freie Universität Berlin –

Stern: Nein! Ich war verheiratet mit einer Amerikanerin, ich hatte zwei amerikanische Kinder. Das, glaube ich, wäre bestimmend gewesen. Ich war ja 1954 an der FU für ein Sommersemester. Zu der Zeit war auch der Emigrant und ehemalige SPD-Mann Franz Neumann an der FU. Er hat sich damals verliebt in eine deutsche Frau und war beinah bereit, zurückzukommen. Ich habe, wie gesagt, sehr an meinen Kindern gehangen.

Schmidt: Dahinter stand also nicht eine prinzipielle Entscheidung, in Deutschland nicht mehr leben zu wollen?

Stern: Das war keine prinzipielle Entscheidung.

Schmidt: Haben Sie meinen Freund Eric Warburg gekannt?

Stern: Ich kannte ihn, ja.

Schmidt: Eric Warburg kam von sich aus zurück.

Stern: Ja, ich weiß.

Schmidt: Da mag eine Rolle gespielt haben, dass die Warburg-Bank noch existierte und dass er sie schrittweise wieder übernehmen konnte. Er ist dann ein richtiger Deutscher geworden und ist hier geblieben, obwohl er zwei amerikanisch erzogene Kinder hatte, einen Sohn Max –

Stern: Und Maria.

Schmidt: Eric Warburg ist also zurückgekommen und hat sich innerlich wieder ganz angesiedelt hier. Es gibt andere Beispiele, hier in Hamburg Elsbeth und Herbert Weichmann, oder denken Sie an Heinz Berggruen. Ein wunderbarer Mann. Was sind das für Lebenswege!

Stern: Ja, es ist, wie Sie sagen: zum Teil generationsbedingt, aber sehr viel mehr menschlich, charakterlich bedingt. Zu Eric Warburg hatte ich übrigens kein ganz ungetrübtes Verhältnis. Sie wissen, dass Eric Warburg und Marion beinahe jeden Sonntag spazieren gegangen sind. Sie waren sehr eng befreundet. Er hat fast jeden Spaziergang benutzt, um Marion zu erklären, dieser Fritz Stern, das ist was Schreckliches. Gott sei Dank hat Marion das nicht geglaubt. Als mein Buch über Bismarck und Bleichröder erscheinen sollte, hatte ich an Eric Warburg geschrieben und ihn um die Erlaubnis gebeten, einen Brief eines Vorfahren aus dem Jahre 1898 zu zitieren. Das lehnte er ab. Daraufhin schrieb ich ihm, es täte mir sehr leid, aber ich müsste ihm sagen, dass ich dem amerikanischen Gesetz nach das Recht hätte, diesen Brief in Auszügen zu zitieren oder den Inhalt wiederzugeben. Das hat ihn wiederum so geärgert, dass er mir durch seinen Schwager Charles Wyzanski in Boston, einen Bundesrichter, der sehr bekannt war und sich sehr für die Freiheitsrechte des Einzelnen einsetzte, auf offiziellem Briefpapier einen sehr groben Brief schreiben ließ: «Ich höre von meinem Schwager Eric Warburg, dass Sie sich erdreisten» und so weiter, Sie und der Verlag setzen sich großen Gefahren aus. Dass er so schweres Geschütz auffuhr, das heißt, einen offiziellen Briefbogen zur Einschüchterung benutzt hat, hat mich so geärgert, dass ich den Brief von 1898 zum Teil zitiert habe – und die Welt ist nicht zusammengebrochen.

Schmidt: Wussten Sie, dass Max Warburg, der Vater von Eric, der Financier von Albert Ballin war?

Stern: Der wiederum auf vertrautem Fuße mit dem Kaiser stand. Dabei war der Kaiser, wie sich in dem letzten Band von John Röhl noch mal herausstellte, brutal antisemitisch. Das kann man sich gar nicht vorstellen. Da ist die Linie zu Hitler ziemlich klar. Aber vor 1914 und zum Teil auch noch während des Krieges hat sich der Kaiser selbstverständlich mit jüdischem Kapital befreundet.

Schmidt: Nicht nur das. Albert Ballin war schließlich genauso ein Imperialist geworden wie der Kaiser.

Stern: Etwas vernünftiger, aber das sagt nicht viel.

Schmidt: Nicht viel vernünftiger. Ballins Wahlspruch lautete: «Mein Feld ist die Welt». Werde ich nie vergessen –

Stern: Aber damit meinte er die HAPAG.

Schmidt: Er meinte die Schifffahrt insgesamt. Ich habe das immer als Größenwahn empfunden.

Stern: Dafür hat Aby Warburg, der Bruder von Max –

Schmidt: Es waren fünf Brüder Warburg –

Stern: Ich meine den bedeutenden Kunsthistoriker, der die berühmte Bibliothek aufgebaut hat, die Gott sei Dank rechtzeitig nach England kam.

Schmidt: Den ursprünglichen Lesesaal im Hamburger Warburg-Haus hat man in den neunziger Jahren wiederhergestellt. Ein sehr schöner Raum, in dem heute Veranstaltungen stattfinden.

Stern: In den zwanziger Jahren hat Hamburg in der Kunstgeschichte eine große Rolle gespielt, an erster Stelle Erwin Panofsky, der dann in Amerika einen entscheidenden Einfluss auf seinem Gebiet gewann. In der Philosophie war Ernst Cassirer da, der von 1919 bis 1933 in Hamburg den Lehrstuhl für Philosophie innehatte und kurz vor '33 noch Dekan wurde. Der Unterschied zwischen Panofsky und Cassirer in ihrer Einstellung zur forcierten Auswanderung ist aufschlussreich. Panofsky nahm das so hin – allerdings war ihm Amerika schon vertraut. Für Cassirer war das ein ungeheurer Schock, ein Verrat, wie er es empfand. Anfang der neunziger Jahre gab es an der Universität Hamburg eine Ausstellung, die vor Augen führte, mit welchem Zynismus und welcher Brutalität die jüdischen Professoren aus dem akademischen Leben vertrieben wurden. «Enge Zeit» hieß die Ausstellung. Mein eigener Onkel, Otto Stern, Ordinarius am Institut für physikalische Chemie, der später den Nobelpreis erhielt, wurde auch rausgeworfen.

Schmidt: Ich komme noch mal zurück auf die Frage nach den Kräften, die den Wiederaufbau Deutschlands nach dem Krieg betrieben haben. Ich bin nicht sicher, ob es wirklich richtig ist, aber nach meiner Erfahrung waren Leute, die den Krieg und die ganze Scheiße des Krieges miterlebt hatten, eher bereit, einen Schlussstrich zu ziehen unter den Verlust der ehemaligen deutschen Ostgebiete als die, die den Krieg selbst nicht miterlebt hatten.

Stern: Dazu vielleicht zwei Bemerkungen. Erstens wurde meinem Eindruck nach zwischen diesen beiden Gruppen, also denen, die von draußen zurückkamen, und denen, die geblieben waren, in der damaligen politischen Diskussion nicht unterschieden. Zweitens waren die Rückkehrer deutlich in der Minderzahl. Die tragenden Figuren, die wir vorhin genannt haben, Adenauer, Heuss und viele andere, waren nicht aus der Emigration zurückgekommen, sondern während der zwölf Jahre hier gewesen.

Schmidt: Das ist beides richtig. Und die Leute, die aus der Emigration zurückkamen, hatten es wahrscheinlich schwerer. Für jemanden wie Herbert Weichmann wäre es sehr schwierig gewesen, wenn er 1946 zum Hamburger Bürgermeister gewählt worden wäre.

Stern: Weil er Jude war oder weil er Emigrant war?

Schmidt: Weder noch, sondern weil er Deutschland nicht mehr kannte. Das andere mag eine nebensächliche Rolle gespielt haben – ich will nicht sagen: gar keine Rolle –, aber schwer wäre ihm das Amt vor allem gefallen, weil er Deutschland nicht mehr richtig kannte. Dazu bedurfte es des kraftvollen Optimismus von Max Brauer; der kam zwar auch aus der Emigration zurück, aber er hatte auch in der Emigration seine innere Bindung an Deutschland nicht verloren, und er brachte einen hyperamerikanischen Drive mit und machte den Leuten in Hamburg Beine. Das hätte Herbert Weichmann – den ich sehr geschätzt habe und den ich für den bedeutendsten Bürgermeister halte, den ich in dieser Stadt erlebt habe – 1946 nicht fertig gebracht. Er wurde zwanzig Jahre später Bürgermeister – 1966 oder 1965, weiß ich nicht mehr. 1965.

Stern: Eines möchte ich hinzufügen, weil es oft vergessen wird, ganz besonders in Amerika, aber in Deutschland auch: Der erste in den USA wirklich populäre Nachkriegspolitiker in Westdeutschland, noch vor Gründung der Bundesrepublik, war Ernst Reuter. Ernst Reuter war bekannt geworden als Berliner Bürgermeister während der Blockade, das heißt durch seine Führungsrolle während des Airlifts, und seine anschließende Amerikareise.

Schmidt: Unterschätzen Sie nicht die Bedeutung, die Schumacher hatte.

Stern: Aber nicht in Amerika!

Schmidt: Nicht in Amerika, aber hier in diesem Land.

Stern: Das ist mir völlig klar. Ich sage ja nur: In Amerika war Reuter der erste, der wahrgenommen wurde als ein wichtiger deutscher Politiker. Und man war dankbar, dass gerade er es war, denn bei ihm hatte man das Gefühl, mit dem können wir arbeiten. Man brauchte jemanden wie Reuter. Und natürlich war die Luftbrücke eine tolle Geschichte für die Amerikaner.

Schmidt: Erinnern Sie weitere Figuren der deutschen Politik, die früh in Amerika wahrgenommen wurden, außer Adenauer? Wurde in den frühen fünfziger Jahren überhaupt ein deutscher Politiker in Amerika wahrgenommen?

Stern: Ich muss überlegen. Ich meine, der erste, der erste jedenfalls, der mir einfällt und den ich dann auch kennengelernt habe, war Fritz Erler. Er wurde sehr gut angenommen.

Schmidt: Wie wurde eine Figur wie Adenauer vom Establishment der Ostküste wahrgenommen? Was wusste man über ihn?

Stern: Er wurde wahrgenommen als ein erstaunlich erfolgreicher Politiker mit einer eindrucksvollen Vergangenheit in Weimar. Ich habe mich in einem meiner ersten Aufsätze mit ihm beschäftigt; ich habe die Möglichkeit durchgespielt, dass er Kanzler geworden wäre im Jahr 1926. Und ich glaube, er war entfernt verschwägert mit Jack McCloy. Aus gegenseitiger Hochachtung entwickelte sich so etwas wie eine Beinah-Freundschaft, ein Verhältnis, das für beide sehr wichtig war.

Schmidt: Wie wurde Erhard wahrgenommen – in seiner Zeit als Wirtschaftsminister?

Stern: Zunächst mit leichtem Misstrauen, gerade auch auf der Linken, wenn man in Amerika von der Linken sprechen konnte. Später wurde er identifiziert mit dem Wirtschaftswunder. Ich habe dann immer hinzugefügt: Es ist nicht nur ein Wirtschaftswunder, es ist ein politisches Wunder, dass in einem Land, wo die Politiker sehr selten eine glückliche Rolle gespielt haben, plötzlich doch eine politische Elite sich herausbildet, wie sie es in der deutschen Geschichte noch nicht gegeben hat – trotz aller Vorbehalte.

Schmidt: Ludwig Erhard hat sich in den späten vierziger Jahren selbst noch nicht als Politiker empfunden. Er ist der CDU erst nach mehreren Jahren schließlich und endlich beigetreten, er war eigentlich ein typischer Professor der Nationalökonomie, der die Chance bekam, seine Ideen zu verwirklichen, und dann mit einer erstaunlichen Konsequenz seinen Weg gemacht hat. Leider Gottes hat er dabei auch alle seine Energie verbraucht. Als er Kanzler wurde, war das eine ganz schlimme Sache. Natürlich ist er auch schlecht behandelt worden von Adenauer, aber er hätte nicht Kanzler werden dürfen.

Stern: Ich würde trotzdem sagen, die Kombination Heuss, Adenauer und Erhard – drei ganz verschiedene Menschen und Charaktere –, dass diese drei zusammen auf der Bühne waren, war für die junge Bundesrepublik ein ganz großes Glück. Selbstverständlich inklusive einiger Sozialdemokraten.

Schmidt: Im Ergebnis stimme ich zu. Es hätte manches vielleicht anders und einiges vielleicht besser gemacht werden können, aber das Ergebnis, wenn Sie die heutige Bundesrepublik im Jahre 2009 anschauen, ist unendlich viel besser als das, was wir 1945 oder 1949 erwartet haben. Unendlich viel besser!

Stern: Niemand hätte es damals für möglich gehalten, dass Deutschland in so kurzer Zeit so gut dastehen würde.

Schmidt: Ja, wir haben uns alle Mühe gegeben, wir haben gewusst, dass es unsere Aufgabe war, aber was tatsächlich erreicht worden ist im Laufe dieser sechzig Jahre, das geht weit über das hinaus, was wir uns als möglich vorgestellt haben.

Stern: Gab es einen Moment, eine bestimmte Situation, wo Sie zum ersten Mal das Gefühl hatten, es könnte was werden?

Schmidt: Das erste Mal, dass ich ein bisschen mehr Hoffnung bekam, war Barsbüttel. Das war 1948, unmittelbar vor der Währungsreform.

Stern: Barsbüttel sagt mir nichts.

Schmidt: Da hatten wir – ich war damals Bundesvorsitzender des SDS – das war damals ein sehr anständiger Verein von jungen Leuten, das muss man hinzufügen – also, wir bemühten uns, Demokratie zu lernen. Wir hatten die Idee, dass wir dazu Kontakt brauchten mit jungen Leuten aus dem Ausland. Deshalb haben wir uns an studentische Organisationen im Ausland gewandt. Die Bundesrepublik gab es noch nicht, wir waren hier die Vereinigten Westzonen; aber alle kamen sie: Amerikaner, Kanadier, Franzosen, Engländer, Inder, Schweden, Dänen, Holländer. Einige von ihnen wurden später Minister, einer wurde Ministerpräsident, ein anderer wurde Staatssekretär in seinem Land. Sie brachten nicht nur ihre Ideen für den Frieden mit, sondern auch noch Koffer mit Lebensmitteln und einen anderen Koffer mit Zigaretten. Hier gab's ja nichts, wir fraßen schäbige Fischpaste. Diese jungen Leute waren eine knappe Woche hier bei uns in dem Dorf Barsbüttel bei Hamburg. Das war für uns Deutsche wie eine Offenbarung, diese Offenheit und der Wille, diesen eben besiegten ekelhaften Nazi-Deutschen wieder auf die Beine zu helfen.

Stern: Ich kann für mich sagen, dass mir immer bewusst war, es waren nicht alle Deutschen Nazis. Von meinen ersten Ersparnissen habe ich Care-Packages geschickt an Leute, die ich kannte von früher. Antipathie – milde ausgedrückt – gegen Deutschland gab es bei mir auch. Das war, glaube ich, auch unvermeidlich. Aber mir war, wie gesagt, immer klar, dass es Ausnahmen gegeben hat, dass nicht das ganze Land schuldig geworden ist.

Schmidt: Würden Sie sagen, Fritz, dass Sie repräsentativ sind für die jüdischen Emigranten? Es ist ja eine besondere Leistung von Ihnen, früh auf Deutschland zugegangen zu sein und daran mitzuarbeiten, dass das Land seine zweite Chance erfolgreich wahrnimmt.

Stern: Wenn ich jetzt an andere meiner Generation denke, die ihre Antipathie gegen Deutschland aufgrund der Beschädigungen des eigenen Lebens stets beibehalten haben –

Schmidt: Haben Sie mit anderen darüber diskutiert?

Stern: Ja, wahrscheinlich. Aber ich kann mich kaum erinnern. Bei den meisten saß die Abneigung tief, zumindest am Anfang. Denken Sie an Einstein. Dieser Friedfertige, so genannte Friedfertige, konnte recht martialisch werden, wenn es um Deutschland ging. Er sprach dann vom Land der Massenmörder. Er wollte von diesem Land nichts mehr wissen. Max von Laue, Max Planck und einige wenige andere waren die Ausnahme.

Schmidt: Ich wollte noch einen Nachtrag zu dem Bildungsthema liefern. Nach meiner Erinnerung gab es in den sechzig Jahren Bundesrepublik mindestens drei Politiker, die eine sehr ansehnliche Bildung im Hinterkopf mit sich herum trugen. Das war Kiesinger, das war, mit Schwerpunkt alte Geschichte, Franz Josef Strauß, und der dritte war Carlo Schmid.

Stern: Strauß hatte jedenfalls ein gutes Gedächtnis und eine große rhetorische Begabung. Das hilft über manches Bildungsdefizit hinweg.

Schmidt: Es gehört zum politischen Handwerk, dass man über Lücken hinwegpfuscht.

Stern: Haben Sie das auch getan?

Schmidt: Natürlich. Nur Professoren haben das nicht nötig. – Also, ich hatte schon Respekt vor der Bildung von Strauß. Aber natürlich war sie mit der von Carlo Schmid nicht zu vergleichen.

Stern: Einen Moment. Bildung ist ja keine Qualität per se, und sie ist auch per se keine Notwendigkeit, um gute Politik zu machen. Ich denke, um Politik zu machen – je nach dem, in welcher Position man ist –, muss man ein gewisses Verständnis für historische Zusammenhänge mitbringen, ein gewisses Verständnis für ökonomische Zusammenhänge und ein gewisses Verständnis für verfassungsrechtliche Zusammenhänge. Vor allem ein gewisses Verständnis für Menschen. Das hat mit Bildung im engeren Sinn wenig zu tun, oder?

Schmidt: Ich tendiere dazu, Ihnen Recht zu geben. Gleichwohl möchte ich keinen total ungebildeten Bundeskanzler haben. Helmut Kohl war nicht allzu gebildet – und ich auch nicht. Aber im Unterschied zu mir wusste Kohl das nicht. Er verlangte im Gegenteil, dass der Regierungschef geistige Führung ausüben soll, außerdem noch moralische Führung. Er wusste nur gar nicht, dass ihm das alles abgeht. Die Forderung an den Regierungschef, dass er geistige und moralische Führung ausüben soll, fand ich absurd. Dahinter stand ja die Vorstellung: Wenn er Bundeskanzler wird, würde er diese Art von Führung ausüben.

Stern: Das Gegenteil war der Fall. Soweit er konnte, hat er diejenigen, die wirkliche Bildung hatten, die Format hatten, Biedenkopf, Weizsäcker, Bernhard Vogel, die hat er versucht abzusägen. Ein Konzept jedenfalls stand nicht hinter Kohls Anspruch. Eher schon die Herausforderung durch den Amtsinhaber, der sich als ein Pragmatiker der Vernunft bezeichnete. Da sagte der Oppositionsführer: Pragmatiker der Vernunft? Das ist zu wenig. Wir müssen ja nicht gleich alle in die Kirche gehen, aber so ein bisschen über Werte nachdenken kann nicht schaden. Gleichzeitig kommt dieser betonte Patriotismus ins Spiel, diese verdrehten Augen, wenn die Hymne gesungen wird.

Schmidt: Dass Richard Weizsäcker, ohne Kohl zu nennen, aber ihn meinend, von Machtversessenheit gesprochen hat – da war etwas dran. Er war ein sehr umsichtiger Taktiker der Macht. Aber bevor wir in die Niederungen der Tagespolitik einsteigen, wollen wir lieber einen Augenblick Pause machen und in den Garten gehen, um frische Luft zu schnappen –

Stern: Finde ich keine schlechte Idee.

Zweiter Tag. Nachmittags

Israel – ein heikles Thema · Die Wurzeln des Konfliktes · Gerson Bleichröder · Bismarck · Die Bismarck-Begeisterung der Deutschen · Gorbatschow · Der Zerfall der Sowjetunion · Breschnew · Die Vorreiterrolle Polens · Die KSZE-Konferenz · Korb III · Honecker · Probleme der Wiedervereinigung · Ökonomische Versäumnisse · Über Wahrheit in der Politik · Der Kompromiss als politisches Instrument · Dimensionen der Finanzkrise · Die amerikanische Staatsverschuldung · Hoffen auf Obama · Gefahr des Protektionismus · Was ist eigentlich Kapitalismus?

Stern: Israel oder Bismarck?

Schmidt: Über das eine *wollen* wir reden. Über das andere *müssen* wir wohl noch einmal reden. Ein unerfreuliches Thema.

Stern: Man macht sich keine Freunde bei diesem Thema, weder in Amerika noch in Israel.

Schmidt: In Deutschland auch nicht. Und ich habe wenig Lust, mir auf meine alten Tage noch neue Feinde zu machen. Dabei haben sie uns in Israel einmal mit weit offenen Armen aufgenommen. Das war in den sechziger Jahren. 1966, da unternahmen Loki und ich unsere erste Reise nach Israel und waren auch bei der Großmutter eingeladen.

Stern: Welche Großmutter?

Schmidt: Golda Meir. Sie war ungefähr zwanzig Jahre älter als wir. Deshalb nannten Loki und ich sie Großmutter.

Stern: 1966. Das war also vor dem Krieg, vor dem berühmten Sechstagekrieg.

Schmidt: Vor dem Krieg, ja. In den siebziger Jahren wurde unser Verhältnis zu Israel dann schwieriger, obwohl es Ausnahmen gab; mit Moshe Dajan zum Beispiel, dem Helden des Sechstagekrieges, war ich sehr befreundet.

Stern: Im Ganzen würde ich sagen, waren die Israelis selber den Deutschen gegenüber allerdings weniger kritisch als amerikanische Juden. Nicht alle, aber sehr viele, vor allem auch rechts stehende amerikanische Juden hatten ein ungeheures Ressentiment. Und haben es noch.

Schmidt: Ja, und ohne die amerikanischen Juden wären die Siedlungen in der Westbank so nicht zustande gekommen.

Stern: Ohne einen Teil der amerikanischen Juden.

Schmidt: Das ist im Übrigen nicht meine persönliche Weisheit. Das hat mir vor ein paar Jahren ein Freund erzählt, als wir über die Siedlung auf der Westbank redeten. Du musst nur hingucken, sagte er, das sind alles junge Leute, die in der Bronx geboren und aufgewachsen sind.

Stern: Das ist wahrscheinlich eine große Übertreibung. Sicher hat es einige gegeben, die rübergegangen sind und dann Siedler in der Westbank geworden sind, aber es ist wohl eine eher kleine Zahl.

Schmidt: Egal wie viele es sind, Fritz, Tatsache ist, dass Israel eine so offensive Politik im Nahen Osten niemals ohne die vollkommene Rückendeckung Amerikas in den letzten dreißig Jahren hätte betreiben können.

Stern: Darüber sprachen wir gestern ja schon ausführlich.

Schmidt: Was können die Israelis tun? Sie haben sich so verrannt, dass das eines von den möglicherweise unlösbaren Problemen der Welt ist.

Stern: Eine ganz große Tragödie. Ich mache mir große Sorgen um die Zukunft Israels, wenn ich an seine eigene Politik denke.

Schmidt: Seit mehr als vierzig Jahren weiß die Welt, dass eine Lösung nur dann möglich ist, wenn zwei Staaten nebeneinander bestehen. Diese Erkenntnis wird seit 1968 von allen Regierungen der Welt mehr oder weniger geteilt, nicht von der israelischen Regierung. Inzwischen wohnen auf der Westbank und in Ost-Jerusalem eine halbe Million Israelis.

Stern: Ja, und die Verhältnisse in der Westbank sind schändlich, ich meine, wie man die Araber da behandelt.

Schmidt: Die ganze so genannte Mauer, die viele Kilometer um jede Siedlung herum führt ohne Rücksicht auf die arabische Wohnbevölkerung, steht außerhalb des offiziellen Territoriums des Staates Israel.

Stern: Und ist weder völkerrechtlich zu rechtfertigen noch auch menschlich. Es gab natürlich Versuche, zu einer Zwei-

Staaten-Lösung zu kommen; Jitzhak Rabin habe ich sehr ernst genommen, sein Versuch war der richtige Ansatz. Dann ist er durch einen Fanatiker umgekommen. Und neben ihm gab es damals und gibt es noch heute wichtige israelische Politiker, Organisationen und einzelne Menschen, die sich für einen Frieden und für was Vernünftiges einsetzen! Das Israel der Hardliner ist nicht das ganze Israel.

Schmidt: Rabin hat sich im so genannten Oslo-Prozess innerlich eingestellt auf die Zwei-Staaten-Lösung. Was die Siedlungen angeht, blieb aber manches vorerst ausgeklammert.

Stern: Ich glaube, Rabin hatte die Hoffnung, dass man Kompromisse schließen könnte. Nach dem Muster: Wir geben einige Siedlungen auf, und für das, was wir behalten, geben wir euch, also den Arabern, etwas mehr Land woanders. Es gab und es gibt heute noch verschiedene Organisationen in Israel, die absolut davon überzeugt sind, dass es notwendig ist, dass man das Land zurückgibt. Ich kannte einen israelischen General namens Tal. General Tal wurde in Israel als der israelische Rommel bezeichnet, weil er ein großer Panzerkommandeur war – 1967 und noch mehr 1973 im Jom-Kippur-Krieg. Er war derjenige, der bis zum Suezkanal vorgedrungen ist und dann am Nil den Waffenstillstand unterzeichnete. Drei Jahre später habe ich ihn besucht. Er zeigte mir Bilder vom Waffenstillstand, wie er da auf seinem Panzer gestanden hat, umgeben von den anderen Panzern. Und dann sagte er plötzlich: «Wir haben einen großen Sieg errungen, aber eins muss ich Ihnen sagen: Wir müssen alles zurückgeben.»

Schmidt: Eines Tages, früher oder später oder –

Stern: Ja, nicht heute! Aber auch nicht in irgendeiner unbestimmten Zukunft. «Wir müssen alles zurückgeben.» Und dann sagte er mir, das Gespräch fand im Verteidigungsministerium statt: «Hier in diesem Haus bin ich eine Ausnahme.» –

Schmidt: Später war Moshe Dajan vermutlich ähnlicher Meinung.

Stern: Und gleichzeitig sagte er, und das machte mir ziemlichen Eindruck: «Sie müssen wissen, ich gehöre zu den Falken im Haus; in dem Moment, wo wir angegriffen werden, werde ich ebenso hart sein wie die anderen.»

Schmidt: Lassen Sie uns das Thema Israel verlassen, Fritz. Da kommt nichts Positives mehr raus.

Stern: Dann wären wir aber einseitig, weil nach dem, was wir bisher gesagt haben, eigentlich nur Israel die Fehler gemacht hat. Die Rolle der Palästinenser müssen wir zumindest erwähnen. Man darf nicht vergessen München 1972 und die ganze terroristische Bewegung auf der einen Seite, auf der anderen Seite die Tatsache, dass das Elend der Palästinenser schließlich auch die Schuld ist von reichen arabischen Staaten, die sich nicht darum gekümmert haben –

Schmidt: Historisch liegt der Anfang dieses ganzen dramatischen Problems im Jahre 1917 bei der Balfour-Deklaration. Die Engländer haben den Juden ein eigenes Territorium versprochen, ohne sich vorzustellen, dass daraus eines Tages ein israelischer Staat entstehen würde. Sie hatten es zu tun mit einer Reihe arabischer Verwaltungsbezirke, die der Form nach Teil des Osmanischen Reiches waren, das aus Konstantinopel regiert wurde. Das war eine völlig unübersichtliche Situation, es gab keinen Staat Saudi-Arabien, keinen Staat Syrien, keinen Staat Irak; es gab nur den Staat Libanon. Alle anderen Gebiete waren unter türkischer Verwaltung.

Stern: Die Balfour-Deklaration von 1917 sprach nicht von einem israelischen Staat, sondern von einem Jewish Homeland, und die Briten haben es den Zionisten nicht nur aus Gutmütigkeit versprochen, sondern weil sie davon ausgingen, dass Palästina für sie auf diese Weise eine gute Basis werden würde. So haben es auch viele Zionisten den Engländern schmackhaft gemacht: Wir sind dann das östliche Gibraltar für euch, da habt ihr dann zwei wichtige Anker im Mittelmeer, auf der einen Seite Gibraltar, auf der anderen ein jüdisches Palästina.

Schmidt: Ich glaube, dass einer derjenigen, die eine klare Vorstellung von der Zukunft des Staates Israel hätten entwickeln können, wenn sie hätten reden wollen, Nahum Goldmann gewesen wäre.

Stern: Ein hochinteressanter Mensch. Er hat mir eine seiner Aktentaschen hinterlassen! Er hat sich für den Staat Israel sehr eingesetzt. – Was ich sagen wollte: Die Indifferenz der arabischen Staaten gegenüber den Palästinensern ist schon verblüffend.

Schmidt: Sie dürfen nicht vergessen, dass diese so genannten arabischen Staaten zunächst gar keine Legitimität hatten. Das sind alles Kunstschöpfungen der Alliierten in den Pariser Vorortverträgen von 1919. Vorher hat es die allesamt nicht gegeben.

Stern: Ich meine das Benehmen der arabischen Nachbarstaaten heute. Oder auch 1948, also bei der Gründung des Staates Israel, als sie alle selbstverständlich existierten.

Schmidt: Da existierten sie schon, aber es waren sehr fragile Staaten, ausnahmslos Diktaturen, und die diktierenden Familien saßen auf einem unsicheren Stuhl und mussten manövrieren, vor allem innenpolitisch. Das gilt für Jordanien, das gilt für Syrien. Da bot sich Feindschaft gegen Israel geradezu an.

Stern: Es ist immerhin ein Lichtblick, dass Israel eine Demokratie ist, wenn auch eine etwas ruppige, aber doch eine Demokratie. Das kann man von den arabischen Staaten in der Region im großen Ganzen nicht behaupten. Das sind alles mehr oder weniger Feudalstaaten und Diktaturen.

Schmidt: Das Völkerrecht macht keinen Unterschied zwischen Demokratien und Diktaturen.

Stern: Aber unter Bezugnahme auf manches, was wir gestern und heute gesprochen haben, kann man sagen, Israel hat den Diktaturen seiner Nachbarn zumindest eines voraus: Es ist eine Demokratie. Einer der Hoffnungsmomente, was die Zukunft Israels anlangt, ist der Oberste Gerichtshof, der sich im besten Sinne des Wortes konservativ-liberal verhält und versucht, die eigene Regierung im Zaum zu halten in Fragen von Intoleranz und Fragen von Folter. Das Oberste Gericht ist eine wichtige und positive Instanz.

Schmidt: Wenn ich bedenke, dass der Oberste Gerichtshof nicht einmal Ehen zwischen Juden und Nichtjuden anerkennt, bin ich da skeptischer als Sie. Aber lassen Sie uns jetzt das Thema ein wenig verschieben. – Ich wollte Sie heute Vormittag schon fragen, im Zusammenhang mit dem von Ihnen erwähnten Bankier Bleichröder, wie Sie eigentlich auf das Thema Ihres Buches gestoßen sind.

Stern: Ich kann das sehr schnell beantworten, weil es – wie vieles in meinem Leben – Zufall war. Mir wurde gesagt, es gibt da ein Archiv, in dem alles aufbewahrt wird, was übrig geblieben ist von Bleichröders Privatarchiv. Dieses Archiv erwies sich als völlig ungenügend, aber ich sah es mir für eine Stunde an, und da entdeckte ich einen Brief aus den allerletzten Jahren von Bismarcks Regierung – wenn ich mich recht erinnere, von dem schrecklichen Herbert von Bismarck oder von Herrn Rantzau, dem Schwiegersohn –, in dem genau das Gegenteil von dem stand, was Bismarck öffentlich vertrat. Für mich war das ein Hinweis darauf, dass das Archiv noch andere Entdeckungen bereithielt. Das hat mich fasziniert.

Schmidt: Kommt bei Ernst Engelberg die Verbindung Bismarcks zu Bleichröder ausführlich vor?

Stern: Ganz am Rande.

Schmidt: Die Verbindung hatte sich immerhin dem Bücher lesenden Schüler Schmidt schon mitgeteilt; ich war vielleicht 14 oder 15, als ich zum ersten Mal von der Rolle Bleichröders gehört habe.

Stern: Da waren Sie einer der ganz Wenigen. Ich meine, selbst die deutschen Historiker, geschulte Historiker, haben das Verhältnis Bismarck-Bleichröder –

Schmidt: nicht gekannt.

Stern: Oder möglicherweise gekannt und unterdrückt.

Schmidt: Da hätten die vielleicht mal den Schüler Schmidt fragen sollen. – Wann ist das Buch von Engelberg erschienen, vor dem Ihren?

Stern: Danach.

Schmidt: Ich fand es im Grunde nicht schlecht.

Stern: Nein, es ist nicht schlecht.

Schmidt: Es enthält kaum kommunistisch-marxistische Vorurteile.

Stern: Es war jedenfalls erstaunlich, dass man sich in der DDR Mitte der achtziger Jahre dem Phänomen Bismarck überhaupt annäherte.

Schmidt: Wie erklären Sie sich das? Warum hat Bismarck eine so positive Presse in Deutschland bis heute?

Stern: Ich denke, Wilhelm II. hat – unwissentlich, ja, gegen seinen Willen – sehr viel dazu beigetragen, dass Bismarcks Glorie so weit entwickelt worden ist. Eine Glorie, die ich in keiner Weise bejahe oder schätze! Der Mythos Bismarck hat den Deutschen sehr geschadet, aber im Vergleich zum Kaiser war der Kanzler ein Vernunft-Politiker.

Schmidt: Man muss sicher unterscheiden: Erstens, zwischen dem Bismarck vor 1871 und dem Bismarck seither; das sind zwei verschiedene Bismarcks. Zweitens muss man, was den Bismarck nach 1871 angeht, unterscheiden zwischen dem Außenpolitiker und dem Innenpolitiker. Innenpolitisch war er ein schlimmer Kerl, ein Reaktionär sondergleichen, aber seine Außenpolitik war taktisch genial. Da ist nichts dran zu kritisieren.

Stern: Virtuos, ganz Ihrer Meinung; genial, inklusive des Versuchs einer Verständigung, auch nach 1871, mit Frankreich. Wobei diese Außenpolitik am Ende auch für ihn immer schwieriger wurde, der geheime Rückversicherungsvertrag war eine höchst brüchige Konstruktion.

Schmidt: Ganz richtig. Entscheidend dabei ist aber das Wort geheim. Das hat seine Außenpolitik ermöglicht. Er war eben nicht demokratisch abhängig, er brauchte keine Mehrheiten im Parlament.

Stern: Das klingt fast so, als würden Sie die Kontrolle durch das Parlament bedauern.

Schmidt: Das würde ich gewiss nicht unterschreiben, aber man muss sehen: Eine Regierung, die von der Zustimmung des Parlaments abhängig ist, hat es ein bisschen schwerer, solche taktischen Kunststücke wie den Rückversicherungsvertrag zustande zu bringen.

Stern: Und nicht nur brauchte er die Zustimmung des Parlaments nicht, er hatte es zu seiner Zeit auch mit einer ganz anderen Presse zu tun –

Schmidt: Die hatte er ganz und gar nicht nötig. Ihm genügte, dass Wilhelm I. ihm den Rücken freihielt.

Stern: Spätestens 1888 hatte er sie sehr wohl nötig.

Schmidt: Da ging's aber schon zu Ende.

Stern: Ich gebe Ihnen hundertprozentig Recht, dass man einen Unterschied machen muss zwischen Innen- und Außenpolitik, und in der Innenpolitik hat er Schlimmes angerichtet, gar keine Frage. Was die öffentliche Meinung anlangt, war er nicht sehr viel besser. Ich meine, wie er die Presse manipuliert und korrumpiert hat. Das tat er doch nur, um eine freundliche Presse und einen freundlichen Empfang zu haben. Er war schon abhängig von der öffentlichen Meinung.

Schmidt: Wann wurde dafür der Ausdruck Reptilienfonds erfunden?

Stern: Das Geld stammte aus dem Welfenfonds. Die Hannoveraner mussten es nach dem deutsch-österreichischen Krieg 1866 abliefern. Es stand Bismarck zu seiner persönlichen Verfügung, wurde mehr oder weniger von Bleichröder verwaltet und hauptsächlich dazu genutzt, die Presse, wenn ich mich so ausdrücken darf, zu «informieren». Also, er hat sich schon sehr um die öffentliche Meinung gekümmert, aber ich gebe Ihnen recht, er brauchte das Parlament nur in sehr eingeschränkter Weise – er brauchte das Parlament hauptsächlich für das Budget. Wie er das Parlament behandelt hat, das hat in der deutschen Geschichte aber seine Folgen gehabt.

Schmidt: Es gibt eine Ausnahme in seinem Umgang mit dem Parlament. Die von ihm ins Werk gesetzte Reichsverfassung gab dem Reichstag das Haushaltsrecht, sonst hatte der Reichstag keine Rechte. Der Reichskanzler wurde auch nicht vom Reichstag gewählt, sondern der Kaiser bestimmte: Du, Graf Bülow, oder du, Fürst Hohenlohe, wirst Reichskanzler. Aber der jährliche Haushalt musste vom Parlament gebilligt werden. Das ist eine ganz erstaunliche Geschichte. Da hat Bismarcks antidemokratischer Instinkt versagt. Er hat dem Haushalt keine große Bedeutung beigemessen, vermute ich.

Stern: Doch, das musste er; er kam zur Macht 1862, weil Wilhelm I. die Heeresreform durchsetzen wollte, die der Landtag auf dem Wege des Budgets abgelehnt hätte. Das war der berühmte Verfassungskampf, den Bismarck nach Königgrätz 1866 beenden konnte – und bei dieser Gelegenheit übrigens die preußischen Liberalen spaltete. Außerdem: Haushaltsmacht ist doch die Hauptfunktion der frühen Parlamente.

Schmidt: Wenn das so ist, wie Sie sagen, ist es umso erstaunlicher, dass die Bismarcksche Verfassung dem Reichstag das Haushaltsrecht ohne Not überlassen hat.

Stern: Das hätte er nicht verhindern können – außer später durch einen coup d'état, an den er manchmal auch dachte. Mit der Einschränkung nach der Reichsgründung, dass das Militärbudget nur alle sieben Jahre verabschiedet zu werden brauchte. Das Militär hatte damit seine besondere Rolle im Staat gesichert – die es ja auch in der Gesellschaft hatte.

Schmidt: Was dazu geführt hat, dass der Reichstag bis 1919 tatsächlich keine großen Debatten gekannt hat außer den Haushaltsdebatten.

Stern: Ja, mit Ausnahmen.

Schmidt: Was dazu geführt hat, dass noch im Jahre 2009 der Bundestag die Haushaltsdebatte für das wichtigste Ereignis im Parlamentsjahr ansieht.

Stern: Man muss allerdings hinzufügen, dass bei wichtigen Angelegenheiten wie der Daily-Telegraph-Affäre 1908 der Reichstag durchaus seiner Aufgabe nachkam und den Kaiser persönlich attackiert hat. Das hat den Kaiser ungeheuer schockiert, dass das Parlament wagt, seine Taten zu kritisieren. Die Regierung hat es natürlich auch schockiert. Sie verlangte vom Kaiser, was für die damalige Zeit unerhört war, sich künftig zurückzuhalten – das war keine Kleinigkeit.

Schmidt: Es war keine Kleinigkeit –

Stern: Und es war ja auch nicht das erste Mal, dass er sich solche Entgleisungen geleistet hat.

Schmidt: Wann sind die vielen Bismarcktürme in Deutschland gebaut worden?

Stern: Ich glaube – aber das ist jetzt meine Vermutung –, hauptsächlich nach seiner Entlassung, also zwischen 1890 und 1914. Die ersten gab es allerdings schon nach dem Sieg über Österreich, und sie standen nicht zufällig in Schlesien.

Schmidt: In Hamburg gibt es dieses zwanzigfach überlebensgroße Bismarckdenkmal – eine Ungeheuerlichkeit.

Stern: Ich sage ja, der Mythos Bismarck, das, was Bismarck hinterlassen hat, ist den Deutschen nicht gut bekommen. Zu seinem 80. Geburtstag 1895 verliehen ihm ungefähr vierhundert deutsche Städte die Ehrenbürgerwürde.

Schmidt: Deshalb noch einmal meine Frage: Woher diese Begeisterung? Aus Dankbarkeit? Aus Dankbarkeit wofür?

Stern: Für die Reichsgründung und den ungeheuren Aufstieg Deutschlands.

Schmidt: Zum Glück sind uns Türme nach der Wiedervereinigung erspart geblieben. – Bei diesen Bismarcktürmen und Bismarck-Denkmälern finde ich es auffallend, dass sie fast alle den Mann in Uniform darstellen, im Waffenrock; dabei war er gar kein Militär. Aber wegen der deutschen Militärverehrung musste selbst der eiserne Kanzler als General –

Stern: Mit Pickelhaube! Das bürgerliche Element wurde runtergespielt von Anfang an. Der erste, der die Gefahr gesehen hat – entschuldigen Sie, wenn ich ihn immer wieder erwähne –, war Nietzsche, der 1873 gesagt hat: «Ein großer Sieg ist eine große Gefahr.» Damit meinte er den Triumphalismus von 1871, klipp und klar. Das habe ich – kleiner Nachtrag zu dem vorhin Gesagten – auf Israel angewandt, in einem Artikel 1973, nach dem Jom-Kipur-Krieg: Ein großer Sieg – gemeint war der Sieg von 1967 – ist eine große Gefahr. Dieser deutsche Triumphalismus, der Bismarck eigentlich gar nicht lag, wurde dann weit verbreitet, zum Teil vom Militär, aber vor allem von den Bürgerlichen. Die Verehrung für Bismarck kam, um das noch einmal zu präzisieren, durch den ungeheuren Fortschritt, den das Deutsche Reich zwischen 1871 und Bismarcks Rücktritt 1890 in Wirtschaft und Wissenschaft gemacht hat. Dieser rasante Aufstieg Deutschlands setzte sich bis 1914 fort – und auch das wurde Bismarck angerechnet.

Schmidt: Die Herstellung des Reiches durch Bismarck – aus all diesen klitzekleinen deutschen Ländern, einige ein bisschen größer, ein einziges sehr groß: Preußen –, war verglichen mit der Wiedervereinigung der beiden deutschen Staaten im Jahr 1989/90 eine viel schwierigere Aufgabe. Wir dürfen allerdings nicht vergessen: Die erste Vereinigung, die Reichsgründung war möglich, weil Deutschland einen Krieg gewonnen hatte und niemand den Deutschen an den Wagen fahren konnte. Bismarck hatte Mühe, den Überschwang ein bisschen zu zügeln.

Stern: Richtig! Drei Kriege in sechs Jahren!

Schmidt: Die Vereinigung der beiden deutschen Nachkriegsstaaten 1989/90 war nur möglich, weil es erstens die Europäische

Gemeinschaft und zweitens die NATO gab. Sonst wäre der Widerstand aller unserer Nachbarn nicht zu überwinden gewesen. Und es war nicht Kohl, der ihn hat überwinden können, das ging weit über seine Möglichkeiten, es war in Wirklichkeit den Amerikanern zu verdanken.

Stern: Zum großen Teil. Aber auch der Bereitschaft Gorbatschows, die Mitgliedschaft in der NATO zu erlauben.

Schmidt: Ja, sicherlich, im Osten die Bereitschaft Gorbatschows. Zum Teil aus Verständnis für die Situation, zum Teil aus Schwäche in der Situation. Der Westen hat ihn in dem Glauben gelassen, dass sich an der militärischen Konstellation in Europa nicht sonderlich viel ändern würde. Darauf ist er reingefallen.

Stern: War das eine bewusste Täuschung?

Schmidt: Das weiß ich nicht.

Stern: Der Westen hat ihn nicht nur in dem Glauben gelassen, sondern er selber wollte es wohl auch glauben. Er hatte einen Sinn für nationale Selbstbestimmung.

Schmidt: Hinterher hat sich im Westen niemand an diese vagen, im Wesentlichen mündlich gegebenen Versprechungen gehalten. Es war allerdings auch nicht der Westen, der den Warschauer Pakt aufgelöst hat. Das kam ja erst zwei Jahre nach der Vereinigung.

Stern: Im Rückblick ist die Einschätzung von Gorbatschow nicht wenig erstaunlich. Er wirkt fast ein wenig naiv. Konnte man sich in Moskau nicht an den Fingern abzählen, dass die Satelliten alle so schnell wie möglich aus dem Warschauer Pakt raus wollten?

Schmidt: Das konnte man sich 1989 und 1990 nicht an den Fingern abzählen, das konnten auch Vater Bush und seine Leute sich nicht an den Fingern abzählen. Der Zerfall des Warschauer Paktes war in den Vorstellungen der westlichen Regierungen – in Washington, in London, Paris und Bonn – nicht einkalkuliert.

Stern: Allein die Entwicklung in Polen, wo es ja bereits eine nichtkommunistische Regierung gab, hätte die Russen skeptisch machen können. Zum Glück ist es nicht passiert. Aber es war ja nicht damit zu rechnen, dass eine nichtkommunistische Regierung den Warschauer Pakt länger aufrechterhalten –

Schmidt: Die Polen waren Mitglied des Warschauer Paktes, und sie hatten zwei sowjetische Divisionen auf ihrem Boden. Und ich wiederhole: Herr Gorbatschow ist nicht vom Westen gestürzt worden, sondern von ein paar naiven Quatschköpfen, die in der Generalsuniform auftraten. Und dann kam Jelzin. Erst der totale Zusammenbruch des sowjetischen Staates ermöglichte es den Esten und den Litauern und den Georgiern und den Armeniern und den Ukrainern, sich selbständig zu machen. Wenn an der Stelle von Herrn Gorbatschow ein reaktionärer Knallkopf an der Spitze des sowjetischen Politbüros gesessen hätte, wäre es zu Blutvergießen gekommen, weniger zwischen Sowjetbürgern, mehr zwischen sowjetischen Militärs und Polen, Esten und so weiter. Der Westen hat den Zerfall der Sowjetunion nicht vorhergesehen und jedenfalls nicht als wahrscheinlich einkalkuliert.

Stern: Heute weiß man, dass in der Umgebung von Gorbatschow seit 1987 ernste Überlegungen im Gange waren, ob es nicht für die Sowjetunion besser wäre, wenn man die DDR sozusagen loswerden würde. Ich habe 1990 oder 1991 einmal mit einem Politbüro-Mitglied in Wien eine öffentliche Debatte geführt. Er erzählte mir, er habe Gorbatschow schon 1987 gesagt: «Für uns ist die DDR eine Belastung, und eine Wiedervereinigung wäre an und für sich gar nicht so schlecht für uns.» Das glaubte ich erst nicht, aber seither gibt es verschiedene Quellen, aus denen hervorgeht, dass man sich in Moskau Gedanken in diese Richtung gemacht hat.

Schmidt: Es hat sicherlich unterhalb der Ebene des Politbüros in Moskau eine ganze Reihe von Intellektuellen gegeben, die über alle möglichen alternativen Entwicklungen nachgedacht haben. Und einer hat offenbar auch zu einem Ausländer, zu einem Amerikaner namens Stern, darüber geredet.

Stern: Ich glaube, dass mit Gorbatschows Amtsübernahme 1985 tatsächlich eine Menge Bewegung in die Nomenklatura in Moskau kam. In jenem Frühjahr hatte ich in der Evangelischen Akademie in Tutzing eine öffentliche Diskussion mit Nikolai Portugalow. Es ging um die Stalin-Note von 1952, und ich versuchte zu erklären, warum für die Alliierten dieser Vorschlag unakzeptabel war. Portugalow meinte, das sei eine ehrliche Initiative gewesen, ein Versuch, ein vereintes neutrales Deutschland zu schaffen. Wir konnten uns nicht einigen, und da sagte der Direktor von Tutzing, wir sollten uns am Abend doch einmal privat unterhalten. Und das taten wir. Sein Deutsch war perfekt, wie das vieler Russen, und er fing an, über die Raketenstationierung zu reden und über den NATO-Doppelbeschluss. Wenn ihr darauf besteht – er meinte natürlich die Amerikaner –, dann wird es sehr ernst, dann kommt es zu einer zweiten Stalin-Note: «Aber diesmal eine echte.» Ich war verblüfft über das plötzliche Geständnis. Und ich entgegnete, wenn ihr eine neue Stalin-Note schicken wollt, dann müsst ihr aber erst einmal das Politbüro austauschen, mit Tschernenko wird das nichts, da braucht ihr einen neuen Generalsekretär. Da sagte Portugalow ganz kalt: «Den haben wir! Und der kommt!» Er meinte Gorbatschow. Ein paar Tage später ist Tschernenko gestorben.

Schmidt: Tschernenko war ein alter Mann, nicht mehr zu gebrauchen. Auch sein Vorgänger Andropow war nicht mehr zu gebrauchen.

Stern: Und Gorbatschow war schon der markierte Nachfolger, auf den man sich innerhalb der bolschewistischen Nomenklatura festgelegt hatte, weil er eine gewisse Ausstrahlung hatte.

Schmidt: Die hatte er zweifellos. Wahrscheinlich war er auch ein ganz anständiger Mann –

Stern: Der lernfähig war.

Schmidt: Leider nicht genug. Ich will eine kleine Geschichte erzählen: Gorbatschow machte einen offiziellen Besuch in Bonn, das muss 1989 gewesen sein, ich war längst aus dem Amt. Er hatte seine ökonomischen Reformen angeleiert und wollte mit mir darüber reden. Das Gespräch fand im Zug statt und dauerte nicht anderthalb Stunden, sondern drei, weil der Zug irgendwo liegen blieb. Schewardnadse war dabei, auf meiner Seite saß außerdem noch der Johannes Rau; die beiden haben kein Wort geredet. Ein Dolmetscher hat übersetzt. Ich war vorbereitet und habe ihm vorgetragen: «Lieber Freund, Sie drucken zu viel Geld. Ihre Geldmenge wächst und wächst, aber Ihre Produktion wächst nicht gleichzeitig in dem Maße. Infolge dessen kriegen Sie eine Preisinflation, die versuchen Sie zurückzudrängen durch staatliche Preisvorschriften und Lohnvorschriften. Das kann nicht gelingen, dann gibt es einen ‹Schwarzen Markt›. Sie müssen Ihre Geldmenge einschränken.» Ich habe ihm die Zahlen genannt. Da hat er mich unterbrochen und hat gesagt: «Gospodin Schmidt, solche Zahlen haben wir im Kreml noch nie erörtert.» Später traf ich seinen Zentralbankchef, der hieß Gerashchenko, ich glaube, das war in Tokio. Ich erzählte ihm von dem Gespräch, und ihm sträubten sich die Haare über die Naivität seines obersten Bosses. Also, da ist was Richtiges dran an Ihrer Vermutung: Er war ein Mann guten Willens, der aber kein Gefühl hatte für die ökonomische Wirklichkeit.

Stern: So weit würde ich nicht gehen! Ich meine, er hatte ein erstaunliches Gefühl für die Wirklichkeit in dem Sinne, dass er die Unmöglichkeit begriff, das sowjetische System so aufrechtzuerhalten, wie es existierte. Er wusste, dass die Sowjetunion tiefgreifend verändert werden musste, wenn sie überleben wollte. Das kann ich nicht als naiv –

Schmidt: Nein, das ist richtig. Darin stimmen wir überein. Ich muss meinen Satz etwas korrigieren: Er war guten Willens und hatte richtige Instinkte über die Richtung, in die es gehen musste, aber dafür, wie man das macht, fehlte ihm die Erfahrung. Es fängt ja schon an damit, dass er Glasnost und Perestroika gleichzeitig auf den Weg bringen wollte – Perestroika war notwendig, aber vorsichtig mit Glasnost im selben Zeitraum! Das ging alles ein bisschen über den Horizont von Gorbatschow hinaus. Er hat sich auch nicht vorstellen können, dass man den Leuten erlauben muss, selber die Preise zu machen, von denen sie glauben, dass sie sie erzielen können. Das war doch schon seit zaristischen Zeiten alles reguliert! Russland ist seit Iwan dem Schrecklichen immer nur autoritär regiert worden, niemals anders. Da gibt es überhaupt keine demokratischen Traditionen, abgesehen von ein paar sogenannten Westlern –

Stern: Aber nach der Revolution 1905 kam es zu wirklichen liberalen Reformen innerhalb des zaristischen Russlands –

Schmidt: Ja, das hat gedauert bis zu Lenins Machtergreifung.

Stern: Genau, es ist durch den Weltkrieg zerstört worden.

Schmidt: Was sie hätten gebrauchen können, wäre ein Mann an der Spitze gewesen wie Peter der Große. Rücksichtslos gegenüber den Menschen, aber gleichzeitig offen für jede technische und wirtschaftliche Entwicklung.

Stern: Nein, man muss auch sagen, dass Peter zu den aufgeklärten Despoten gehörte. Nicht nur im technischen Sinne, sondern auch in politisch-geistiger Beziehung. Peter war mehr als ein Technokrat, er hatte Weltoffenheit. Und das gilt meiner Meinung nach auch für Gorbatschow. Er hatte eine – ich muss ehrlich gestehen, mir sympathische – romantische Phantasie, was man alles machen könnte! Und dann ist da noch die andere Seite von Gorbatschow, der Sacharow angerufen hat in seinem Exil in Gorki und gesagt hat: Kommen Sie zurück nach Moskau! Das war eine ganz großartige Geste – und wichtig auch in seiner Beziehung zum Westen.

Schmidt: Moralisch ist Gorbatschow in jeder Beziehung gerechtfertigt. Aber ein Regierender, der ein höchst diffiziles Manöver einleitet, genannt Perestroika, und gleichzeitig aus dem Handgelenk eine öffentliche Meinung und eine kritische öffentliche Meinung zur Entstehung bringt, der begeht ein Abenteuer.

Stern: Bei großen Teilen der russischen Bevölkerung ist Gorbatschow heute gar nicht besonders beliebt. Aus einer eher nationalen Perspektive heraus sagen sie, der hat alles aus der Hand gegeben und verspielt. Sie werfen ihm den Zusammenbruch der Sowjetunion vor.

Schmidt: Das tun sie.

Stern: Aber der Vorwurf ist meines Erachtens falsch. Ich habe im September 1989 einen langen Artikel in der «New York Review of Books» publiziert über Gorbatschow und den Osten, in dem ich unter anderem einen Vergleich gemacht habe zwischen Gorbatschow und Luther. Gorbatschow hat angefangen als Reformer in der Hoffnung, er könne die Sowjetunion – so wie Luther die Katholische Kirche – reformieren. Wenn dann aber eine revolutionäre Situation entsteht –

Schmidt: Ist ein interessanter Vergleich. Ich würde zur Geschichte der Sowjetunion in ihren letzten Jahrzehnten hinzufügen wollen: Von heute aus gesehen, musste dieses System über kurz oder lang zusammenbrechen. Es wurde geführt von lauter Leuten, die viel zu alt waren, um zu verstehen, was links und rechts von ihnen passierte, und die nicht genug Kraft hatten, hier einen Hebel umzulegen und dort einen Hebel, hier eine Bremse anzulegen und dort Gas zu geben. Ich habe sie ja alle erlebt, Breschnew, Andropow, Tschernenko und wie sie alle hießen. Dass sie schließlich und endlich in der Mitte der achtziger Jahre einen relativ jungen und mit großen neuen Ideen ausgestatteten Mann namens Gorbatschow zum Generalsekretär und Präsidenten gemacht haben, das hat vielleicht das Tempo des Zusammenbruchs etwas beschleunigt, aber der Zusammenbruch wäre in jedem Fall gekommen.

Stern: Der Sieg 1945 hat dem System ermöglicht, weitere vierzig Jahre zu überdauern. – Sie haben Andropow und Tschernenko noch erlebt?

Schmidt: Als sie nach Breschnews Tod kurz hintereinander an die Spitze kamen, war ich nicht mehr im Amt. Aber als Mitglieder des Politbüros gehörten sie zu den Leuten, die ständig um Breschnew herum waren. Man bekam ihn nur selten allein zu fassen. Deshalb habe ich ihn ja auch bei seinem Staatsbesuch 1978 zu mir nach Hause eingeladen. Als er das Haus hier gesehen hat, zwischen all den anderen Häusern der Neuen Heimat, und vor jedem Haus stand ein Auto – da hat er im Ernst geglaubt, das sei ein Wohnviertel für die Nomenklatura. Und er fragte, wo denn die Mauer ist, die uns hier abschirmt. Da hat er wohl zum ersten Mal etwas vom Lebensstandard der Westdeutschen begriffen. Wir haben drüben an dem gleichen Tisch gegessen, an dem wir gestern Abend gegessen haben. Zwischendrin brauchte er eine Spritze, und ich habe ihm gezeigt, wo unser Badezimmer ist, dazu musste er durch mein Schlafzimmer gehen, und der Arzt hat die Spritze und die Packung im Badezimmer liegenlassen.

Stern: Sie haben das als einen großen Vertrauensbeweis angesehen –

Schmidt: So ist es. Am Vortag hatten wir auf Schloss Gymnich eine lange Unterhaltung über die SS-20-Raketen gehabt. Ich würde gerne meine Zielkarten mitbringen, hatte ich ihm gesagt, Karten, auf denen eingetragen ist, wo Ihre Raketen stehen, die Deutschland bedrohen, und wo deren Ziele sind, und Sie haben sicher auch solche Karten – bringen Sie die doch auch mit. Auf der Fahrt dorthin – wir saßen nebeneinander im Auto – sagte er zu mir: Gospodin Federalni Kanzler! Rrrrauchen Sie. Und ich habe gesagt: Ich weiß, Herr Generalsekretär, Sie *dürfen* keine Zigaretten rauchen. Ja, sagte er, aber ich rieche es so gern. Er wollte passiv mitrauchen. Wie Sie heute mitrauchen, passiv! Er hatte tatsächlich seine Karten mitgebracht, riesige Karten mit den Stellungen der sowjetischen Raketen, und ich hatte sehr ähnliche Karten mit roten und blauen Symbolen überall, Karten von Mitteleuropa, Deutschland, Polen. Ich versuchte, ihm klarzumachen, dass seine Raketen, die auf unsere Städte zielen, ein unerträgliches Risiko seien. Und er begriff das und kriegte einen Wutanfall und wischte sämtliche Karten vom Tisch. Dann musste sein Adlatus sie alle aufsammeln und zusammenfalten. In diesem Moment war mir ganz klar: Der Mann hat Angst vorm Krieg.

Stern: Gott sei Dank hatte er Angst vorm Krieg.

Schmidt: Und besondere Angst hatte er vor einem Krieg mit China. Ich habe ihm deshalb auch nie von meinem Gespräch mit Mao erzählt. 1975 war ich bei Mao gewesen. Der empfing mich, indem er eine Diskussion über Clausewitz anfing. Dann kamen wir auf das Verhältnis zur Sowjetunion, und Mao sagte – der wusste gut Bescheid –, die haben da so und so viele Panzerdivisionen und haben so und so viele Raketen, die auf unsere Städte gerichtet sind, aber wir lassen sie reinkommen, sie werden im Meer der chinesischen Volksmasse ertrinken. Er war ganz sicher, die Chinesen gewinnen den Krieg. Er war ganz selbstbewusst, den Krieg gewinnen wir! Und der Russe hatte Angst vor dem Krieg.

Stern: 1968 gab es einen tschechischen Witz. «Was wünschen Sie sich?» – «Wir wünschen uns, dass die Chinesen uns besetzen.» – «Was dann?» – «Dass die Chinesen sich zurückziehen.» – «Was dann?» – «Dass sie wiederkommen und uns wieder besetzen. Wenn sie das zweite oder dritte Mal kommen, haben sie Russland bei ihrem Durchzug zerstört.»

Schmidt: Die Sowjetunion war Ende der siebziger Jahre durch

Überforderung ihrer Ressourcen an eine Grenze gestoßen. Sie hatte ihre wirtschaftliche Leistungsfähigkeit vor allem in der Rüstung und durch die vielen Raketen und Atomwaffen völlig überfordert. Die Leistungsfähigkeit der sowjetischen Wirtschaft war weit zurückgeblieben hinter der Leistungsfähigkeit von Staaten wie Italien oder der Tschechoslowakei, ganz zu schweigen von der damaligen Bundesrepublik Deutschland. Die russische Führung hat es übrigens bis heute nicht fertig gebracht, ihr enormes Reservoir an Ingenieurverstand und an naturwissenschaftlichem Verstand umzupolen von der Rüstung auf etwas Vernünftiges.

Stern: Niemand konnte sich 1989/90 vorstellen, wie es weitergehen würde, wie zum Beispiel die Bevölkerung in Russland versorgt werden sollte. Durch reinen Terror hätte sich das Regime, glaube ich, nicht auf Dauer halten können. Aber die Gefahr einer Militärdiktatur bestand immerhin bis weit in die neunziger Jahre hinein, noch gegen Ende der Ära Jelzin.

Schmidt: Es hätte nicht unbedingt eine Militärdiktatur sein müssen, es hätte auch eine Diktatur des NKWD sein können, das Letztere halte ich für wahrscheinlicher. Und das hätte dann auch zu Blutvergießen nicht nur innerhalb der Sowjetunion, sondern auch zu Blutvergießen in den Vasallenstaaten des Warschauer Paktes geführt. Ob Militärdiktatur oder Diktatur der Sicherheitsdienste: irgend so etwas wäre notwendig geworden aus ökonomischen Gründen. Und das hätte den Zusammenbruch dann ausgelöst, möglicherweise sogar sehr rasch.

Stern: Vielleicht gehört es zu den wichtigsten historischen Leistungen Gorbatschows, dass er im entscheidenden Moment darauf verzichtet hat, die militärische Notbremse zu ziehen.

Schmidt: Ja, dafür haben dann andere an seiner Stelle die militärische Notbremse gezogen und ihn gestürzt.

Stern: Ich sehe, dass wir ein wenig abweichen in der Einschätzung der historischen Leistung von Gorbatschow. Aber Sie würden doch hoffentlich nicht so weit gehen wie die amerikanischen Falken, die behaupten, man habe die Sowjetunion am Ende «totgerüstet»?

Schmidt: Der Westen hat sie nicht totgerüstet, sie hat sich selber an den Rand des ökonomischen Kollaps gerüstet. Die Sowjetunion war ja nicht gezwungen, so viele Atombomben zu bauen. Der Westen war verrückt genug, das zu machen – und die Russen waren verrückt genug, mitzumachen. Für eine Lebensversicherung gegenüber Amerika hätten drei U-Boote mit Atomsprengköpfen und entsprechenden Raketen ausgereicht. Die Russen hatten von allem viel zu viel: zu viele Panzerdivisionen, zu viele Flugzeuge, zu viele Raketen. Und ihren Soldaten ging es dabei sehr schlecht, noch bis in die Putin-Zeit hinein. Die Berufssoldaten haben zum Teil monatelang ihr Gehalt nicht gekriegt. Alles war stark auf das Militärische ausgerichtet, und sie hatten das Geld nicht, ihre Soldaten zu bezahlen.

Stern: Als die russischen Truppen aus Deutschland abzogen, konnte man sich ein Bild vom Alltag der russischen Soldaten machen. Der Mangel trat ja überall offen zu Tage. Es hat mich gewundert, dass das so glatt über die Bühne ging. Kohl hat ein paar Millionen gezahlt, aber für die Armee war das alles –

Schmidt: demütigend.

Stern: Es war demütigend. Aber es war schon 1945 demütigend für die russischen Soldaten gewesen, zu sehen, welchen Lebensstandard die Deutschen hatten. Warum sonst waren deutsche Uhren so begehrt? Viele Soldaten der Roten Armee werden sich damals gefragt haben, warum das «reiche» Deutschland das «arme» Russland überfallen hat.

Schmidt: Da muss ich an mein erstes Gespräch mit Breschnew denken. Das war 1973 in der Amtswohnung von Brandt.

Brandt ist Kanzler, ich bin einer seiner Minister. Breschnew ist zu Besuch. Man trifft sich zum gemeinsamen Abendessen, es sind vielleicht zwölf Leute am Tisch, und das Gespräch kommt auf den Zweiten Weltkrieg. Und Breschnew gerät in einen Monolog über den Zweiten Weltkrieg und alle die Untaten der Faschisten in der Sowjetunion, wahrscheinlich zwanzig Minuten lang. Ein endloser Monolog. Er erleichtert seine Seele und bringt alles zur Sprache – nicht aggressiv, er wollte sich ja auf die Ostpolitik von Brandt durchaus einlassen. Aber für ihn war es selbstverständlich, diese Millionen deutscher Soldaten für Faschisten zu halten. Und dann habe ich mich zu Wort gemeldet und habe *auch* lange geredet, vielleicht zwölf Minuten, und habe erwidert, das war alles schrecklich, was Sie erlebt haben, Herr Generalsekretär, und das und das und das, Sie haben völlig recht. Aber ich muss Ihnen sagen, für uns Deutsche war das genau so schrecklich. Und dann habe ich ihm das Elend des Krieges aus *meiner* Sicht geschildert. Seitdem hat er nicht wieder von Faschisten geredet. Es hat dazu geführt, dass wir uns in den folgenden Jahren persönlich gut verstehen konnten.

Stern: Außerdem wird es ihm imponiert haben, dass Sie so offen waren und ihm widersprochen haben.

Schmidt: Ich hab ihm nicht widersprochen. Ich hab ihm nur die andere Seite gezeigt. – Was die von Ihnen erwähnten Uhren angeht, hatte sich übrigens 1989 noch immer nicht viel geändert. Die sowjetischen Soldaten haben beim Abzug aus Potsdam oder aus Bernau sogar die Türen und die Fenster mitgenommen, weil sie wussten, sie kommen in ein Land, wo sie so etwas nicht kaufen können.

Stern: Der Abzug – übrigens auch eine historische Leistung – erfolgte unter der Regierung Gorbatschows, und der hatte immer noch eine erhebliche Autorität!

Schmidt: Wenn es zu Zeiten von Jelzin geschehen wäre, zwei Jahre später, weiß man nicht, wozu das geführt hätte. Aber noch gehorchten die russischen Generäle ihrem Politbüro und ihrem Generalsekretär.

Stern: Es war eine große Leistung, die Verantwortung dafür zu übernehmen. Und genau so hatte Gorbatschow im Sommer 1989 die Verantwortung dafür übernommen, dass die russischen Truppen auf dem Gebiet der DDR in ihren Kasernen blieben. Vielleicht spielte bei dieser Entscheidung auch das polnische Experiment eine Rolle. Polen hatte ja eine gewisse Unabhängigkeit schon erreicht. Es gab zwei Divisionen russischer Soldaten in Polen, aber der Gedanke, dass man vielleicht über Polen Verstärkung in die DDR schicken musste, hat, glaube ich, die Russen abgeschreckt. Oder anders gesagt: Die Entwicklung in Polen hatte so viel Vorleistung gebracht, dass die Russen, was die Entscheidung im Herbst 1989 in der DDR anging, darauf Rücksicht nehmen mussten.

Schmidt: Ich stelle mir vor, dass Gorbatschow und seine Umgebung anhand dessen, was sie in Polen erlebt und beobachtet hatten, gewusst haben müssen, dass die Entwicklung in der DDR wahrscheinlich ähnlich, nur etwas schneller verlaufen würde. Die Russen hatten sich in Polen nicht eingemischt. Im Jahre 1981 sah es so aus, als ob sie sich einmischen wollten. Heutzutage sagen einem Historiker, die die Akten eingesehen haben, die Russen hätten sich nicht wirklich einmischen wollen, aber es sah so aus. Es sah auch für die Polen so aus, als ob eine Einmischung durch das sowjetische Militär unmittelbar bevorstand. Das war die Anfangszeit von Solidarność mit den Streiks in Danzig und Gdingen. Das war Ende 1980 unter Breschnew. Keine neun Jahre später – die Entwicklung in Polen ist weiter gegangen – fängt in der DDR eine Entwicklung an, die ähnlich, aber nicht ganz dieselbe ist. Selbst wenn in Moskau inzwischen ein NKWD-General zum Generalsekretär aufgestiegen wäre, selbst dann wäre es wohl nicht zu einer militärischen Einmischung gekommen – nach dem Präjudiz beim Jahreswechsel 1980/81.

Stern: Aber war die Situation in der DDR 1989 nicht sehr viel brenzliger?

Schmidt: Die Situation in der DDR blieb ja gewaltlos. – Fritz, ich mache einen Vorschlag, wie wir uns in unserem Urteil über Gorbatschow doch etwas annähern können. Vielleicht kann man sagen: Die Polen, die Letten, die Litauer, die Esten, viele andere und nicht zuletzt die Deutschen – die haben alle Grund zur Dankbarkeit gegenüber Gorbatschow. Dass die meisten Russen das anders sehen, können wir verstehen. Aber *wir* haben Grund zur Dankbarkeit. Deshalb ist der Mann auch in Deutschland relativ populär.

Stern: Ich kann mich dem vollkommen anschließen. Es war ein welthistorisches Phänomen! Aber ich möchte den Bogen doch gern –

Schmidt: Nicht überspannen!

Stern: Das sei mir fern! Aber vielleicht etwas weiter spannen. Das Überleben der Sowjetunion bis in die neunziger Jahre hat schließlich und endlich auch zu tun mit Hitler. Denn wie entsetzlich die Sowjetunion auch gelitten hat, der Zweite Weltkrieg hat ihr eine neue Basis gegeben. Das Land war Ende der dreißiger Jahre innerlich zerrüttet und wirtschaftlich in einer entsetzlichen Lage. Durch den Krieg und durch die unwahrscheinliche Allianz zwischen dem kapitalistischen Westen und der sowjetischen Diktatur kam Stalin in die glückliche Lage, das Sowjetimperium nach Westen auszudehnen, und das Prestige, das die Russen dadurch gewonnen haben, war enorm. Man darf nicht vergessen, dass dieser Krieg bei allen irrsinnigen Verlusten gleichzeitig die Sowjetunion für eine gewisse Zeit gefestigt hat.

Schmidt: Das ist ganz gewiss richtig. Aber wir sollten nicht schon wieder über Hitler reden.

Stern: Um Gottes willen. Ich würde gern beim Thema Ende der

Sowjetunion bleiben. In meinen Augen war Helsinki die entscheidende Wende, mit dem KSZE-Gipfel 1975 entstand die Möglichkeit der inneren Auflösung des sowjetischen Machtblocks.

Schmidt: Für die oppositionellen Kräfte in Polen, in der Tschechoslowakei, in der Sowjetunion war die Schlusskonferenz in Helsinki ohne jeden Zweifel von größter Bedeutung. Wobei ironischerweise die Russen selber die Idee zu dieser Konferenz hatten. Deswegen waren die Amerikaner zunächst auch so ablehnend und skeptisch gewesen. Es sollte eine Art Tauschgeschäft werden: Die Russen bekamen die Festschreibung der bestehenden Staatsgrenzen, und wir, der Westen, bekamen eine russische Unterschrift unter die Menschenrechte in Korb III.

Stern: Ja, und die russische Führung hat diese Erklärung über Menschenrechte nicht so ernst genommen. Es gab nur ein oder zwei Sowjets, die deswegen besorgt waren.

Schmidt: Das glaube ich! Aber Helsinki hat dann ganz schnell – siehe Václav Havel in Prag mit der Charta 77, siehe Solschenizyn in der Sowjetunion – erhebliche Wirkungen und Ermutigungen mit sich gebracht. Die Tatsache, dass die kommunistischen Führer ihre Namen unter das Dokument gesetzt hatten, half den Oppositionsbewegungen im Ostblock sehr.

Stern: Richard von Weizsäcker hält Helsinki für einen ganz entscheidenden Schritt zur Eigendynamik der Reformbewegung in Osteuropa. So habe ich es damals auch empfunden.

Schmidt: Weizsäcker hat Recht. Er war damals einer der wenigen in der Christlich-Demokratischen Union, die anderer Meinung waren als ihre Führung. Die CDU-Führung und die Masse der Abgeordneten waren gegen die Schlusserklärung und haben im Parlament den Antrag gestellt, der deutsche Bundeskanzler dürfe sich da nicht beteiligen. Wenn ich mich darauf eingelassen hätte, wären wir zusammen mit den Albaniern die einzigen gewesen. Das habe ich damals genüsslich ausgeschlachtet.

Stern: Und heute?

Schmidt: Man muss die auch mal an ihre Schandtaten erinnern. Der historischen Wahrheit zu Ehren.

Stern: Sie hatten aber nicht nur die CDU gegen sich, sondern vor allem auch einige Amerikaner.

Schmidt: Vor allem deren damaligen Sicherheitsberater. Kurz vor Helsinki hatte ich Besuch von Gerald Ford, der war viel aufgeschlossener als Henry. Meine Vermutung ist, dass es nicht Henry war, sondern der Präsident, der den Ausschlag gegeben hat, dass Amerika sich beteiligt.

Stern: Henry hat Helsinki nicht wirklich gewürdigt zu dieser Zeit. Das ist ganz richtig. Er sah vor allem die Gefahr der Legitimierung der Staatsgrenzen in Osteuropa und wehrte sich dagegen, den Sowjets implizit die Ergebnisse von Jalta zu bestätigen. Den Russen ging es dabei auch um ihre Legitimation innerhalb ihres Blocks. Was wehrt ihr euch denn? Der Westen hat das jetzt hier unterzeichnet, Schluss.

Schmidt: Ich glaube, dass Korb III der entscheidende Punkt war, der die Amerikaner schließlich mitmachen ließ.

Stern: Dass der Korb III mit den Menschenrechten so viel Ermutigung bringen würde, war aber nicht vorauszusehen. Auch wenn man sich vor Gericht auf die KSZE-Schlussakte berufen konnte, erforderte es doch nach wie vor ungeheuren Mut, seine Stimme zu erheben. Viele Dissidenten hatten diesen Mut.

Schmidt: Übrigens war die Helsinki-Konferenz ein wunderbarer Marktplatz, man konnte mit jedem reden. Ich habe endlos mit Breschnew und Gromyko geredet, ich habe eine Stunde mit Honecker geredet. Wir haben die Gelegenheit benutzt, um die sogenannten G7-Gipfeltreffen zu erfinden; Giscard und Schmidt haben das ausgekungelt und dann mit Jerry Ford und Harold Wilson im Garten verabredet. Ich habe auch mit dem fürchterlichen Erzbischof Makarios von Zypern gesprochen. Sonst traf man solche Leute ja immer nur unter offiziellen Besuchsverhältnissen.

Stern: Es war Ihr erstes Gespräch mit Honecker?

Schmidt: Ja, es war das erste Mal, dass wir uns gesprochen haben. Er war, wenn jetzt meine Erinnerung das nicht mit anderen Gesprächen durcheinander bringt, höflich und unsicher. Diese Unsicherheit habe ich bis zum Schluss, also bis 1981/82 immer wieder empfunden. Einerseits täuschte er sich über die ökonomische Lage seines eigenen Staates: Er hat mir noch 1981 in vollem Ernst erklärt, unter den Industriestaaten der Welt stehe die DDR an siebenter Stelle. Das meinte er wirklich. Kann man nur drüber lachen. Andererseits wusste er vermutlich nie, wie weit er gehen durfte und konnte. Er brauchte ja Hilfe von uns, finanzielle Hilfe, die kriegte er auch; aber er wusste nie, wie weit er sich vorwagen durfte im Verhältnis zu Moskau und wohin die Entscheidung Moskaus gehen würde. Solange Moskau eine Sache nicht entschieden hatte, musste er sich zurückhalten. Er hat mir manchmal direkt leid getan – aus beiden Gründen: wegen des völligen Fehlurteils über seine ökonomische Lage und wegen seiner Abhängigkeit von Entscheidungen in Moskau, die er nicht voraussehen konnte.

Stern: Wobei, wie ich glaube, einige Leute in Moskau dankbar waren, dass die Bundesrepublik die DDR ein wenig unterstützte.

Schmidt: Das kann ich nicht beurteilen, aber sicherlich haben sie genau gewusst, was wir taten.

Stern: Hat der Staatssicherheitsdienst von Markus Wolf nicht alle Berichte auch nach Moskau geschickt?

Schmidt: Ja. Aber man muss sich das mal vorstellen, dass ein Mann, der mit dem Westdeutschen feilscht, um Leute, die der Westdeutsche aus seinen Gefängnissen rauskaufen will – und er lässt sich für jeden Gefangenen, den er raus lässt, gut bezahlen –, zur gleichen Zeit am selben Tisch behauptet, er sei die Nummer sieben unter den Industriestaaten der Welt.

Stern: Das haben ihm im Übrigen viele Menschen geglaubt – auch außerhalb des Ostblocks, auch bei uns in Amerika. Dass die DDR in Wirklichkeit ein Staat der wirtschaftlichen Misere war, wurde den meisten erst 1990 allmählich klar.

Schmidt: Was an dieser falschen Vorstellung von der ökonomischen Leistungsfähigkeit der DDR richtig war: Der Lebensstandard in der DDR lag deutlich höher als in der Sowjetunion.

Stern: Vielleicht kam daher diese Selbstüberschätzung, dass man innerhalb des Ostblocks die wirtschaftliche Elite war.

Schmidt: Ja, und auch technologisch, mit Ausnahme der Rüstungstechnologie. Aber Maschinenbau zum Beispiel, Feinmechanik, Optik. Da gab es ja eine alte Tradition in Jena.

Stern: Sie waren demnach nicht überrascht, dass die DDR ökonomisch am Ende war, als sie 1989 zusammengebrochen ist?

Schmidt: Das konnte mich gar nicht überraschen. Ich wusste das seit 1959, seit dreißig Jahren, denn ich hatte 1959, auf Bitten von Herbert Wehner, eine Arbeitsgruppe zusammengestellt mit Ökonomen und Politikern, die ein Gutachten geschrieben haben zu der Frage: Wie muss für den Fall, dass eine politische Vereinigung der beiden deutschen Staaten möglich wird, die ökonomische Vereinigung aussehen? Dieses Gutachten ist dreißig Jahre später, 1989, in einem Ost-Berliner Verlag sogar gedruckt worden. 1959 war das Verhältnis der ökonomischen Leistungsfähigkeit zwischen West-Deutschland und Ost-Deutschland mindestens 5:3, und 1989 war es sicherlich 10:3. Nachdem die Regierung Brandt gebildet worden war, zehn Jahre später, haben wir bei dem Gesamtdeutschen Ministerium eine Forschungsstelle geschaffen, die sich mit der weiteren ökonomischen und sozialen Entwicklung in der DDR zu beschäftigen hatte. Das alles lag 1989 abrufbereit, aber die damalige Bundesregierung hat diese Kenntnisse nicht abgerufen. Und die zuständige Ministerin, eine nette Frau, aber ohne Auftreten und ohne Selbstbewusstsein, hat ihrem Kanzler Kohl das auch nicht dringend unter die Nase gehalten, so dass davon kein Gebrauch gemacht wurde, was einer der mehreren Gründe dafür ist, dass Kohl – wahrscheinlich ganz ehrlich – die illusionäre Hoffnung hatte, innerhalb von vier Jahren die DDR zum –

Stern: Glauben Sie, dass er das wirklich ehrlich gemeint hat?

Schmidt: Ich glaube das; die meisten meiner Freunde glauben das nicht, aber ich glaube das.

Stern: Aus Ihrer Sicht war das wohl eine sehr naive Einschätzung.

Schmidt: Er war natürlich in ökonomischen Dingen naiv. Das ist ganz richtig.

Stern: Außerdem war es politisch –

Schmidt: Es passte wunderbar.

Stern: Der ökonomische Hauptfehler lag wohl in der Währungsumstellung –

Schmidt: Nicht in der Währungsumstellung an sich, sondern vielmehr im entscheidenden Detail, nämlich beim Wechselkurs. Dass man für eine Mark Ost eine D-Mark West bekam und dass die Löhne und die Preise im Verhältnis 1:1 umgestellt wurden, das war ein Schwerstfehler. In Wirklichkeit war die Kaufkraft einer Ost-Mark höchstens dreißig Prozent der Kaufkraft einer D-Mark West. Und nun wurden nicht nur die Löhne umgestellt, sondern auch die Preise, das heißt, man musste für einen neuen Trabbi nicht 10 000 Ost-Mark hinlegen, sondern 10 000 D-Mark West. Die war dieses Auto aber nicht wert! Das war ja nicht einmal so viel wert wie ein gebrauchter, zehn Jahre alter Opel oder Ford. Infolgedessen hat keiner mehr so einen Trabbi kaufen wollen. Infolgedessen war noch vor der Vereinigung die Produktion von Trabbis zu Ende und musste dichtgemacht werden. Und das galt für viele andere Güter auch. Das war ein Schwerstfehler, nicht die Währungsumstellung an sich, sondern der Wechselkurs.

Stern: Aber für den Lohnempfänger in den neuen Bundesländern sah es ganz wunderbar aus. Wenn man der Wirtschaftskraft entsprechend umgestellt hätte, wie es wohl richtig gewesen wäre, hätte das bei den Wahlen im März viele Stimmen gekostet.

Schmidt: Mag wohl so sein, ja. Man kann aber nicht alles nur nach den Wählern richten. Es gab einen anderen schweren Fehler. Quasi über Nacht wurden den Bürgern der damaligen DDR wahrscheinlich 80 000 oder 100 000 Paragraphen übergestülpt, die sofort in Geltung traten, bei denen sich aber niemand auskannte. Der Oberbürgermeister von Magdeburg oder sein Dezernent für das Bauwesen konnten mit all diesen Vorschriften nicht umgehen. Was dazu führte, dass eine Reihe von Verwaltungsbehörden sich schleunigst mit zweitrangigen Wessis eindeckte. Die gingen rüber, um Stadtdirektor in Tangermünde zu spielen oder Dezernent für das Bauwesen in Schwerin zu spielen oder um das Arbeitsamt in Rostock zu übernehmen. Das wiederum führte dort zu dem Gefühl: Wir werden hier kolonisiert; die Wessis übernehmen alles. Und es waren nicht immer erstklassige Wessis, die rübergingen.

Stern: Ich erinnere aus dieser Zeit das schreckliche Wort «Buschzulage». So nannten Westdeutsche die Sonderzulagen, die sie dafür bekamen, dass sie ein paar Jahre in den neuen Bundesländern arbeiteten. Aus Karrieregründen war ein vorübergehendes Engagement im Osten für viele schon sehr hilfreich.

Schmidt: Es gab auch positive Beispiele, vor allem im privaten Sektor. Ich war in den achtziger, neunziger Jahren Mitglied des Aufsichtsrats einer angesehenen leistungsfähigen Maschinenbau-Gesellschaft hier in Hamburg, der Körber

AG. Aus patriotischem Solidaritätsgefühl hat Körber damals, wenn ich das richtig erinnere, drei Maschinenbaufabriken in der DDR gekauft, um sie aufzumöbeln. Eine war in Ost-Berlin, in Marzahn. Die konnten einige zwanzig verschiedene Maschinen herstellen, davon war aber nur eine einzige den Holländern oder den Engländern oder den Westdeutschen zu verkaufen, die anderen waren nicht gut genug. Oder sie waren zu teuer. Man hätte sie verkaufen können, wenn sie für ein Drittel des Preises angeboten worden wären. Die bisherigen Abnehmer dieser Maschinen – das waren Polen und Rumänen und Tschechen – die hatten keinen Pfennig, um in D-Mark Maschinen zu kaufen. Der Betrieb ging runter von 2000 Mann Belegschaft schließlich auf 170. Das war zwangsläufig. Das waren die Folgen dieser falschen Währungsumstellung 1:1.

Stern: Und doch muss man Kohl zugute halten, dass er die Situation rein politisch sehr gut eingeschätzt hat. Ich erinnere mich noch genau an ein Gespräch mit Kohl im Sommer 1993. Ich war Mitglied einer kleinen Gruppe von deutschen und amerikanischen Wissenschaftlern, die von Kohl empfangen wurde. Es war eine lange Diskussion, und ich war zufällig der letzte, der eine Frage stellte. Ich sagte, dass ich genug Vertrauen in die westdeutsche Wirtschaft hätte, dass sie das schaffen könne, dass ich mir aber Sorgen über die psychologische Wiedervereinigung mache. Kohl gab eine ausführliche Antwort über dies und jenes, und dann sagte er plötzlich, zu mir gewandt: «Der Gedanke, dass bei uns alles richtig war und bei denen alles falsch war, ist idiotisch.» Das habe ich mir sofort aufgeschrieben. Wenn er das einmal öffentlich gesagt hätte, das hätte einen Riesenunterschied gemacht.

Schmidt: Immerhin, wenn er Ihnen das gesagt hat, muss man ihm Recht geben. Die Menschen, die in der DDR gelebt haben, waren ganz normale Menschen, so wie wir hier auch, und für die Mehrheit dieser Menschen war die Politik genauso unvermeidlich wie das Wetter. Sie konnten an dem Wetter nichts ändern, und sie konnten auch nichts an der Politik ändern. Das waren sie schon aus der Nazi-Zeit gewohnt, und das hat sich in anderer Weise fortgesetzt. Das heißt aber nicht, dass die Menschen innerhalb ihres eigenen Lebensbezirks unglücklich gewesen wären. Es hat genauso Liebe gegeben und Ehe und Scheidung und Tod und Krankheit, alles ganz genauso wie bei uns. Wenn man auf die Gesellschaft als Ganzes guckt, fallen einem schon ein paar Unterschiede auf: Der Unterschied zwischen normalen Bürgern und reichen oder superreichen Zeitgenossen war natürlich in der DDR deutlich kleiner, deutlich kleiner. Daran mussten sich die DDR-Deutschen nach 1990 erst mühsam gewöhnen.

Stern: Das ist ein interessanter Aspekt. Vierzig Jahre lang sind alle mehr oder weniger gleich, der eine hat einen Wartburg und der andere nur einen Trabbi, und der dritte wartet seit fünf Jahren auf seinen Trabbi, aber im Grunde gibt es keine sozialen Unterschiede – mit Ausnahme der Nomenklatura. Es muss für die Ostdeutschen ein Schock gewesen sein, als sie 1989 erfuhren, wie die Bonzen gelebt hatten mit ihren Volvos und ihren Privatkrankenhäusern und ihren Westdelikatessen.

Schmidt: Die tatsächlichen Unterschiede waren sehr viel kleiner. Bei uns verdient der Chef einer großen Bank heutzutage fünfzig Mal so viel wie der Kanzler. Dass der Direktor eines volkseigenen Betriebs fünfzig Mal so viel verdient wie Herr Honecker und das auch öffentlich bekannt ist, das war damals undenkbar. Also das Gefühl, in einer Gesellschaft der Gleichbehandelten, nicht der Gleichen, der Gleichbehandelten zu leben, das war sehr viel stärker verbreitet als heute irgendwo in der westlichen Gesellschaft.

Stern: Ich knüpfe noch mal an das an, was wir heute Morgen sagten: Dass Geld in der heutigen Gesellschaft offenbar einen Wert an sich darstellt und manchmal der einzige Maßstab zu sein scheint. In der DDR-Gesellschaft war es nicht das Geld. Was war aber dann der Maßstab? Was war der Maßstab des persönlichen Glücks in der DDR?

Schmidt: Jemand, der dreißig Jahre ist, hat gerade seine zweite Ehe begonnen, die erste geschieden, ein Kind oder zwei aus erster Ehe sind da, ein drittes Kind aus der zweiten Ehe soll kommen, der fragt nicht nach dem Maßstab seines Glücks. Jemand, der 67 Jahre alt ist und weiß, er hat vielleicht noch drei Jahre Zeit zu leben, der fragt auch nicht nach dem Maßstab des Glücks. Das ist eine Kategorie, eine Abstraktion, die für Soziologen oder Psychologen oder Ökonomen hilfreich sein kann, aber sie hat mit dem wirklichen Leben wenig zu tun.

Stern: Aber warum weckt das Geld Neid, wenn es so ist, wie Sie sagen? Dann dürfte eigentlich das Geld, der Reichtum des Nachbarn nicht diese Neidgefühle wecken.

Schmidt: Der Reichtum des Nachbarn löst wenig Neidgefühle aus, solange der Nachbar sich vor allen Dingen anständig benimmt. Der Reichtum von Bank-Managern heute, der löst allerdings nicht nur Neid aus, sondern Zorn und Verachtung – übrigens auch meinen Zorn, auch meine Verachtung. Goldman Sachs hat im Jahre 2006 an Bonifikationen 16,5 Milliarden Dollar ausgeschüttet, eine einzige Investmentbank. Stellen Sie sich das mal vor: 16,5 Milliarden Dollar an die eigenen Manager und Angestellten.

Stern: Unvorstellbar – obszön.

Schmidt: Obszön ist der richtige Ausdruck.

Stern: Das habe ich mir aus dem Jahr 1968 behalten, das Wort «obscene» für solche Sachen. Es wurde damals ja sehr viel über soziale Gerechtigkeit geredet, und in diesem Zusammenhang war «obszön» für viele Auswüchse des Kapitalismus ein beliebter Ausdruck. – Aber noch mal zurück zu der Frage, warum der Vereinigungsprozess psychologisch bisher so wenig Fortschritte gemacht hat. Ahnte man 1989 im Westen eigentlich, wie weit sich die beiden Teile auseinander gelebt hatten?

Schmidt: Gute Frage. Dass sie sich auseinander gelebt hatten, daran ist kein Zweifel; dass sie sich nicht so schnell wieder zusammenleben werden, wie sich das einige erhofft haben, daran ist auch kein Zweifel; aber dass ein Prozess in Richtung auf das Zusammenleben stattfindet, daran ist, drittens, auch kein Zweifel.

Stern: Sind Sie zufrieden mit der Geschwindigkeit des Prozesses?

Schmidt: Ich hätte mir gewünscht, dass es ein bisschen schneller geht. – Ich muss Ihnen wieder eine persönliche Geschichte erzählen. Sie spielt im Winter 1989 auf 1990. Ich bin eingeladen, auf dem Rostocker Marktplatz – ein schöner Platz mit mittelalterlichen Bauten – eine Rede zu halten. Und ich habe den versammelten Rostockern gesagt, das sind alles gute Sachen, die jetzt kommen; aber gleichzeitig müsst ihr wissen, das wird sehr schwierig, und ihr werdet ein Arbeitsamt brauchen, denn ihr kriegt Arbeitslose. Ich habe ihnen schonungslos meine damalige Beurteilung der zu erwartenden wirtschaftlichen Entwicklung dargelegt. Mir ist gar nicht klar geworden, welche Wirkung ich erzielt habe. Ein Freund von mir aus Hamburg, Peter Schulz, der dabei gewesen ist, hat mir nachher erzählt, das sei für die Leute wie eine kalte Dusche gewesen, aber sie hätten das Gefühl gehabt, der spricht wenigstens die Wahrheit. Solche Reden sind ziemlich selten gewesen damals. Das ist eben einer der Nachteile an der Demokratie: Politik ist nur so weit möglich, als es gelingt, das Volk auf seine Seite zu ziehen, und daraus erwächst eine Riesenversuchung, dem Volk nach dem Maul zu reden. Das ist so. Das bleibt auch so.

Stern: Dabei war die Freude über die Vereinigung riesengroß, auf beiden Seiten gab es für einige Zeit viel Begeisterung. Übrigens kann man auch dem «Volk» die Wahrheit zumuten.

Schmidt: Es mag unter hundert Leuten zwei oder drei gegeben haben, die aus verschiedenen Gründen Bauchschmerzen hatten. Aber die große Masse des Volkes – egal in welcher gesellschaftlichen Schicht – war sehr damit zufrieden.

Stern: Am Anfang!

Schmidt: Aber sie haben leider keine Blut-Schweiß-und-Tränen-Rede von ihrem Kanzler zu hören gekriegt.

Stern: Ihnen wird zugeschrieben, dass Sie in die Redaktion der ZEIT gekommen sind und gesagt haben: Jetzt ist die Zeit für eine Blood-Toil-Tears-and-Sweat-Rede.

Schmidt: Das stimmt, ja.

Stern: Dass Kohl nicht den Mut hatte zu einer solchen Rede und nicht bereit war, den Deutschen im Westen ein Opfer abzuverlangen, war ein entscheidender politischer Fehler.

Schmidt: Ja. Aber ich war nicht der einzige, der so etwas gefordert hat. Gerd Bucerius, Marion Dönhoff, Karl Schiller, Tyll Necker, damals Präsident des Bundesverbandes der Deutschen Industrie – das sind allein fünf Figuren, die mir einfallen, wir waren alle der Meinung, jetzt muss ein Gesetz her, das dem deutschen Volk eine schwere zusätzliche Steuer auferlegt, damit wir das in der DDR in Ordnung bringen können. Das hat die Regierung Kohl abgelehnt. Stattdessen hat sie vorübergehend den Solidaritätszuschlag eingeführt, dann wurde er wieder abgeschafft, dann wurde er ein zweites Mal eingeführt. Das heißt, die Regierung Kohl hat entweder nicht geahnt, wie viel Geld notwendig ist, oder sie hat es dem Volk vorenthalten wollen und gehofft, sie kommt irgendwie durch. Aber das sind alles Dinge, die nachträglich zu kritisieren leicht ist.

Stern: Nein. Von Ihnen wusste man, dass Sie die Autorität gehabt hätten, es durchzusetzen. Und das hätte einen Riesenunterschied gemacht.

Schmidt: Ich würde Ihnen zustimmen, ich hätte wahrscheinlich nicht die Autorität, aber jedenfalls doch die Chuzpe gehabt, das durchzudrücken.

Stern: Die moralische Autorität –

Schmidt: Also, ich hätte es getan. Aber möglicherweise hätte das dann eben auch dazu geführt, dass die Leute gesagt hätten, den wollen wir nicht mehr. Das hatte ich ja nun schon einmal erlebt, wie das ist, zwar nicht auf ökonomischem Felde, sondern bei der sogenannten Raketennachrüstung.

Stern: Aber es ist ein deutscher Fehler, wenn ich so sagen darf, der in der Geschichte eine fatale Rolle gespielt hat: Die Realität nicht zu akzeptieren – da komme ich dann wieder zurück auf Nietzsche.

Schmidt: Die Wahrheit hat man auch zu Lebzeiten des Herrn Nietzsche verschleiert. Ich stimme Ihnen ja zu, dass die Deutschen darin eine besondere Tradition haben. Aber ich füge auch hinzu, es ist eine Schwäche jeder Demokratie, dass ein Politiker, der dem Volk unangenehme Wahrheiten sagt, seine Chancen gewählt zu werden deutlich verringert.

Stern: Ich drehe Ihr Argument um: Hat ein Politiker denn die Pflicht, dem Volk immer die Wahrheit zu sagen? Es gibt von Ihnen das schöne Wort, ein Politiker muss denken, was er sagt, aber er muss nicht immer sagen, was er denkt. Es gibt Dinge von nationaler Tragweite, bei denen die Frage, ob er dann wiedergewählt wird, nicht das Kriterium sein kann. Dann muss er seiner Verantwortung gerecht werden und auch die unbequeme Wahrheit sagen, selbst wenn sie ihn am Ende das Amt kostet.

Schmidt: Er darf nichts sagen, was er nicht für wahr hält, da gebe ich Ihnen recht. Keineswegs hat er die moralische Pflicht, alles, was er für wahr hält, auch laut und öffentlich zu sagen. Außerdem gibt es wie im täglichen Leben, so auch in der Politik bisweilen den Zwang zur Notlüge.

Stern: Haben Sie denn den Eindruck – jetzt sind wir wieder bei den alten Männern –, dass diese Art Tugend, hin und wieder, wenn es im nationalen Interesse geboten erscheint, die Wahrheit sagen zu müssen, nachgelassen hat, oder ist das eigentlich immer gleich geblieben? Gibt es die immer guten und auf der anderen Seite die moralisch losen Charaktere in der Politik heute genauso wie zu allen Zeiten, oder hat sich das Geschäft so verändert, dass der Zwang, die Unwahrheit zu sagen oder dem Volke nach dem Maul zu reden, zugenommen hat? Mit einem Wort: Ist es schwieriger geworden für einen Politiker, moralisch integer zu bleiben?

Schmidt: Das sehe ich nicht so. Warum soll es schwieriger geworden sein?

Stern: Die Wahrheit vor Herrscherthronen ist ja nicht zufällig ein Thema der Weltliteratur. Wenn Sie eingeladen werden in einen hochrangig besetzten Beraterkreis bei irgendeiner einflussreichen Persönlichkeit und Sie wissen, wenn Sie gewisse Dinge sagen, werden Sie beim nächsten Mal nicht mehr auf der Einladungsliste stehen, dann überlegen Sie sich schon, was Sie sagen, oder?

Schmidt: Das kann so sein. Das gilt nicht für Fritz Stern.

Stern: Ich nehme das Lob gerne an, aber ich weiß nicht, ob ich es verdiene.

Schmidt: Sie verdienen es, Fritz.

Stern: Sehr schwer!

Schmidt: Lassen Sie mich noch mal zurückkommen auf Ihre Frage nach der Tugend der Politiker. Man wird ins Parlament gewählt, ob in Amerika oder in Europa, im durchschnittlichen Alter von einigen dreißig Jahren, nicht sehr viel früher, es gibt Ausnahmen, aber das Normale ist achtunddreißig, vierzig, zweiundvierzig, also als erwachsener Mensch. Und man hat noch keine wirkliche Ahnung von den Dingen, die einem im Parlament zur Mitentscheidung vorgelegt werden, Mitentscheidung insofern, als die eigene Stimme für die Mehrheit gebraucht wird, die dieses Gesetz oder jenen Antrag annehmen soll oder jenen Zusatzantrag ablehnen soll. Das hat sich der junge Abgeordnete vorher gar nicht vorgestellt. Im Laufe seiner parlamentarischen Gesellenzeit merkt er das. Im Laufe dieser Gesellenzeit wird ihm auch bewusst, dass es eine Pflicht zur Wahrheit gibt, aber keine Pflicht, alles das zu sagen, was er sonst noch weiß und wo er anders denkt als andere. Das heißt, das Bewusstsein, dass für seine Tätigkeit hier im Parlament Tugenden notwendig sind, ergibt sich erst aus der praktischen Konfrontation mit der parlamentarischen Wirklichkeit. Das kann man nicht theoretisch lernen. Ein Moralphilosoph, ein Ethiker, der kann darüber Bücher schreiben, aber ob er sich selber so verhalten würde, wenn er in die schwierige Situation käme, ist eine ganz andere Frage. Die Politiker, diese gut sechshundert Abgeordneten im Bundestag, die lernen das erst in ihrer Gesellenzeit, manche vielleicht noch später, und einige lernen es gewiss nie.

Stern: Und was ist mit dem Fraktionszwang? Der kann die Politiker in gewissem Sinn entlasten von der Verantwortung. Der einzelne Abgeordnete folgt einfach der Parteidisziplin, fertig.

Schmidt: Jein. Jein. Denn der Entschluss, den das Parlament fassen soll, bedarf einer Mehrheit. Und die Mehrheit kommt nur zustande, wenn man andere Leute überredet oder sie überzeugt oder wenn man ihnen Zugeständnisse macht. In § 27 B bin ich bereit, den Zusatz aufzunehmen, und in § 16 C bin ich bereit, den dritten Satz zu streichen. Da habe ich einen von der Gegenseite vielleicht gewonnen, aber ein anderer kommt mit anderen Bedenken. So werden Kompromisse zustande gebracht. Und wenn der Kompromiss steht, dann verlässt man sich drauf, dass alle Freunde nun auch wirklich zustimmen. Wenn sich in den Probeabstimmungen herausstellt, dass die Freunde nicht zustimmen, hat sich nicht nur der Kompromiss nicht gelohnt, dann funktioniert auch das Parlament nicht mehr. Es kommen keine Beschlüsse zustande. Der so genannte Fraktionszwang, wie ihn die Zeitungen immer wieder beschreiben, geht an der Notwendigkeit vorbei, dass für ein Gesetz Mehrheiten benötigt werden. Das geht nur mit einer erheblichen Disziplin innerhalb des eigenen Haufens. Wenn Sie ein kleines Parlament hätten von, sagen wir, sechsunddreißig Personen, dann wäre das alles viel einfacher, dann könnten Sie mit Argumenten andere Leute überzeugen, aber überzeugen Sie mal sechshundert Abgeordnete! Die Kraft des Arguments wird, je größer der Verein ist, mit dem Sie es zu tun haben, um so schwächer. Je mehr Leute, desto weniger Bereitschaft, ein Argument nachzuvollziehen.

Stern: Es heißt, dass unter allen Ämtern, die Sie im Laufe Ihres Lebens bekleidet haben, das des Fraktionsvorsitzenden Ihnen besonders ans Herz gewachsen ist. Sie haben dieses Amt von 1967 bis 1969 ausgeübt, zur Zeit der ersten großen Koalition, Ihr Gegenüber bei der CDU/CSU war Rainer Barzel, dem Sie seit dieser Zeit eine besondere Hochschätzung entgegenbrachten. Was hat Sie an dieser Position des «Zuchtmeisters» Ihrer Partei so fasziniert?

Schmidt: Ein «Zuchtmeister» war ich gewiss nicht. Zwar hatte ich einerseits keinen Vorgesetzten, der mir seine «Richtlinien der Politik» vorgab; aber andererseits hatte ich weit mehr als hundert Vorgesetzte, nämlich meine ganze Fraktion – und es hat mir Spaß gemacht, die Diskussion unter so vielen Menschen zu leiten und dahin zu führen, dass schließlich eine klare Mehrheit und eine möglichst kleine Minderheit zustande kam.

Stern: Im amerikanischen Kongress kommt es eher selten vor, dass ein Abgeordneter in wichtigen Fragen gegen die eigene Partei stimmt. In vielen Fällen ist es sehr anerkennenswert, es setzt eine gewisse Unabhängigkeit voraus, den Mut –

Schmidt: Insbesondere dann anerkennenswert, wenn derjenige, der dissentiert, weiß, dass der Beschluss ohnehin zustande kommt!

Stern: Warum dieser Zynismus, Helmut, diese Geringschätzung der Moral?

Schmidt: Ich halte ganz viel von der Moral und von den Tugenden der Politiker, aber ich versuche, Ihnen ein bisschen die Praxis vorzuführen. Demokratie und Parlament sind ausgesprochen menschliche Einrichtungen mit allen Schwächen, mit denen die Menschheit behaftet ist. Aber, wie der alte Churchill gesagt hat, Demokratie ist immer noch besser als alles andere, was wir vorher ausprobiert haben. Das heißt keineswegs ideal, sondern eine sehr menschliche Angelegenheit mit erheblichen Gefährdungen.

Stern: Aber die Gefährdungen nehmen zu. Aus dem einfachen Grunde, weil das Geld eine so ungeheure Rolle spielt. Wir sprachen schon heute Vormittag darüber: Sollen die Wahlen vom Staat bezahlt werden? Oder soll man, wie in Amerika, weiterhin Milliarden privat sammeln und sich damit Erwartungen und Interessen ausliefern?

Schmidt: In der gegenwärtigen Situation bringt das Geld noch eine ganz andere Gefahr mit sich. Die Weltwirtschaftskrise führt in fast allen Demokratien dazu, dass die Parlamente unendlich viel mehr Geld ausgeben und mehr Verpflichtungen übernehmen müssen, genannt Bürgschaften, als die Abgeordneten jemals für vernünftig gehalten hätten. Sie können aber überhaupt nicht übersehen, ob man einen solchen Saustall wie Hypo Real Estate –

Stern: General Motors –

Schmidt: General Motors war kein Saustall, das Wort Saustall geht mir im Fall der Automobilindustrie zu weit, aber Hypo Real Estate – ob man denen plötzlich zig Milliarden geben soll, einerseits als Liquidität, andererseits als Eigenkapital: Das sind Größenordnungen, die kann ein Bundestagsabgeordneter nicht übersehen. Am gleichen Tag werden die Kindergärtnerinnen, die um eine kleine Erhöhung ihres monatlichen Gehaltes ringen, von der staatlichen Arbeitgeberseite abschlägig beschieden. Das ist für den normalen Abgeordneten fast nicht nachvollziehbar, trotzdem stimmt er mit, weil er sich verlässt auf die Expertenmeinung seines Fraktionsvorsitzenden oder seines ökonomischen Sprechers. Und dann schreibt hinterher das «Handelsblatt» oder die FAZ, der hat aus Fraktionsdisziplin mit gestimmt. Das ist Quatsch. Sondern er hat mit gestimmt, weil er selbst es nicht besser weiß und auch nicht weiß, wie er es anders machen soll.

Stern: Das sind sicher neue Dimensionen, die manch einen schwindelig machen, aber im Kern haben Sie dieses Problem doch überall. Der kleine Bankangestellte steht auch täglich vor der Schwierigkeit, mit einem Einkommen von ein paar hundert Euro oder ein paar tausend Euro im Monat komplexe Zusammenhänge beurteilen zu müssen, wo ein paar Nullen mehr dran hängen.

Schmidt: Für einen normalen Abgeordneten ist, was Geld angeht, die Vorstellung von einer Million gerade noch möglich. Er hat auch ein Gefühl dafür, dass eine Brücke sechzig Millionen kosten muss oder ein Tunnel achtzig Millionen und dass man die Finanzierung nicht in einem Jahr hinkriegt, sondern auf drei Jahre verteilt. Seit Oktober des Jahres 2008 redet kein führender Politiker mehr von Millionen, sondern nur noch von Milliarden. Und obwohl der normale Abgeordnete keine Vorstellung davon hat, wie viel das ist, gewöhnt er sich diese Zahlen langsam an. Eine Institution, die jeden Tag Bundesanleihen an das normale Bankpublikum verkaufen muss, um die Refinanzierung des deutschen Staates aufrechtzuerhalten, geht normalerweise mit zig Millionen, Hunderten Millionen um, jeden Tag. Inzwischen reden die, vermute ich mal, nur noch von Milliarden. Eine halbe – man braucht das Wort Milliarde gar nicht mehr hinzuzufügen, meint fünfhundert Millionen. Drei meint dreitausend Millionen. Und das soll einer vertreten in der Politik, der zu Hause im eigenen Wahlkreis es nicht durchbringt, dass nun endlich das schäbige Dach an der Schule in der Adenauerstraße repariert wird.

Stern: Schließlich und endlich stimmt er doch den Milliarden zu!

Schmidt: Ja, stimmt, er tut das, aber je länger dieses Verfahren anhält, umso mehr werden Leute aussteigen.

Stern: Aussteigen?

Schmidt: Ja, indem sie sagen: Da mache ich nicht mehr mit. Ich stimme jetzt mit den Grünen oder mit den Linken oder mit irgendwelchen anderen –

Stern: Also Politikverdrossenheit von einem Ausmaß, das wir noch gar nicht kennen?

Schmidt: Ich meine eigentlich die Angst der Abgeordneten vor ihrer eigenen Verantwortung. Verantwortlich zu sein für etwas, was man nicht überblickt, das ist auf Dauer sehr belastend.

Stern: Die Frage ist aber doch, wie lange die Bevölkerung in einem demokratischen System das mitmacht. Es handelt sich doch nicht nur um den einzelnen Parlamentarier, der irgendwann aussteigt. Ich habe Sie von Anfang an so verstanden, dass «aussteigen» auf eine Ablehnung der Gesellschaft, eine Ablehnung des Systems hinausläuft.

Schmidt: Nein, das meinte ich nicht. Ich meine tatsächlich den Abgeordneten, der seine Disziplin verweigert, seine Stimme verweigert, vielleicht die Partei verlässt. Es gehört zu den großen Schwächen und Gefahren der Demokratie, dass, wer regieren will, sich dem Volke angenehm machen muss, auch in seiner Finanzpolitik –

Stern: Vor allem in der Finanzpolitik. Der Widerwille vieler Amerikaner gegen Steuern ist enorm; sie ahnen nicht, wie sehr sie auf staatliche Leistungen, auch im täglichen Leben, angewiesen sind.

Schmidt: Der Politiker heftet sich alle möglichen Rettungsaktionen ans Revers – ob Opel oder Quelle oder Abwrackprämie – in der Hoffnung, dass ihm das Stimmen bringt. Die Rechnung kommt hinterher. Was im Augenblick den Politikern hilft, ist der Umstand, dass im Prinzip alle großen Staaten in ähnlicher Weise reagieren auf die Krise, egal ob das Demokratien sind oder autoritär regierte Staaten wie Russland oder kommunistisch regierte Staaten wie China. Wenn alle diese Regierungen keine Konjunkturprogramme sagenhaften Ausmaßes verkündet und in Gang gesetzt hätten (Klammer auf: und damit eine enorme Staatsverschuldung auf sich genommen hätten – Klammer wieder zu), dann säßen wir heute schon bei fünf Millionen Arbeitslosen in Deutschland, bei fünf Millionen Arbeitslosen in Frankreich und bei fünfzig Millionen Arbeitslosen in China. Alle Staaten der Welt haben dasselbe gemacht, nämlich große Konjunkturprogramme ins Werk gesetzt und ihre Zentralbanken dazu gedrängt, durch Freigabe der Geldmenge zu helfen. Alle haben dasselbe gemacht. Und das ist in meinen Augen ein Glücksfall, denn von 1929 bis 1932 haben fast alle was anderes, jedenfalls was Falsches gemacht.

Stern: Genau! Da gab's eine ganz große «economic illiteracy». Die meisten glaubten, das richtige Mittel, um eine Depression zu kurieren, ist die Deflation, also weniger Geld auszugeben. Der Gedanke, dass man mehr ausgibt, um die Wirtschaft anzukurbeln, die Arbeitslosigkeit zu drosseln, der ist nur bei wenigen aufgekommen. Aber – und das wäre jetzt meine Frage an Sie – irgendwann muss doch Schluss sein mit dem Verschulden. Die Deutschen haben ja gerade erst eine Schuldengrenze ins Grundgesetz geschrieben.

Schmidt: Das müssen Sie nicht allzu ernst nehmen. Es hat noch niemals einen Staat gegeben, der sich nicht verschuldet hätte. Ich nehme aus die Ölüberschussländer, die Vereinigten Emirate oder Saudi-Arabien. Das heißt nicht, dass der Staat sich verschulden kann, wie er will. Denn jede übermäßige Schuld des Staates – einerseits muss sie bedient werden, andererseits muss sie irgendwann getilgt werden –

führt ja doch dazu, dass die Geldmenge, dass die Kaufkraft ausgeweitet wird, insbesondere wenn die Zentralbanken mitspielen, was sie zurzeit tun. Das Endergebnis aller übermäßigen staatlichen Verschuldung ist inflatorische Bewegung der Preise nach oben. Das ist zwangsläufig. Das war in beiden Weltkriegen in sämtlichen beteiligten Staaten so, es wird nach dieser gegenwärtigen Krise, wenn sie überwunden sein wird – es fragt sich, wann das ist –, genauso sein. Die Folge ist eine inflatorische Entwicklung. Das ist unausweichlich.

Stern: Die Entwicklung in Amerika war etwas anders. Die Staatsschulden sind in den acht Jahren unter Bush Jr. so ungeheuer gestiegen –

Schmidt: Das fing schon mit Reagan an. Man muss in dem Zusammenhang die acht Jahre Clinton sehr loben, da ist der amerikanische Haushalt in Ordnung gebracht worden.

Stern: Das wollte ich ja sagen: Bush Jr. hat von Clinton ein geordnetes Budget übernommen, und hinterlassen hat er ein Riesendefizit. Und dann das Prahlen damit, ein Konservativer zu sein!

Schmidt: Die entscheidende Schwäche des amerikanischen Staates, die zu Reagans Zeiten das erste Mal greifbar wurde, ist die Auslandsverschuldung. Solange ein Staat seine Schulden bei seinen eigenen Bürgern hat, ist das seine Sache; wenn aber der amerikanische Staat zweitausend Milliarden Dollar den Chinesen schuldet und eintausend Milliarden Dollar den Japanern schuldet und noch einmal eintausend Milliarden Dollar insgesamt den Franzosen, den Deutschen, den Schweizern, den Russen und den OPEC-Leuten schuldet, dann wirft das dicke Probleme auf.

Stern: Schulden in der eigenen Familie, wenn ich so sagen darf, sind eine Belastung für künftige Generationen. Wenn man aber diese enormen Schulden bei anderen hat, ist man außerdem erpressbar. Das ist für eine Großmacht wie Amerika –

Schmidt: Mehr theoretisch als praktisch im Augenblick.

Stern: Im Augenblick.

Schmidt: Ja, zum Beispiel sind die Chinesen mit zweitausend Milliarden Dollar in ihren Währungsreserven im Augenblick keineswegs geneigt, diese an irgendjemanden zu verkaufen, um an bares Geld zu kommen, zahlbar in Euro oder in Yen.

Stern: Solange die Rendite stimmt und solange die Anlage als einigermaßen sicher gilt, denken die Chinesen wahrscheinlich nicht an einen Verkauf. Und die Rendite ist in Amerika immer noch höher als im Rest der Welt. Aber wenn die Interest Rate steigt, wird das für die amerikanische Wirtschaft schnell zu einer Belastung.

Schmidt: Ja, sicher.

Stern: Eine wichtige Voraussetzung dafür, dass das wieder in Ordnung kommt, ist, dass Amerika lernt, ein besseres Gleichgewicht zwischen Import und Export herzustellen. Im Moment kaufen die amerikanischen Verbraucher alle möglichen Güter aus dem Ausland, ohne selber in der Lage zu sein, die von ihnen produzierten Güter im Ausland zu verkaufen. Bisher waren die Amerikaner aufgrund ihres riesigen Binnenmarktes aber weniger gezwungen, für den Weltmarkt zu produzieren.

Schmidt: Jedenfalls haben sie sich nicht sonderlich gedrängt gefühlt. Es gibt zwei Ausnahmen: die amerikanische Rüstungsindustrie und die amerikanische Flugzeugbauindustrie.

Stern: Das Problem in Amerika ist aber nicht nur die Auslandsverschuldung. Man darf nicht vergessen – und das wird die Krise noch verlängern –, dass die Amerikaner auch privat enorme Schulden aufgehäuft haben, von Schulden sozusagen leben. Die weltweite Finanzkrise ist ja nicht zufällig auf dem amerikanischen Immobilienmarkt ausgebrochen. Und wir sind in keiner Weise am Ende der Krise. Ich denke und hoffe, dass Obama auf dem richtigen Weg ist. Jedenfalls hat er den Mut gehabt, der Bevölkerung schon in seinem Wahlkampf den Ernst der Lage zu vermitteln. Das trauen sich die wenigsten Politiker, weil sie wissen, dass das in der Regel nicht der Weg ist, die nächste Wahl zu gewinnen.

Schmidt: Sie haben Recht, ein verantwortungsbewusster Politiker kann sich nicht ohne schwere Bedenken hinstellen – ob in Deutschland oder in Amerika – und dem Volk vortragen, wie schlecht die Lage ist. Aber das hat nicht nur mit Wahlkampf zu tun. Versetzen Sie sich in die Lage eines Arztes, und Sie haben vor sich einen Patienten, von dem Sie wissen, er hat Krebs, Prostatakrebs. Die Ausbreitung des Krebses in den Rest seines Körpers kann sehr lange dauern. Sie müssen ihm sagen: Du hast Krebs. Aber sollen Sie ihm sagen: In deinem Falle nehme ich an, du hast noch zwei Jahre. Das werden Sie nicht tun als Arzt. In so einer ähnlichen Lage sind die Politiker. Dem Patienten beizubringen, wie ernst seine Lage ist, ohne dass der Arzt daran was ändern kann, heißt nur, das Vertrauen des Patienten zu reduzieren.

Stern: Aber für Obama möchte ich sofort hinzufügen: Er hat mehrmals nicht nur Andeutungen gemacht, sondern tatsächlich erklärt, wie ernst die Krise ist, und gleichzeitig hat er ein Konjunkturprogramm vorgelegt, und er wird es ausführen. Beides zusammen, den Ernst der Lage klarzumachen und gleichzeitig umfassende Maßnahmen zu ergreifen, das hat vor 75 Jahren bei Franklin Roosevelt schon einmal gewirkt. Die Krise ist sehr, sehr ernst, aber «the only thing we have to fear is fear itself». So kann es auch diesmal gelingen, die Leute anzukurbeln. Wir schaffen das schon, wir haben Pläne. Und ich glaube, genau das macht Obama. Natürlich kaufen die Amerikaner lieber Sachen aus China, weil sie billiger sind als die Sachen aus Idaho –

Schmidt: Sie kaufen ja inzwischen sogar chinesische Autos –

Stern: Meine Sorge in diesem Zusammenhang ist, dass es einen neuen amerikanischen Nationalismus geben könnte, der unter Hinweis auf die wirtschaftliche Situation die Amerikaner dazu auffordert, nur noch inländische Produkte zu kaufen.

Schmidt: Das wird kommen, in Amerika deutlicher als bei uns, aber es wird auch in Deutschland kommen. Der Protektionismus wird sich in den Parlamenten ausbreiten. Die Lobbyisten der einheimischen Industrien werden viel Mühe und Geld darauf verwenden, die Parlamentarier davon zu überzeugen, dass man dafür sorgen muss – hier eine kleine Klausel im Gesetz, da ein kleiner Zusatz in den Einfuhrbestimmungen –, dass inländische Produkte den Vorzug genießen gegenüber ausländischen Produkten.

Stern: Es wäre katastrophal für die Weltwirtschaft.

Schmidt: Das ist absolut schädlich, aber Sie können es heute schon erkennen. In diesem Jahre 2009 steigt, wie es gegenwärtig scheint, das Sozialprodukt der Welt immer noch um ein Prozent trotz der Krise. Aber das Volumen des internationalen Handels fällt um neun Prozent. Das ist ein Ausdruck dieser protektionistischen Haltung.

Stern: Protektionismus wäre nicht nur das Ende des freien Handels. Protektionismus würde auch das System des freien Marktes, das heißt die heutige Version des kapitalistischen Systems als solches in Frage stellen.

Schmidt: Ich glaube nicht, dass weltweit der Protektionismus siegen wird. Ich wäre übrigens vorsichtig mit der Verwendung des Begriffs «kapitalistisches System». Das Wort Kapitalismus stammt ja von Karl Marx. Es ist ein marxistischer Begriff und hat von vornherein für viele Menschen einen ausgesprochen negativen Klang. Meistens nicht für Amerikaner. Die Amerikaner denken, ihr Wirtschaftssystem sei Capitalism – was wir Marktwirtschaft nennen, nennen sie Capitalism. Aber die Benutzung des Wortes Kapitalismus durch einen Deutschen kann zu Irrtümern führen. Das deutsche Wirtschaftssystem ist kein kapitalistisches, sondern es ist zum großen Teil Wettbewerb und Marktwirtschaft, zu einem anderen Teil Wohlfahrtsstaat. Von hundert lebenden Deutschen sind 25 staatliche Rentner, und die anderen finanzieren diese 25, zum Teil durch das kapitalistische System, durch die Benutzung einer Marktwirtschaft, zum Teil durch die Benutzung der Marktteilnehmer, zum größeren Teil finanziert durch die Arbeitnehmer dieser Marktteilnehmer. Aber 25 Prozent aller Deutschen sind Empfänger staatlicher Renten. Und ich weiß nicht, wie viele sind Empfänger staatlicher Sozialfürsorge und wie viele sind Empfänger der Leistungen der staatlichen Krankenversicherung. Wir haben hier den marktwirtschaftlichen Sektor, den von Ihnen so genannten kapitalistischen, und wir haben dort den sozialstaatlichen Sektor. Und dazwischen haben Sie einen öffentlichen Korridor. In Deutschland sind fast alle Universitäten Staatsuniversitäten, mit dreieinhalb Ausnahmen neuerdings. Die Theater sind staatliche oder städtische Einrichtungen, die philharmonischen Orchester sind staatliche Orchester oder sie gehören öffentlich-rechtlichen Rundfunkanstalten. Die Straßen, die Autobahnen hat der Staat gebaut, die Schulen hat der Staat gebaut und unterhält sie, er unterhält die Lehrerschaft und so weiter. Die deutsche Volkswirtschaft insgesamt ist kein kapitalistisches System. Für Amerika gilt, dass der marktwirtschaftliche Sektor viel breiter ist, der öffentliche Korridor ist schmaler, viel schmaler als bei uns, und der sozialstaatliche Sektor ist sehr viel kleiner als bei uns. Amerikaner können mit Recht von ihrem Land als von einem kapitalistischen Land reden.

Stern: Das sich inzwischen in eine ungeheuere Krise, auch eine moralische Krise hineinmanövriert hat, Korruption jeglicher Art schleicht sich überall ein. In Europa gab es immer ein gewisses Misstrauen gegenüber dem Kapitalismus, in den USA kommt das in Wellen. Gilt das von Ihnen eben skizzierte Modell mehr oder weniger für sämtliche kontinentaleuropäische Staaten – erstens, und zweitens, seit wann gilt es?

Schmidt: Es gilt jedenfalls für ganz Skandinavien, Holland, Belgien, Frankreich, Italien, Deutschland, Schweiz, Österreich. Was Polen angeht und die Tschechische Republik und die Slowakische Republik, Lettland, Irland, Litauen, Ungarn – die versuchen alle, diesem Modell nachzueifern. Damit haben sie heute vor knapp zwanzig Jahren begonnen, und unter erheblichen Schwierigkeiten und Rückschlägen sind sie bisher relativ erfolgreich. Ich kann nicht beurteilen, wie weit es für die Balkanstaaten zutreffen wird, aber es gilt natürlich auch für Griechenland, Spanien und Portugal.

Stern: Bis jetzt haben Sie England ausgelassen.

Schmidt: Weil Sie von Kontinentaleuropa gesprochen haben. England ist ein anderer Fall. In England ist durch Maggie Thatcher der sozialstaatliche Sektor sehr zurückgedrängt worden, einer englischen Rentnerin geht es materiell halb so gut wie einer deutschen Rentnerin. Das ist eine schlimme Sache. Auch der öffentliche Korridor in England, ob es sich um die englische Post handelt oder um die englische Eisenbahn oder um englische Krankenhäuser, ist nicht sehr leistungsfähig. Das ist alles vernachlässigt worden, während der freie marktwirtschaftliche Sektor sich sehr ausgedehnt hat, und innerhalb dieses Sektors – das ist nun nicht Thatchers Schuld – hat sich die Finanzindustrie zu Lasten der Manufacturing Industry gewaltig ausgedehnt.

Stern: Wie schnell sich so was ändert, historisch gesehen: Vor hundert Jahren war England noch der Workshop of the World. Dann, durch Lord Beveridge und die erste Attlee-Regierung 1945 bis 1950, wurde der öffentliche Korridor sehr erweitert. Bis Thatcher.

Schmidt: Wir sind hier eigentlich schon bei dem Thema Europa. Das hatten wir uns für morgen vorgenommen. – Fritz, ich schlage vor, dass wir nach vorne in die Kneipe gehen.

Dritter Tag. Vormittags

Über Ärzte · Das Gesundheitssystem in den USA · Humanitäre Interventionen · Nation Building · Irak · Internationale Militäreinsätze · Europas veränderte Einstellung zum Krieg · Die Überwindung der Fremdenfeindlichkeit in den USA · Ausflug nach Kanada · Marxismus · Wie marxistisch war die deutsche Sozialdemokratie? · Die historische Bedeutung des Marxismus · Zur Geschichte der Arbeiterbewegung · Der Beveridge-Plan · Soziale Gerechtigkeit · Die Finanzierung des Sozialstaats · Das Ende von Weimar · Totalität der Niederlage – Beginn der Demokratie · Rechte Strömungen in der frühen Bundesrepublik

Stern: Werden die drei toten deutschen Soldaten von gestern die Diskussion über den Afghanistan-Einsatz in eine neue Richtung bringen?

Schmidt: Das weiß ich nicht; da es drei sind und nicht ein ganzes Flugzeug mit neunzig, kann es sein, dass das deutsche Publikum das einigermaßen gelassen nimmt. Aber diese Gelassenheit wird natürlich immer dünner, und schließlich schwindet sie. Ob sie schon jetzt Nervosität und Kritik Platz macht, das weiß ich nicht. – Ich wollte eine technische Vorbemerkung machen. Ich habe ein Klitschauge, das mich über Nacht nicht hat schlafen lassen. Irgendwann kommt demnächst mein Doktor, um sich das anzugucken, da gehe ich mal zehn Minuten raus. Ich bitte im Vorwege um Entschuldigung.

Stern: Selbstverständlich, es tut mir leid!

Schmidt: Das sind so Begleiterscheinungen des Alters.

Stern: Ich kenn's. – Kennen Sie die Geschichte von Bismarck?

Schmidt: Nein.

Stern: Er hat Ärzte gehasst. Eines Tages sagte jemand zu ihm: Da gibt es einen ganz jungen Arzt in Berlin, der ist wirklich besonders gut, der kann Ihnen helfen. Der kam und stellte ein paar Fragen, und da sagte Bismarck zu ihm: «Ich hasse es, mit Fragen belästigt zu werden, gerade von Ärzten.» – «Dann müssen Sie einen Tierarzt wählen!»

Schmidt: Weil der Tierarzt sowieso gewohnt ist, mit Ochsen umzugehen!

Stern: Und keine Fragen stellt. Ich wäre gern Arzt geworden –

Schmidt: Das war in Ihrer Familie selbstverständlich.

Stern: Selbstverständlich, aber entspricht auch einem gewissen Interesse. Das Traurige ist, dass ich mit Naturwissenschaften wenig anfangen kann. Ich kann mir aber vorstellen, dass ich eine gewisse Intuition hätte entwickeln können, was Diagnose anlangt, und dass ich Menschen gut hätte pflegen können. Damit meine ich, dass ich ihnen die Hilfe hätte geben können, die früher Ärzte gegeben haben und die heute in Amerika fehlt bei den meisten Ärzten. Aus Zeitgründen und sonstigen Gründen fehlt die Menschlichkeit. Die heutige Medizin ist eine ganz andere Medizin, als sie es früher war, viel mehr abhängig von Tests und Maschinen. Und die Menschlichkeit ist dabei zurückgegangen.

Schmidt: Ja, ihr habt in Amerika eine ausgesprochene Zwei-Klassen-Medizin. Viel stärker ausgeprägt als in anderen Teilen der Welt. Die Leute, die es bezahlen können, werden anständig bedient.

Stern: Nicht mal. Die, die anständig bezahlen können, kriegen extra Tests, kriegen noch mehr Apparate, aber eine gewisse menschliche Nähe oder Fürsorge ist auch für sie nicht zu bekommen.

Schmidt: Woran liegt das?

Stern: Die Ärzte würden sagen, an der Überbürokratisierung – wie viel Zeit sie verschwenden müssen, um sich mit Versicherungen auseinanderzusetzen. Aber es liegt natürlich tiefer. Ich glaube, in der medizinischen Erziehung in Amerika wird ein Umdenken erfolgen müssen hin zu einer humaneren Medizin, die wieder den ganzen Menschen betrachtet. Es gibt erste positive Anzeichen.

Schmidt: Auch die persönliche Verbindung zwischen dem Arzt und dem Patienten ist geschwunden. Einer der Gründe dafür ist, glaube ich, der ungeheure Fortschritt der medizinischen Technologie; dadurch wird das Arzt-Patienten-Verhältnis zerstört.

Stern: Bin ich ganz Ihrer Meinung. Der Glaube an den medizinischen Fortschritt kann das Vertrauensverhältnis zwischen Arzt und Patient aber nicht ersetzen. Es gibt keinen Ersatz für die menschliche Behandlung eines kranken Menschen.

Schmidt: Nein, gibt es nicht.

Stern: Ich kann das alles sagen – nicht nur vor dem Hintergrund meiner Familiengeschichte, sondern weil ich glücklicherweise einen erstklassigen Kardiologen habe, der gleichzeitig ein Mensch ist. Das macht einen Riesenunterschied. Es hat nicht so viel mit Geld zu tun als damit, dass sich nach einem Herzinfarkt eine Freundschaft entwickelte. Erfreulich ist auch, dass sich in Amerika seit etwa einem Jahrzehnt immer mehr durchsetzt, was man alternative Medizin nennt. Es ist auch historisch und kulturell interessant zu sehen, welche Möglichkeiten sich für die chinesische Medizin in Amerika ergeben.

Schmidt: Aber die alternative Medizin verstärkt die Tendenz zur Zwei-Klassen-Medizin eher noch.

Stern: Ich glaube, dass bei der Reform des amerikanischen Gesundheitswesens, die Obama jetzt in Angriff nimmt, Begriffe wie humane oder alternative Medizin durchaus eine Rolle spielen. Im Kern geht es natürlich erst einmal um etwas anderes. Es geht darum, dass die meisten Amerikaner – das sind Millionen und Abermillionen – nicht versichert sind und überhaupt keine Reserven haben, sich medizinische Hilfe zu beschaffen. Wenn heute ein Amerikaner auf der Straße umfällt oder von einem Auto angefahren wird und von der Ambulanz in die nächste Klinik gebracht wird, hat er großes Glück, weil er in der Regel sofort behandelt wird. Aber wer auf seinen beiden Beinen in eine Klinik geht und sagt, mir tut es hier weh oder da, der wird erst einmal gefragt: Sind Sie versichert? Und wenn nicht, kann man abgewiesen werden, oder es heißt: Dann setzen Sie sich mal da hin. Und da kann man lange sitzen.

Schmidt: Das meinte ich: In Amerika ist die Zwei-Klassen-Medizin sehr ausgeprägt.

Stern: Aber in Deutschland ist man, soviel ich weiß, auch auf dem Weg in die Zwei-Klassen-Medizin.

Schmidt: Es gibt auf der ganzen Welt immer Zwei-Klassen-Medizin, wenn es mal bloß zwei Klassen sind. Aber wir haben in Deutschland eine medizinische Versorgung aller hier lebenden 80 Millionen, die im internationalen Vergleich erstklassig ist bei allen Defiziten, die es gibt. Wahrscheinlich unter den großen Staaten ähnlich nur noch in der kleinen Schweiz. Unendlich viel besser als in Amerika, unendlich viel besser als in England. Wenn Sie in England krank werden, kommen Sie in ein öffentliches Krankenhaus. Und da versuchen Sie so schnell wie möglich rauszukommen –

Stern: Maggie Thatcher! Sie hat das Schrumpfen des Sozialstaates zu verantworten: «There's no such thing as society.»

Schmidt: Ähnlich vernachlässigt wie die englischen Eisenbahnen und der ganze öffentliche Sektor in England. Nein, Fritz, ich bin in Amerika krank geworden, ich bin in Japan krank geworden, ich habe auch in England so was erlebt – in Deutschland sind Sie am besten aufgehoben! Für die Masse der Menschen ist das so.

Stern: Auf der anderen Seite muss man sagen, in den ernstesten Fällen, was Chirurgie und Hirn angeht, ist die amerikanische Medizin –

Schmidt: Die Spitzen der amerikanischen Medizin sind gleichzeitig Weltspitze, kein Zweifel, die medizinische Forschung und die Innovation der Medizin verdankt den Amerikanern mehr als die Hälfte. Ist gar kein Zweifel, aber es teilt sich eben nicht dem kleinen Mann im Krankenbett mit.

Stern: Aber was ich eben schon sagte: Der technische und wissenschaftliche Fortschritt hat auch dazu beigetragen, dass die Medizin heute weniger human ist als früher.

Schmidt: Und dass die Menschen immer älter werden. Weil die moderne Medizin und weil die heutigen Arbeitsbedingungen in der Fabrik und im Büro und weil die moderne Hygiene, sauberes Wasser und giftfreie Nahrung und moderne Ernährung – weil das alles zusammenspielt, ist die Alterung unserer Gesellschaft unausweichlich. Die Menschen leben länger, und in den letzten fünf Jahren ihrer Krankheit brauchen sie mehr ärztliche Hilfe als in den vorangegangenen 75 Jahren, wo sie nur ab und zu mal krank waren. Das heißt, die Kosten für die medizinische Versorgung müssen steigen, nicht nur in absoluten Zahlen, sondern auch ihr Anteil am Volkseinkommen, ihr Anteil am Sozialprodukt wird steigen. Das ist ganz zwangsläufig.

Stern: Ich habe meiner Frau gesagt, ich verzichte auf mein letztes Jahr. Vor allem im Hinblick auf Kosten und Schmerzen. Nur ist der Plan nicht ganz leicht durchzuführen.

Schmidt: Was die eben von Ihnen angesprochene Reform des Gesundheitssektors in Amerika angeht, sehe ich ziemlich viele Widerstände auf Obama zukommen.

Stern: Das führt zweifellos zu einem schweren Konflikt innerhalb der Gesellschaft und ist für Obama ein ganz großer Kampf.

Schmidt: Der ist schon einmal unter Clinton verloren gegangen.

Stern: Richtig. Zum großen Teil möglicherweise durch Fehler von Hillary. Es gibt eine starke Opposition, die auf dem Standpunkt steht, wir haben es immer alleine geschafft, wir brauchen nicht den Staat. Je weniger Staat, umso besser. Auf der anderen Seite ist völlig klar, dass wir bis jetzt, was medizinische Verhältnisse anlangt, in einem ungerechten Staat leben. Das ist eigentlich schon seit dem New Deal völlig klar, und Versuche, das zu ändern, wurden immer wieder gemacht. Den letzten Versuch machte die Clinton-Administration. Die starken Gegenkräfte formieren sich auf der einen Seite um einen Teil der Ärzte selber, die gegen eine gewisse staatliche Kontrolle sind – sie reden dann sofort von «socialized medicine», als ob das das Schlimmste wäre, was es gibt – und auf der anderen Seite um die pharmakologische Industrie und die Versicherungsunternehmen. Beide haben eine ungeheuer reich ausgestattete Lobby.

Schmidt: Ja, aber auch in der politischen Öffentlichkeit. Es gibt doch sicherlich eine ganze Menge Konservative im Kongress, denen das alles viel zu weit geht.

Stern: Absolut, ja. Und die laut schreien: Das bringt Abhängigkeit –

Schmidt: Die Freiheit wird gefährdet –

Stern: Die Freiheit wird gefährdet, und es führt zum Sozialimus. Ohne dass die Menschen in Amerika eine Ahnung haben, was Sozialismus ist. Bei der Masse würde die Gesundheitsreform einen breiten Rückhalt finden, aber die Masse muss auch in diesem Fall erst mobilisiert werden. Und das ist genau das, was die Regierung im Augenblick versucht. Gerade was die Gesundheitspolitik anlangt, kriege ich, wie wahrscheinlich zehn Millionen andere Amerikaner auch, die Obama unterstützt haben, viele Emails: Fritz, wir brauchen Ihre Hilfe, setzen Sie sich mit Ihrem Kongressmann und Ihrem Senator in Verbindung und sagen Sie ihm, wie wichtig Ihnen diese Frage ist. Es lag schon immer in der Macht des amerikanischen Präsidenten, sich direkt an die Massen zu wenden und sie um Unterstützung einer bestimmten Politik zu bitten. Aber die Möglichkeit, an zehn Millionen gleichzeitig eine Message zu schicken, die gibt es erst jetzt.

Schmidt: Wir haben noch eine Menge Stichworte auf unserer Liste, Fritz, lassen Sie uns mal von den Krankheiten wegkommen. Sie haben mich nach den drei toten Soldaten in Afghanistan gefragt. Sie wissen, dass ich von so genannten humanitären Interventionen wenig halte, schon gar nicht –

Stern: Da regt sich bei mir Widerstand. Darf man völkerrechtliche Vergehen, die so offen zutage liegen wie etwa die Verbrechen im Sudan –

Schmidt: Ist das ein völkerrechtliches Vergehen? Sie sind sich über das Völkerrecht möglicherweise nicht ausreichend im Klaren.

Stern: Dann sage ich Verletzung der United Nations Charta –

Schmidt: Für ein Mitglied der United Nations ist die Verletzung der Charta ein Verstoß gegen das Völkerrecht.

Stern: Das meinte ich ja.

Schmidt: Und das kann dazu führen, dass der Sicherheitsrat der Vereinten Nationen einen Beschluss fasst, der zur Intervention führen kann. Aber selbst die vom Sicherheitsrat beschlossenen Interventionen tendieren zum Teil dazu, auszuarten in Verfolgung von imperialen und anderen machtpolitischen Zielen. Deswegen meine Skepsis: keine generelle Ablehnung ohne Ausnahme, aber eine sehr ausgesprochene Zurückhaltung. Und außerdem tendieren alle diese Interventionen dazu, sich zwangsläufig zu verewigen. Ich nehme als Paradebeispiele Bosnien, Herzegowina und Kosovo. Das liegt jetzt über ein Jahrzehnt zurück, und immer noch kann man die Truppen nicht von dort zurückziehen, weil man weiß, anschließend entsteht Bürgerkrieg und Chaos. Und so wird es auch im Irak sein, und so wird es in Afghanistan sein. Deswegen meine Skepsis und meine Zurückhaltung. Übrigens, Kosovo und Herzegowina und Bosnien waren nicht von den Vereinten Nationen beschlossen.

Stern: Aber wenn der Sicherheitsrat so etwas beschließt, ist das geltendes Recht. Die Satzung der Vereinten Nationen steht im Einklang mit dem Völkerrecht.

Schmidt: Richtig. Das heißt aber noch nicht, dass mein Land sich beteiligen muss. Der Sicherheitsrat kann kein Land verpflichten, seine Soldaten in den Sudan zu schicken.

Stern: Wenn man zurückdenkt an den entsetzlichen Genozid in Ruanda 1994 oder an das Versagen der holländischen Truppen in Srebrenica ein Jahr später, kann man nur sagen: Wenn man es macht, muss man es gründlich und mit

Entschlossenheit machen und zusehen, dass man so bald wie möglich wieder rauskommt. Und die Aktion muss vom Sicherheitsrat gedeckt sein.

Schmidt: Vom Sicherheitsrat gedeckt bedeutet bereits ein Abwägen von machtpolitischen Interessen. Zum Beispiel hat Amerika den Gedanken erwogen, wegen der beabsichtigten Intervention gegen den Irak einen Beschluss des Sicherheitsrats herbeizuführen. Man hat diesen Gedanken verworfen, als klar wurde, dass ein oder zwei der Veto-Mächte dagegen gestimmt hätten. Dann wäre durch diese Abstimmung eine Intervention verboten gewesen. Auch im Sicherheitsrat und in den Vereinten Nationen spielen außenpolitisch-strategische und machtpolitische Interessen eine Riesenrolle. So ist die Welt! Das ist einer der Gründe übrigens, weswegen ich es für abwegig halte, dass die Deutschen und die Japaner unbedingt auch noch Mitglieder des Sicherheitsrats werden wollen. Warum sollen wir uns zusätzliche Verantwortung aufladen?

Stern: Könnte man die humanitäre Hilfe, die nicht militärisch begleitet werden muss, nicht anders koordinieren? Zum Beispiel könnten sich unter dem Schirm der Vereinten Nationen einige Nationen zusammenschließen nach dem Motto: Wir werden nicht zulassen, dass an diesem oder jenem Ort der Welt tausendfach Leute verhungern, nur weil die Veto-Mächte nicht in der Lage sind, ihre Machtinteressen für einen Moment hintan zu stellen. Denkbar wäre auch, dass man Organisationen wie zum Beispiel «Médecins Sans Frontières» mehr unterstützt, indem man ihnen militärische Hilfe zur Seite stellt. Es sind verschiedene Modelle denkbar, die beweisen könnten, dass der Westen nicht nur imperialistische Ziele verfolgt, sondern auch einen guten Willen hat. Es gibt viele Mittel, glaube ich, ehe man zum letzten Mittel einer militärischen Intervention greifen muss.

Schmidt: Aber gegenüber einem Gewaltregime gelangen solche Hilfsorganisationen schnell an ihre Grenze, ob es «Ärzte ohne Grenzen» sind oder das Internationale Rote Kreuz. Das Rote Kreuz kann nicht verhindern, dass der Krieg weitergeht. Es kann auch seinen Einsatz nicht erzwingen.

Stern: Aber die Arbeit des Internationalen Roten Kreuzes, die in den beiden Weltkriegen und den sonstigen Konflikten des 20. Jahrhunderts viel bewirkt hat, wenn auch nicht genug, muss erleichtert und erweitert werden.

Schmidt: Die haben ihre Pflicht anständig erfüllt, aber es hat nicht ausgereicht. Jeder Krieg führt zur Brutalisierung auf beiden Seiten. Das konnten auch die Leute vom Roten Kreuz nicht verhindern.

Stern: Die Rolle des Internationalen Roten Kreuzes gerade im Zweiten Weltkrieg wird unter Historikern sehr kontrovers beurteilt. Auf was die alles reingefallen sind, gerade was das Dritte Reich anlangt! Insbesondere die Rolle von Carl Burckhardt ist heftig umstritten. Ich würde mir da kein Urteil erlauben. Aber über den politischen Verfehlungen des Roten Kreuzes sollten die großen humanitären Leistungen der Männer und Frauen im Sanitätseinsatz nicht vergessen werden. Schließlich hat das Rote Kreuz auch geholfen, familiäre Verbindungen unter den Bedingungen von Krieg und Verfolgung aufrechtzuerhalten.

Schmidt: Bleiben wir einen Moment beim Thema der militärischen oder militärisch gestützten Intervention in einem fremden Staat aus humanitären Gründen. Ich frage Sie, Fritz: Wenn Sie ihren Sohn da rein schicken und der kommt in einem Zinksarg als Leiche zurück, dann würde Ihre heutige Argumentation vermutlich etwas vorsichtiger sein.

Stern: Ja. Ob eine Berufsarmee eine Alternative darstellt?

Schmidt: Eine Berufsarmee wäre auch nicht verpflichtet, aus humanitären Gründen ihre Haut zu Markte zu tragen, sondern sie wäre nach dem Grundgesetz verpflichtet, Deutschland zu verteidigen. Das Grundgesetz sieht nicht vor, dass deutsche Soldaten dafür da sind, in Zentralasien zu sterben.

Im Falle Afghanistan hat sich die Bundesrepublik anderen Staaten beigesellt, die ihrerseits, gedeckt durch einen Beschluss des Sicherheitsrats der UN, interveniert haben in Afghanistan, um Al Qaida zu eliminieren. Das war der Zweck. Die Truppen stehen nicht unter dem Oberkommando der Vereinten Nationen, sondern de facto und de jure unter dem Oberkommando der amerikanischen Führung in Afghanistan.

Stern: Afghanistan ist ein etwas anders gelagerter Fall. Wir waren bei den humanitären Interventionen.

Schmidt: Vom Grundgesetz aus ist Afghanistan in Ordnung, weil der Einsatz in Übereinstimmung mit der vom deutschen Parlament ratifizierten Charta der Vereinten Nationen steht. Nicht so im Falle Bosnien. Nicht so im Falle Herzegowina. Und nicht so im Falle Kosovo. Die angeblich humanitären Interventionen im ehemaligen Jugoslawien sind vom Grundgesetz nicht gedeckt, weil sie nicht gedeckt waren durch einen Beschluss der United Nations.

Stern: Aber angenommen, der Sicherheitsrat würde einen Beschluss fassen, aus humanitären Gründen zu intervenieren im Sudan, und es käme eine Anfrage an die Bundesregierung, ob die Bundeswehr Kontingente zur Verfügung stellt –

Schmidt: Da würde meine Antwort sein: Jetzt ist es genug, wir haben schon soundsoviel tausend Soldaten da und soundsoviel Soldaten dort – mehr können wir nicht. Das wäre meine Antwort. Und außerdem, ich sagte es schon, tendiert jeder Krieg zur Brutalisierung. Bei den Luftangriffen auf Belgrad wurde aus «Versehen» die chinesische Botschaft in Schutt und Asche gelegt. Ein Luftangriff auf eine offene Stadt: Das kommt dabei heraus, wenn Sie Krieg führen. Nehmen Sie Afghanistan. Das Ziel war, Al Qaida die Basis zu entziehen. Das Ziel ist erreicht, Al Qaida ist aus Afghanistan verschwunden, ist nach Pakistan ausgewichen. Heute werden die Taliban bekämpft und der Anbau von Schlafmohn. Und außerdem versucht man, aus Afghanistan einen Staat zu machen, den hat es aber in dreitausend Jahren dort kaum jemals gegeben.

Stern: Das ist eine große Debatte in Amerika, die von Zeit zu Zeit aufkommt über Nation Building. Die Aufgabe der Amerikaner –

Schmidt: Zum Schieflachen – eine afghanische Nation gibt es nicht!

Stern: Ich sage ja nur, dass es eine Debatte in Amerika angestoßen hat, eine Debatte darüber, ob Nation Building im amerikanischen Interesse ist oder nicht.

Schmidt: Und ich meine, außerhalb Amerikas ist das Stichwort Nation Building längst ein Begriff. Ganz besonders in Schwarzafrika, in einer Reihe von Staaten, die nach 1945 dadurch entstanden, dass die Kolonialmächte ihre Kolonien aufgeben mussten und die alten Kolonialgrenzen zu Staatsgrenzen machten. Ob portugiesische oder englische oder französische Kolonialmacht, keine von ihnen hat Rücksicht genommen auf Religion, auf Stammeszugehörigkeit, auf Sprachen, auf Volkszugehörigkeit. Infolge dessen sind die heutigen Staaten ein Mischmasch von Religionen, von Sprachen, von Stämmen. Seit dreißig Jahren reden die Führer dort von Nation Building. Ich habe doch die Reden des damaligen Präsidenten von Sambia oder des Herrn Mugabe in Zimbabwe noch im Ohr. Die redeten alle von Nation Building. Das konnte man gut verstehen, aber es war hoffnungslos. Es gibt nur zwei Nationen in ganz Afrika, die einen durch historische Entwicklung legitimierten Staat gebildet haben. Das ist Ägypten und das ist Äthiopien. Schluss. Es ist nicht die Sache der Weißen in Washington oder der Weißen in Paris oder in Berlin, den Schwarzen zu sagen, wie sie ihre Staaten regieren sollen –

Stern: Nicht, wie sie sie regieren sollen, aber es ist schon ihre Sache, Blutvergießen zu verhindern. In Amerika wurde die Idee von Nation Building im Zusammenhang mit der

Irak-Frage aktuell. Es war eine der Hauptschwindeleien beim Beginn des Irak-Krieges, zu sagen, dass man im Irak eine Demokratie aufbauen will und von dort aus dann in einer Art positivem Domino-Effekt den ganzen Mittleren Osten zur Demokratie bringt. Ein Wahnsinn! Aber es gab viele Leute in Amerika, die das geglaubt haben – vor allem Neokonservative, die nahe genug an der Macht waren, um das durchzusetzen: Demokratie für das irakische Volk!

Schmidt: Es gibt kein irakisches Volk, es gibt eine irakische Bevölkerung, einige davon sind Schiiten und sind bereit, dafür auf die Straße zu gehen, die anderen sind Sunniten, und die sind ebenfalls bereit, dafür auf die Straße zu gehen. Beide sprechen dieselbe arabische Sprache. Die Dritten sind Kurden, sprechen eine andere Sprache und sind ihrerseits bereit, auf die Straße zu gehen und zu schießen. Das ist nicht ein Volk. Das ist ein Irrtum. Das war ein Mandatsgebiet der Briten, nach dem Ersten Weltkrieg entstanden mit völlig willkürlich gezogenen Grenzen. Heute ist es ein Staat, und die Amerikaner bilden sich ein, es sei vielleicht eine Nation draus zu machen. Wirklich zum Schieflachen.

Stern: Es kann natürlich zu chaotischen Situationen führen, wenn die Amerikaner sich wirklich aus dem Irak entfernen. Aber so wie sie aus angeblich nationalem Interesse reingegangen sind, so werden sie auch die Frage des Rückzugs in erster Linie mit Blick auf ihre eigenen nationalen Interessen entscheiden. Ist es im nationalen Interesse, sich möglichst schnell aus dem Irak zurück zu ziehen, oder ist es im nationalen Interesse, den Irak möglichst stark zurück zu lassen. Dazwischen muss man abwägen.

Schmidt: Ich würde zu dieser Thematik noch einen Hinweis hinzufügen wollen. Bis zum Ende des Kalten Krieges haben die Vereinten Nationen in ungleich geringerer Zahl humanitäre Interventionen beschlossen. Dieses enorme Ausmaß hat sich entwickelt im Laufe der neunziger Jahre, genauer gesagt seit 1992. Gleichzeitig ist seit dem Ersten Weltkrieg eine ideologische Veränderung eingetreten. Bis zum Ersten Weltkrieg einschließlich war es für jeden Soldaten jeder Krieg führenden Macht ganz selbstverständlich: Das sind die Interessen meines Landes und meines Kaisers oder Königs, und dem muss ich folgen. Kein Mensch hat humane oder humanitäre Erwägungen dabei gehabt, keiner hat die Demokratie verbreiten wollen, es war ein rein nationales Interesse, das verfolgt wurde. Schon im Korea-Krieg ging es ausschließlich nur noch um Ideologie, nämlich darum, die Ausbreitung des Weltkommunismus zu verhindern. Heute ist Nation Building eine Ideologie.

Stern: Eine Anmerkung noch zu der Veränderung der Konfliktsituationen seit dem Ende der bipolaren Welt. Es gibt ja seither auch einige Konflikte, Stichwort Tschetschenien oder Ossetien, wo der Westen keineswegs die Möglichkeit auch nur erwogen hätte, einzugreifen. Was Putin am Kaukasus gemacht hat in den letzten zehn Jahren –

Schmidt: Das fängt nicht unter Putin an, das fängt unter Jelzin schon an. Das Beispiel Tschetschenien ist ein gutes Beispiel *gegen* humanitäre Motivationen. Zu Zeiten von Breschnew oder von Chruschtschow hätte kein Mensch in Amerika oder in Europa daran gedacht, im Falle eines Bürgerkrieges in Tschetschenien aus humanitären Gründen einzugreifen. Jetzt war inzwischen Chruschtschow nicht mehr im Amt, Breschnew nicht mehr im Amt, Gorbatschow nicht mehr im Amt. Und immer noch hat der Westen gar nicht im Ernst daran gedacht, dass hier aus humanitären Gründen eingegriffen werden müsse. Weil erstens das restliche Russland ein bisschen zu groß ist, um sich mit ihm anzulegen, und weil es zweitens völlig über die Kräfte des Westens hinausgegangen wäre.

Stern: Ich suche die ganze Zeit nach Beispielen für einen erfolgreichen Einsatz unter humanitären oder Völkerrechtsaspekten im 20. Jahrhundert, der dazu geführt hat, dass ein Land nachher freier war oder bessere Möglichkeiten hatte, sich zu entfalten. Ich denke, viele Amerikaner, jedenfalls unter den Anhängern der vorigen Regierung Bush Jr., würden sagen, Deutschland und Japan, das sind klassische Beispiele für Nation Building.

Schmidt: Der Abscheu vor dem Hitler-Regime spielte für Roosevelt eine wichtige Rolle bei seiner Entscheidung, die USA in den Krieg zu führen, das ist zweifellos richtig.

Stern: Abscheu bestimmt, Wahrnehmung der deutschen Gefahr auch – aber schließlich hat Hitler selbst die USA in den Krieg gebracht. Meine Frage ist: Muss man sich damit abfinden, dass ein humanitärer Einsatz immer ad hoc entschieden wird, oder ist es möglich – ich denke an die Haager Landkriegsordnung von 1907 –, einige Bedingungen für einen solchen Einsatz und einige Beschränkungen zu qualifizieren.

Schmidt: Es gibt zweihundert Staaten auf der Welt gegenwärtig, und wahrscheinlich mindestens dreitausend Ethnien. Und in fast allen diesen Ethnien, mit der Ausnahme der europäischen Völker und des russischen und des japanischen Volkes, findet ein gewaltiges Bevölkerungswachstum statt. Heute gibt es sieben Milliarden Menschen auf der Welt, vor 109 Jahren waren es noch 1,6 Milliarden. Es findet überall eine gewaltige Verstädterung statt, das heißt Vermassung. Hinzu kommt der elektronische Fortschritt mit seinen vielfachen Möglichkeiten, diese Massen in Bewegung zu bringen.

Stern: Aber das heißt doch nicht, dass es früher leichter gewesen ist, Konflikte zu prognostizieren, also auch zu verhindern, vorzubeugen, Präventivmaßnahmen zu ergreifen –

Schmidt: Nein, das war gar nicht leicht, es war auch gar nicht in der Vorstellung der Regierenden wünschenswert. Die haben sich nicht bemüht, Krieg zu verhindern.

Stern: Krieg wurde als Ultima ratio anerkannt –

Schmidt: Und als selbstverständlicher Teil des menschlichen Schicksals.

Stern: Der Erste Weltkrieg hat die europäische Welt in dieser Hinsicht allerdings gespalten. Am Ende des Krieges gab es eine Minderheit, die zum Pazifismus neigte, und eine Mehrheit, ganz besonders in Deutschland, die weiterhin glaubte, dass Krieg ein Mittel der Politik ist.

Schmidt: Als der Zweite Weltkrieg losging, 1939, war ich zwanzig Jahre alt, und für mich war genauso wie ein Vierteljahrhundert vorher für meinen Vater selbstverständlich: Das Vaterland führt Krieg, also muss man seine Pflicht tun. Das hat man hingenommen als selbstverständlich. Ganz wenige nur kamen auf die Idee, dass das in Wirklichkeit nicht ihre Pflicht war.

Stern: Der amerikanische Historiker Jim Sheehan hat ein wichtiges Buch geschrieben über die Gewalterfahrung Europas im 20. Jahrhundert, «Where have all the soldiers gone?» heißt es. Seine These ist, dass die Erfahrung zweier Weltkriege dazu geführt hat, dass die Zivilgesellschaften in Europa nach 1945 überwiegend friedlich, ja sogar pazifistisch geworden sind und deswegen nicht mehr die Kraft aufbringen zu militärischem Eingreifen. Der Preis dafür ist, dass Europa als machtpolitischer Akteur praktisch ausgeschieden ist.

Schmidt: Man kann das auch anders ausdrücken. Die Vitalität der europäischen Nationen ist gewaltig abgesunken, siehe die Geburtenziffern. Es ist nicht nur eine Hinwendung zum Pazifismus, sondern es ist insgesamt ein Absinken der Vitalität. Und es beschränkt sich auf den europäischen Kontinent. Der hat in diesen beiden Kriegen schrecklich gelitten, und nun ist die Vitalität entsprechend reduziert. Ob es dabei bleibt, das steht dahin, aber zur Zeit ist es so.

Stern: Es ist nicht nur eine Frage der Vitalität, sondern es ist auch eine Frage der Mentalität. Unter den kontinentalen

Europäern, ganz besonders unter den Deutschen, ist das Prestige des Militärs, das Ideal des Krieges so gut wie verschwunden.

Schmidt: Man kann es auch ein bisschen primitiver ausdrücken. Wenn ich nicht mehr kann und ich weiß, dass ich nicht mehr kann, dann will ich auch nicht mehr wollen.

Stern: Die Frage, ob die sinkende Bevölkerungsrate Ausdruck nachlassender Vitalität oder Ausdruck einer veränderten Mentalität ist, dürfte von jeder Wissenschaftsdisziplin anders beantwortet werden. Die veränderte Einstellung zum Krieg hängt jedenfalls nicht nur von den nachlassenden Geburten ab.

Schmidt: Zu den Folgen der Bevölkerungsexplosion auf dem Erdball gehören die Wanderungsbewegungen in Richtung auf jene Länder, in denen die Geburtenraten weit zurückbleiben. Zum Beispiel haben wir heute in Deutschland 3,5 Millionen Muslime; in einer 80-Millionen-Bevölkerung sind vier Millionen eine ganze Menge, das sind fast fünf Prozent. Hier entstehen neue Konflikte, die es vorher nicht gegeben hat.

Stern: Amerika hat gezeigt, was an Integration möglich ist! Davon kann man in Europa lernen. Es kostet viel Zeit, und man muss ungeheuere Ressentiments überwinden. Die ursprüngliche Fremdenfeindlichkeit in Amerika darf ja nicht unterschätzt werden. Sie wurde progressiv abgebaut und überwunden. Aber schauen Sie sich die Iren in Massachusetts im 19. Jahrhundert an oder im 20. Jahrhundert den Anteil von Iren und Juden in den Elite-Universitäten: Da kann man sehen, dass Fremdenfeindlichkeit nichts spezifisch Europäisches ist. Aber man kann es peu à peu, mit gutem Willen, überwinden.

Schmidt: Habe ich das richtig verstanden: Jüdische Gelehrte an den Elite-Universitäten waren mit Fremdenfeindlichkeit konfrontiert?

Stern: Nein, die waren überhaupt nicht konfrontiert, die gab es nämlich so gut wie gar nicht an den Elite-Universitäten. Der Umschwung kam mit dem Zweiten Weltkrieg. So spät. Es gab selbstverständlich Ausnahmen, gar keine Frage, Felix Frankfurter in Harvard etwa, der von Roosevelt 1939 zum Obersten Gerichtshof berufen wurde, aber das waren wirkliche Ausnahmen. Man «übersah» sie, es gab sie als Ausnahmen. Mein Lehrer und Mentor, Lionel Trilling, war der erste Jude, der im Fachbereich englische Literatur an der Columbia eine ordentliche Professur bekam, das war Anfang der vierziger Jahre!

Schmidt: Das heißt, bis in die dreißiger Jahre wäre an den Elite-Universitäten der amerikanischen Ostküste Antisemitismus zu registrieren gewesen?

Stern: Verschleierter Antisemitismus, ja. Es wurde auch an den Elite-Universitäten – inoffiziell – darauf geachtet, dass sich die Zahl der jüdischen Studenten in engen Grenzen hielt. Auch das änderte sich beinahe schlagartig nach dem Zweiten Weltkrieg. Es gab immer Ausnahmen, ganz besonders in den Naturwissenschaften. Das alles ist sehr, sehr schwierig. Ich sage deshalb: Man kann aus der amerikanischen Erfahrung lernen, wenn man zur Kenntnis nimmt, dass diese Erfahrung auch ihren Preis hatte.

Schmidt: Wenn man einen Schritt macht, Fritz, über die nördlichen Grenzen der Vereinigten Staaten nach Kanada, dann kann man sehen, wie schwierig Integration ist. Da handelt es sich nicht um Völker, die der Farbe oder der Religion nach verschieden sind, sondern es handelt sich um Leute, die Englisch sprechen, und um Leute, die Französisch sprechen. Die Letzteren leben in der geistigen und kulturellen Tradition Frankreichs, und die Ersteren leben in einer allgemein stark englisch beeinflussten Tradition. Aber noch in der zweiten Hälfte des 20. Jahrhunderts konnte man ein Auseinanderbrechen Kanadas in zwei Teile nicht ausschließen. Für meinen Freund Pierre Trudeau, der ein wunderbarer Premierminister für das Land war, war es selbstverständlich, dass er in jeder Rede zwischen englischer und französischer Sprache wechselte. Er hat im Übrigen nie, glaube ich, von einer kanadischen Nation gesprochen.

Stern: Darf ich da eine kleine Geschichte beitragen, die mir Ende der sechziger Jahre passierte. Ich war im französischsprachigen Kanada, oben in der Gaspé-Halbinsel, und eines Abends konnte ich nicht mehr zurück auf die Insel, wo wir wohnten, und musste mich einquartieren bei einer französischen Familie. Ich unterhielt mich mit der Mutter dieser Familie, einer älteren Dame, die hundertprozentig auf de Gaulles Linie lag «Vive le Québec libre!» Und ich fragte sie – ich erinnere mich noch ganz genau, trotz einiger Pernod –, ja, glauben Sie denn wirklich, dass alle Probleme gelöst sein werden für Sie, wenn das französische Kanada unabhängig wird? – Ja, alle Probleme. – Als ich die Verteidigung erwähnte, antwortete sie: «Wir brauchen keine Armee, wir würden wie die Schweiz sein.» Als ich ihr über die Schweizer Armee berichtete – war ihr das völlig egal. Wunsch triumphiert über Wahrheit.

Schmidt: Wenn es zu einer Aufteilung Kanadas gekommen wäre und Québec hätte sich selbständig gemacht, dann hätten die kleinen, an der Ostküste liegenden englischsprachigen Provinzen – Maritime Provinces heißen die, glaube ich – in Washington Schlange gestanden und beantragt, Mitglieder der United States zu werden.

Stern: Ich hätte geraten, die aufzunehmen und Texas stattdessen aufzugeben.

Schmidt: Das sagen Sie, weil Ihnen dann Bush erspart geblieben wäre.

Stern: Ich bleibe beim Thema und füge hinzu, dass die großen Minderheiten in Amerika zeitweise auf ihre eigene Geschichte geradezu gepocht haben. Es wäre falsch zu glauben, dass der Gedanke des Melting Pot von allen und zu jeder Zeit freudig akzeptiert worden ist.

Schmidt: Es könnte sein, dass die negative Entwicklung der letzten zehn Jahre und die zu erwartende Entwicklung der kommenden acht Jahre unter Obama neuen Schwung für eine positive Identifikation mit Amerika liefern.

Stern: Ja, ist sehr zu hoffen.

Schmidt: Und zwar insbesondere für sogenannte Afro-Americans, also für Schwarze und Farbige, und etwas später auch für die Hispanics, wobei ich glaube, dass die Geburtenziffern unter den schwarzen Amerikanern und die Geburtenziffern unter den Latinos oder Hispanics bis in die Mitte dieses Jahrhunderts dazu führen werden, dass man in Amerika in Richtung Sozialstaat umdenken muss. Weil es in der Masse Unterschichten sind, die verlangen, dass ihre Kinder auf eine anständige Schule gehen können, dass sie studieren dürfen, die mehr Rente verlangen, die eine Krankenversicherung verlangen. Im Laufe der nächsten Jahrzehnte sehe ich eine Hinwendung Amerikas zum Wohlfahrtstaat als wahrscheinlich an.

Stern: Das ist meines Erachtens genau die Richtung, in die Obama arbeitet. Eine der Folgen könnte sein, dass das Wort Afro-American, das historisch gesehen ja ziemlich neu ist, mit Obama allmählich verschwindet. Man wird mehr oder weniger aufhören, über Afro-Amerikaner zu reden, sie sind Amerikaner – Punkt.

Schmidt: Ja, könnte sein.

Stern: Und das wäre an und für sich ein großer Fortschritt. Ich glaube, die ethnischen und ethischen Folgen von Obamas Wahl sind noch nicht abzusehen, aber ich bin ziemlich sicher, dass sie im Ganzen sehr positiv sein werden.

Schmidt: Die notwendige Finanzierung des Sozialstaats wird dazu führen, dass ein Teil der Gesellschaft ein bisschen darunter leiden wird, dass er nicht mehr freewheeling sich bereichern kann. Was ja nicht schlimm ist.

Stern: Es wird Widerstände geben, aber der jetzige Zustand, gerade was das Gesundheitswesen anlangt, ist nicht länger akzeptabel. Das hängt auch mit der schwierigen Frage zusammen, was eigentlich soziale Gerechtigkeit bedeutet – ein brisantes Thema für die Amerikaner. Das Verlangen nach sozialer Gerechtigkeit wird gedämpft durch den uramerikanischen Wunsch, dem materiellen Erfolg des Individuums keinerlei Grenzen zu ziehen. Hier stoßen wir an die alte Frage, die schon Werner Sombart gestellt hat: Warum gibt es keinen Sozialismus in Amerika? Ganz anders die Entwicklung in Deutschland und Europa. Die deutsche Sozialdemokratie setzte sich ja leidenschaftlich für soziale Gerechtigkeit ein und fand ihren theoretischen Unterbau im Marxismus. Der Marxismus hat ja rhetorisch immer eine große Rolle gespielt in der deutschen Sozialdemokratie. Nach 1890, nach Aufhebung der Sozialistengesetze, setzte sich die pragmatische, revisionistische Linie von Eduard Bernstein zwar immer mehr durch – zum Teil auch im Hinblick auf die II. Internationale. Aber rhetorisch wurde sie durch den Marxismus immer wieder übertönt. Der Marxismus war wichtig, um Menschen die Hoffnung zu geben: So kommt es, wir wissen, dass es so kommen wird.

Schmidt: Erstens, der Anfang der deutschen Sozialdemokratie liegt nicht bei Marx und Engels, sondern der liegt bei Lassalle. Und der hatte mit dem Marxismus kaum was zu tun. «Der kühnen Bahn nun folgen wir, die uns geführt Lassalle», ist eines der ewig nicht untergehenden Lieder der alten Sozialdemokratie. Zweitens muss geklärt werden, was man mit Marxismus meint. Meint man damit Karl Marx? Oder meint man damit seine Adepten und seine Interpreten in der zweiten und dritten Generation. Leszek Kolakowski hat drei Bände über die verschiedenen Strömungen von Marxismus geschrieben. Für mich ist das Kennzeichen und das Wesen des Marxismus die hervorragende Analyse von Gesellschaft und Wirtschaft. Wo er sich auf die Zukunft erstreckt, ist er nicht zu gebrauchen.

Darüber waren sich die meisten Sozialdemokraten im Klaren, und einer der ersten, die das erkannten, war sicher der von Ihnen eben erwähnte Bernstein. Aber der Marxismus blieb für die Partei eine Last.

Stern: Im Erfurter Programm haben die Revisionisten die Diktatur des Proletariats klar abgelehnt, allen voran Eduard Bernstein.

Schmidt: Bernstein blieb leider ziemlich allein. Das Erfurter Programm – das ist 1891 –, wenn man das liest, das ist ein leicht verwässerter Marxismus. August Bebel hat noch 1913, kurz vor seinem Tode, von dem «großen Kladderadatsch» geredet. Und Bebel war ein wichtiger Führer.

Stern: Ich glaube, Bebels Wort vom «großen Kladderadatsch» steht im Zusammenhang mit dem drohenden Krieg. Aber ich verstehe und gebe Ihnen recht, wenn Sie sagen, dass der Marxismus in gewisser Weise eine Last war für die Sozialdemokraten. Oder besser, er wurde zu einer Last, weil er einerseits so vielseitig war und andererseits sehr deutsch apodiktisch. Die Sozialdemokraten haben sich oft auf ihn berufen, aber in der praktischen Politik ganz anders gehandelt.

Schmidt: Sicherlich. Aber was die Masse der Sozis anging, mit schlechtem Gewissen. Nein, die Mehrheit hat das Prinzip einer parlamentarischen Demokratie bis in den Beginn des 20. Jahrhunderts innerlich nicht wirklich akzeptiert.

Stern: Nein, im Gegenteil, sie waren in Weimar eigentlich die einzigen, die sich dafür eingesetzt haben. Ob sie die Demokratie innerlich akzeptiert haben oder nicht, kann ich nicht beurteilen – es fällt mir schwer, Ihnen zu glauben –, aber sie haben *gehandelt*. Siehe Otto Braun in Preußen.

Schmidt: Richtig. In meinen Augen sind die Sozialdemokraten diejenigen, die man allen anderen bei weitem vorziehen muss. Ich bin ja eingetragener Sozi seit über sechzig Jahren. Und deshalb weiß ich, wovon ich rede, wenn ich sage: Die meisten Sozis haben bis in die Mitte des 20. Jahrhunderts den Marxismus nicht als Last empfunden. Sie haben ihn als Kompass empfunden.

Stern: Aber nicht für den täglichen Gebrauch, sondern als eine Art Kompass in die Zukunft. Für mich ist es traurig zu sehen, dass es der Sozialdemokratie nach 1945 nicht gelungen ist, ihre historische Leistung deutlicher zu machen. Es war ja ein sehr schmaler Grat, auf dem sie ging, vor allem am Anfang, im Bismarckschen Reich und unter dem Druck des Verbotes von 1878: Der Kampf um demokratische Rechte auf der einen Seite, die Forderung nach sozialer Gerechtigkeit auf der anderen Seite, das war nicht immer leicht unter einen Hut zu bringen. Und daneben immer wieder die Bemühungen, dem Proletariat, das es damals noch gab, auch kulturell etwas zu bieten. Und zuletzt die Stimme gegen das Ermächtigungsgesetz im März 1933. Das war die Glanzstunde der SPD. Dass es ihr nach 1945 nicht gelungen ist, diese Geschichte, auf die sie stolz sein kann, klarer darzustellen, das habe ich immer als ein großes Manko empfunden. Für die Gesundheit der politischen Kultur, zumal in der frühen Bundesrepublik, wäre das gut gewesen. Da ist nicht genügend getan worden.

Schmidt: Ich gebe Ihnen in einem Punkt recht: Die heutige historische Vorstellung der Leute in der Sozialdemokratie, die überhaupt historische Vorstellungen haben – das sind ganz wenige –, wird beherrscht von der Nazizeit und vom Widerstand gegen die Nazis. Das ist das Thema, worüber fast ausschließlich geredet wird.

Stern: Aber es kam in den fünfziger Jahren noch schlimmer. Nicht nur, dass die historische Bedeutung der Sozialdemokratie vollkommen in Vergessenheit geriet. Vom politischen Gegner wurde sie auch in unmittelbare Nähe zum Bolschewismus gerückt. Das war schon in der Weimarer

Republik so gewesen, die Gegner haben immer versucht, Sozis und Kommunisten zu verbinden, auch noch, nachdem Stalin ab 1928 den Vorwurf des Sozialfaschismus in die Welt gesetzt hatte; geholfen hat Stalin nur den Rechten. Seither hieß es für viele, die Sozialdemokratie, das ist nur die Vorstufe zum Bolschewismus, die stecken unter einer Decke, und wir müssen uns schützen vor der roten Gefahr.

Schmidt: 1953 ließ Adenauer in ganz Deutschland Plakate kleben, auf denen war eine asiatische Fratze mit einem sowjetischen Militärkäppi zu sehen, und unten drunter stand dick: «Alle Wege des Marxismus führen nach Moskau. Darum CDU.» Und eine meiner tollsten parlamentarischen Auseinandersetzungen hatte ich 1959, da war ich gerade vierzig Jahre alt, da hielt ein Redner der CSU, ein Freiherr von und zu Guttenberg – ja, der Großvater –, eine unglaublich polemische Rede gleichen Inhalts gegen die Sozis. Unten in der ersten Reihe saß der Parteivorsitzende Ollenhauer und machte ein betroffenes Gesicht. Die Fraktion stürmte auf ihn los, das lassen wir uns nicht gefallen, und Ollenhauer sagte: Lasst mal, der Schmidt hat sich schon zu Wort gemeldet. Und ich habe die Gegenrede gehalten, eine wüste Polemik meinerseits: Es sei zu bedauern, dass es in Deutschland nie eine Revolution gegeben habe, durch die Leuten wie Herrn Guttenberg die materielle Grundlage entzogen wurde!

Stern: Ja, wundervoll!

Schmidt: Viele Jahre später habe ich Guttenberg am Sterbebett besucht, und seine Witwe hat mich eingeladen, auf der Totenfeier zu sprechen. Ich war der einzige Nicht-Christdemokrat bei der Totenfeier für Guttenberg. Aber diese Verdächtigungen! Ich kann Ihrer Einschätzung, dass es nach 1945 nicht gelungen ist, die historische Rolle der deutschen Sozialdemokratie angemessen zu würdigen, nicht widersprechen. Aber wenn ich nach einer Erklärung suche, warum das so ist, tendiere ich dazu, zu glauben, dass einer der Gründe in dem verdammten Marxismus liegt. Die Sozis selber waren daran nicht schuldlos. Sie meinten ja, was die Politik zustande bringt – ob in der Sozialpolitik oder in der Schulpolitik oder in der Verteidigungspolitik –, sei alles ganz unwichtig, wichtig sei allein der Tag, an dem der Sozialismus ausbricht. Die Vorstellung einer schrittweise fortschreitenden Entwicklung war nie in deren Köpfen. Die glaubten an die Revolution. Die kleinen Schritte, die sie täglich in Wuppertal oder Altona oder Wandsbek machten, die waren nicht das Eigentliche. Das Eigentliche war die Diktatur des Proletariats.

Stern: Aber das hatte schon Ebert 1919 ausgeschlossen! Und spätestens in Godesberg war damit Schluss.

Schmidt: Ich war an der Vorbereitung des Godesberger Programms als junger Mann aktiv beteiligt. Ich war 1959 einer der Berichterstatter auf dem Parteitag, auf dem wir das Programm beschlossen haben. Ich war schon 1952 Berichterstatter gewesen als noch viel jüngerer Kerl, keine 35 Jahre alt, bei der Erarbeitung des damaligen Aktionsprogramms in Dortmund. Aber ich muss Ihnen sagen: Beide Male, sowohl 1952 als auch 1959, haben wir uns herumgeschlagen mit dem Marxismus – und haben ihn nicht totmachen können. Vielmehr wurde er quasi gleichberechtigt aufgenommen mit christlicher Ethik und humanitären Grundwerten. Der Marxismus war eine von mehreren Kräften im gleichen Rang. Wenn man das Godesberger Programm heute noch mal lesen würde, dann würde man bestätigt finden, dass auch der Marxismus nach wie vor galt. Vorher war er allein seligmachend, jetzt war er gemeinsam mit zwei anderen Richtungen seligmachend – das war der Hauptunterschied.

Stern: Die drei sogenannten Grundwerte des Godesberger Programms lauteten: Freiheit, Solidarität und Gerechtigkeit.

Der Marxismus spielt da doch nur noch am Rande eine Rolle.

Schmidt: Die Schlüsselfrage war immer die Finanzierung des Haushalts. Die deutschen Sozialdemokraten verstanden leider mit ein, zwei Ausnahmen nichts davon, wie man einen Sozialstaat finanziert. Die haben immer soziale Forderungen gestellt: mehr Rente, mehr Arbeitslosenunterstützung, mehr Sozialfürsorge, Schule für jedermann und Universität für jedermann – aber dass das auch finanziert werden muss, da haben sie dran vorbeigeguckt. Es gab vor dem Ersten Weltkrieg einen einzigen, das war Rudolf Hilferding, der etwas von Finanzpolitik verstanden hat und der gewusst hat, dass man das Geld nicht einfach drucken kann. Sonst hat bis dahin kein Sozi in Deutschland viel von Geld verstanden. Und doch bin ich mir selbst bei Hilferding nicht ganz sicher, was seine Stellung zum Marxismus angeht. Sein Buch hieß «Das Finanzkapital», erschienen ist es vor dem Ersten Weltkrieg. Darin ist er tief eingestiegen in die finanzkapitalistischen Zusammenhänge und Funktionen, aber am Schluss des Buches bekennt er sich zum Klassenkampf und macht eine tiefe Verbeugung vor dem damals herkömmlichen Marxismus. Eine etwas gespaltene Figur. In der Weimarer Zeit waren die Sozialdemokraten dann zum ersten Mal konfrontiert mit der Notwendigkeit, einen Staat zu regieren und eine Wirtschaft einigermaßen in Ordnung zu bringen. Und da wurden sie pragmatischer – gegen den Widerstand der ideologischen Marxisten.

Stern: Ich sehe die Geschichte der Sozialdemokratie in Deutschland etwas anders. Ich meine, was sie geschafft hat zwischen 1890 und 1912, zwischen ihrer Neugründung nach dem Sozialistengesetz und ihrem Aufstieg zur stärksten Fraktion im Reichstag, das ist eine einzigartige Erfolgsgeschichte im Kampf für die soziale Gerechtigkeit. Das hatte mit dem Marxismus, der immer wieder beschworen wurde, sehr wenig zu tun. Aber der Gedanke der sozialen Gerechtigkeit in einem Staat wie dem Deutschen Reich unter Wilhelm II. – Zwölfstundentag, sechs Tage die Woche, unter zum Teil katastrophalen Arbeitsbedingungen, Verelendung bei Krankheit und im Alter, trotz Bismarcks Sozialversicherung –, der Gedanke, dass man für mehr Gerechtigkeit und mehr Schutz erfolgreich kämpfen kann, der hat zur inneren Einheit Deutschlands stark beigetragen. Die Arbeiter sind eben nicht abgesprungen, es gab weder Anarchie noch Revolution, weil die SPD den Massen Hoffnung gegeben hat. Das Unglück der SPD kam mit dem Krieg, es war ihr Patriotismus, der zur Spaltung führte.

Schmidt: Die Spaltung wurde möglich, weil das pragmatische Vorgehen im Widerspruch stand zu der Prognose der Marxisten von der unvermeidlichen Revolution.

Stern: Dies wurde immer mehr die Prognose der linken Marxisten, die schließlich zu Bolschewisten wurden.

Schmidt: Ich finde Ihre Hervorhebung der Leistungen der deutschen Sozialdemokratie am Ende des 19. und am Beginn des 20. Jahrhunderts völlig gerechtfertigt und füge hinzu: Bismarck hätte seine Invalidenversicherung nicht erfunden, wenn es die Sozialdemokratie, die ihn bedrängte und die ihm Angst einflößte, nicht gegeben hätte. Notabene: Unter dem Bismarckschen Invalidenversicherungsgesetz kriegte man als Arbeiter das erste Mal Rente, wenn man schon lange tot war, mit dem 70. Lebensjahr. Da war die Masse aller Arbeiter längst tot. Das heißt, die Zahl der Rentner war gering, erst im Jahre 1916 wurde das Renteneintrittsalter von 70 auf 65 herabgesetzt.

Stern: Aber trotzdem würde ich Bismarcks Gesetzgebung, also die Sozialgesetzgebung Anfang der achtziger Jahre nicht unterschätzen –

Schmidt: Ende der achtziger Jahre.

Stern: Ende?

Schmidt: Was meinen Sie mit Anfang?

Stern: 1881/82.

Schmidt: Nein, Invalidenversicherung wird 1889 beschlossen.

Stern: Invalidenversicherung kann sein, die anderen Maßnahmen der Sozialversicherung waren –

Schmidt: Die Krankenversicherung kam erst in Weimar, in der Weimarer Zeit und, nein, Entschuldigung, die Arbeitslosenversicherung kam erst in der Weimarer Zeit. Wann die Krankenversicherung kam, weiß ich nicht. Jedenfalls nicht unter Bismarck.

Stern: Das überlassen wir dem Redakteur –

Schmidt: Muss nachgeprüft werden.

Stern: Ich bleibe fest bei meinem Glauben, dass Bismarcks Sozialversicherung, die drei verschiedenen –

Schmidt: Nein, mit Sicherheit: Nein!

Stern: Also jetzt fange ich an, mit ziemlicher Sicherheit Ja zu sagen.

Schmidt: Wir werden es nachher im Brockhaus nachschauen.*

Stern: Ich will mich sogar versteigen und sagen, dass Bismarcks Sozialversicherungswesen, was Gesundheit anlangt, besser war als das, was im Augenblick in Amerika existiert. Ich will um Gottes willen jetzt nicht –

Schmidt: Also zu Bismarcks Zeiten, das glaube ich nicht. Für heute ist es sicher richtig. Und es ist auch sicher richtig während der zwanziger und dreißiger Jahre.

Stern: Mir kam es nur darauf an, zu sagen, dass von einem Wort wie Gerechtigkeit eine große Suggestion ausgeht. Dieser Schwung, der die deutsche Arbeiterbewegung bis 1914 getragen hat und der durchaus ein starkes revolutionäres Element in sich trug, war die Kraft, die letztendlich am meisten verändert hat innerhalb der deutschen Gesellschaft. Und insofern kommt dem Marxismus doch eine

* Krankenversicherungsgesetz 1883; Unfallversicherungsgesetz 1884; Gesetz zur Alters- und Invaliditätssicherung 1889; Arbeitslosenversicherung 1927.

historische Bedeutung zu. Dass er sich in seinen Prognosen und Zielsetzungen geirrt hat, steht auf einem anderen Blatt.

Schmidt: Was er nicht vorhersehen konnte – was ihm aber nicht vorzuwerfen ist –, ist der gesellschaftliche Wandel. Zu der Zeit, als der Marxismus in Blüte war, war die Mehrheit der Menschen, die in Deutschland lebten, Arbeiter. Heutzutage gibt es keine Arbeitermehrheit mehr, sondern heutzutage gibt es eine Angestelltenmehrheit. Und das bedingt eine andere Mentalität. Es ist kein Zufall, dass es in Deutschland eine klar geteilte Sozialversicherung gibt: Arbeiterrentenversicherung und Angestelltenrentenversicherung. Die Leute, die in der Angestelltenversicherung waren, waren noch in der Mitte des 20. Jahrhunderts meistens in einer sogenannten gelben Gewerkschaft, nicht in einer roten. Von heute lebenden hundert erwerbstätigen Deutschen sind nur noch dreißig in der Produktion – weniger als dreißig. Die produzieren Kartoffeln, das sind vielleicht 1,5 oder 2 Prozent, die anderen 28 Prozent produzieren Autos, Flugzeuge oder Möbel oder Porzellan. Aber 70 Prozent aller Erwerbstätigen sind Dienstleister, viele von ihnen sitzen am Schreibtisch. Die Basis für die Heilserwartung der marxistischen Revolution des Proletariats hat sich im Laufe von hundert Jahren völlig verschoben.

Stern: Die Sozialdemokraten haben die sozialen Missstände nicht nur beschrieben, sie haben auch gesagt, woran es liegt und wie es geändert werden muss: Wir sind hier, um das durchzusetzen. Das hat auch viele Nicht-Marxisten beeinflusst. Leute wie Robert Bosch haben ihre Reformen eingeführt aus Überzeugung, dass man die Arbeiter anständig behandeln sollte. Und diese Bewegung war international, die gab es in England, die gab es in Frankreich. Überall wurde die Hoffnung genährt, den Arbeitern eine anständige Welt zu schaffen. Für mich ist ganz besonders bewegend und typisch der junge Ernst Reuter vor dem

Ersten Weltkrieg, der mit seinen Eltern politisch gebrochen hat, weil die Eltern stur konservativ waren, die hielten die Sozialdemokraten für gottloses Gesindel. Aber Reuter hat gesagt: «Ich kann nichts dafür, dass ich Sozialist bin ... das ist eine Überzeugung, die sich mir in langer und nicht leichter Arbeit gefestigt hat und um die ich die schwersten und heftigsten Kämpfe durchgefochten habe.»

Schmidt: Aber Reuter ist schon 1953 gestorben. Werd' ich nie vergessen. Loki und ich fuhren zum ersten Mal Probe in einem gebraucht gekauften Mercedes, wir waren irgendwo auf der Lübecker Autobahn, glaube ich. Da kam durchs Radio die Nachricht vom Tode Ernst Reuters. Das hat mich so erschüttert, dass ich an den Rand gefahren bin, weil ich nicht mehr –

Stern: Die Kontrolle hatte. Das kann ich gut verstehen. Das kann ich sehr gut verstehen.

Schmidt: Fritz, Sie haben eben ein Wort benutzt, auf das ich noch mal zurückkommen möchte, nämlich das Wort Arbeiterbewegung. Das ist nicht dasselbe wie Marxismus, aber es ist auch nicht etwas Grundverschiedenes. Die Arbeiterbewegung hat sich eigentlich entfaltet in Deutschland während des Ersten Weltkrieges und dann unmittelbar nach dem Ersten Weltkrieg. Erst dann. Es war zu einem ganz großen Teil eine Arbeiterbildungsbewegung. Da wurden unter dem Druck der Arbeiterschaft Volkshochschulen geschaffen. Da gab es einen ungeheuren Bildungsdrang in der Arbeiterschaft – alle wollten sich bereichern, aber hier oben, im Kopf! Und außerdem hat diese Arbeiterbewegung aus dem theoretischen Schlagwort Solidarität praktische Wirklichkeit werden lassen. Die Wohnungsbaugenossenschaften, die Konsumgenossenschaften und alles, was dazugehört, Arbeiterbildungsvereine, das hat seine Ursprünge am Ende des 19. Jahrhunderts, aber es geht erst in den zwanziger Jahren in die Breite. Wenn die

Nazis nicht gekommen wären, wäre durch die Arbeiterbildungsbewegung eine bewusste Staatsbürgerschaft entstanden.

Stern: Ich möchte noch mal den europäischen Aspekt betonen, der zum Schwung dieser Bewegung erheblich beigetragen hat. Alle wussten, es gibt uns in England, es gibt uns in Frankreich. Besonders die Arbeiterbildung war in England, glaube ich, noch früher und noch intensiver ausgeprägt als in Deutschland, ich erinnere an die Webbs, an Bernard Shaw, an die Fabian Society –

Schmidt: Fabian Society, das waren keine Arbeiter, das waren Intellektuelle.

Stern: Das waren Intellektuelle, die hofften, durch ihre Schriften zu einem gemäßigten, nicht-orthodoxen Marxismus beizutragen.

Schmidt: Der Durchbruch zu einer bewussten Sozialpolitik kommt in England erst nach dem Zweiten Weltkrieg.

Stern: Da kann ich Ihnen nicht beipflichten, ich verweise nur auf den großen englischen Ökonomen religiöser Prägung Richard Henry –

Schmidt: Tawney.

Stern: Der sich schon vor dem Ersten Weltkrieg für die Arbeiterbewegung und besonders für die Arbeiterbildung ungeheuer eingesetzt hat, der die Ungerechtigkeit genau beschrieben hat.

Schmidt: Der Durchbruch kommt – ich komme nicht auf seinen Namen – 1948/49 mit einem Engländer –

Stern: Beveridge.

Schmidt: Ja, Lord Beveridge, und mit der Tatsache, dass gleichzeitig die Labour Party zum ersten Mal regiert.

Stern: Nein, der Beveridge Report wurde während des Zweiten Weltkriegs veröffentlicht, *vor* der Labour Regierung. Beveridge war ein Studienfreund von Tawney, und beide standen ein Leben lang stark unter dem Einfluss der Fabians. Darauf wollte ich ja hinaus, dass es in England eine lange Tradition des sozialen Engagements gibt, deren Anfänge weit vor 1914 liegen. 1948 wurden die Vorschläge von Beveridge – er hatte seinen Report 1942 geschrieben – durch die Labour-Regierung umgesetzt, das ist ganz richtig, seither gibt es in England den National Health Service. Was die Nachkriegsordnung in Europa anlangt, wird meines Erachtens der Beveridge-Plan immer ein wenig vernachlässigt gegenüber dem Marshall-Plan und dem Schuman-Plan. Das waren drei bedeutende Konzepte, die Europa nach 1945 entscheidend mit geprägt haben: der Marshall-Plan, der Schuman-Plan und eben der Beveridge-Plan.

Schmidt: Wobei die Deutschen den Anstoß durch Lord Beveridge nicht mehr benötigten. Die deutsche Sozialversicherung war bereits hochentwickelt, als die Engländer damit anfingen.

Stern: Das ist richtig, aber Beveridge ging weiter, auch was Erziehung anlangt.

Schmidt: Wobei heute, im Jahre 2009, die englische Sozialpolitik nun schon seit Jahren, seit Maggie Thatcher, hinter westeuropäischen Standards weit zurück bleibt, beinahe so weit wie die amerikanische.

Stern: Darf ich noch kurz bemerken, dass man die Fabian Society wirklich nicht unterschätzen sollte. Sie haben versucht, die Gesellschaft von oben zu verbessern, und haben viel erreicht.

Schmidt: Richtig. Aber es waren Intellektuelle. Die deutschen Marxisten waren auch alle Intellektuelle. Die Führer der Arbeiterbewegung waren keine Intellektuellen – ein Riesenunterschied! Das waren begabte Leute aus der Arbeiterschaft.

Stern: Aber das ist in England auch so. Ernest Bevin zum Beispiel, der eine wirklich wichtige Rolle gespielt hat in der Labour Party, war ein gewöhnlicher Arbeiter, der es nach oben geschafft hat. Sie würden mir doch sicher beipflichten, wenn ich sage, ein bisschen mehr Einsatz für die sozial schwachen Gruppen, ein bisschen mehr soziale Gerechtigkeit könnte uns heute nicht schaden, ob das nun Intellektuelle sind, die sich da engagieren, oder Arbeiter.

Schmidt: Viele Politiker führen heute das Wort von der sozialen Gerechtigkeit im Munde und haben dabei oft nicht mehr im Kopf als die Sozialpolitik. Von sozialer Gerechtigkeit würde auch Frau Merkel reden; sie würde aber das Schlagwort von der sozialen Marktwirtschaft vorziehen, das noch viel unschärfer ist.

Stern: Aber ist ein Minimum an sozialer Gerechtigkeit nicht notwendig, damit ein Gemeinwesen überhaupt funktionieren kann? Auch das gehört für mich zu den Leistungen, die mit der Arbeiterbewegung oder mit dem Marxismus zusammenhängen, ein Bewusstsein dafür geschärft zu haben, dass es in einer demokratischen Gesellschaft ein Minimum an sozialer Gerechtigkeit geben muss. In Amerika war es in den letzten Jahren um den Begriff der sozialen Gerechtigkeit schlecht bestellt. Das leuchtende Vorbild bei uns ist nach wie vor Roosevelt, der die Lösung der sozialen Probleme des Landes in den Mittelpunkt seiner zweiten Inaugurationsrede 1937 gestellt hatte – ich zitiere ihn jetzt auf Englisch: «I see one-third of a nation ill-housed, ill-clad, ill-nourished.» Im amerikanischen Establishment, aus dem er ja kam, hat er sich damit viele Feinde gemacht. «Sie sind einig in ihrem Hass gegen mich, und ich begrüße diesen Hass», sagte er. Roosevelt war der erste, der sich bewusst für die soziale Gerechtigkeit eingesetzt hat. Obama tut es jetzt auch. Johnson, der es mit seiner Great Society versuchte und bei den Civil Rights auch enorm viel erreicht hat, ist am Vietnamkrieg gescheitert. – Dass man sich heute wieder mehr um Social Justice kümmert, hängt allerdings auch damit zusammen, dass die Korruption in vielen Bereichen der Gesellschaft so ungeheuer zugenommen hat.

Schmidt: Der Sozialstaat ist eine genuin europäische Errungenschaft. Er ist vielleicht die größte kulturelle Leistung der Westeuropäer im 20. Jahrhundert. Wir haben viele schlimme Dinge zu verantworten – gerade wir Deutschen: den Zweiten Weltkrieg und den Holocaust. Der Sozialstaat ist inzwischen zum Maßstab beinahe für die ganze Welt geworden, einschließlich Chinas.

Stern: Er ist in Europa, scheint es, beinahe eine Art Grundlage für die Demokratie geworden.

Schmidt: Mit Sicherheit würde die Demokratie in einigen europäischen Staaten zusammenbrechen, wenn der Sozialstaat zusammenbricht. Die Stabilität zahlreicher Staaten würde gefährdet, wenn sie morgen die Sozialversicherung aufgäben oder sie auch nur wesentlich einschränkten. Was die heutige politische Klasse nicht richtig versteht, ist der Umstand, dass die demografische Entwicklung und die Entwicklung unseres Arbeitsmarktes den Sozialstaat außerordentlich gefährden. Die demografische Entwicklung führt dazu, dass in der Mitte dieses Jahrhunderts die Männer nicht einige siebzig Jahre alt werden, sondern einige achtzig und die Frauen noch vier, fünf Jahre länger leben. Andererseits haben wir in Deutschland den Tatbestand, dass die Leute schon mit 60 oder 61 in Rente gehen. In Frankreich noch früher. Das heißt, von hundert lebenden Deutschen mit eigenem Einkommen sind heute schon 25 Staatsrentner. Dazu kommen Staatspensionäre, ehemalige Beamte und Soldaten und dergleichen. Das ist ein ungeheuer hoher Prozentsatz: 25 Prozent. Zu Adenauers Zeiten waren es 10 Prozent. Das heißt, die Zahl der Rentenempfänger wächst und wächst –

Stern: Und die Zahl der jungen Leute, die das finanzieren müssen, wird immer kleiner.

Schmidt: Richtig. Zu Beginn der 1960er Jahre hatten wir pro Frau in Deutschland eine Geburtenrate von 2,3 Geburten, jetzt sind wir schon seit über zehn Jahren bei 1,3 Geburten.

Das ist absolut nicht genug, um den Bestand der Gesellschaft aufrechtzuerhalten. Das heißt, die Gesellschaft wird schrumpfen, und gleichzeitig wird sie sehr viel älter werden. Es ist offensichtlich, dass das nicht ewig gut gehen kann, sondern dass es einerseits dazu zwingt, länger zu arbeiten, früher anzufangen und später aufzuhören mit dem Arbeiten, dass es andererseits dazu führt, dass die jungen Leute, die Steuern und Sozialversicherungsbeiträge bezahlen, stärker belastet werden als heute, und dass es – drittens – wahrscheinlich dazu führt, dass man die Rentenalter nach oben schieben muss, nicht mit sechzig in Rente, sondern wieder mit fünfundsechzig und dann mit siebenundsechzig und dann, wie zu Bismarcks Zeiten, mit siebzig! Eine Mischung dieser drei Elemente ist wahrscheinlich unausweichlich. Dazu bekennt sich aber niemand in Deutschland, vielleicht mit Ausnahme nur von Meinhard Miegel und Kurt Biedenkopf.

Stern: Aber das bedeutet in der Konsequenz auch, dass die Leistungen des Sozialstaates zwangsläufig reduziert werden müssen im Vergleich zu heute.

Schmidt: Ich würde nicht sagen reduziert; ich würde sagen: Sie müssen ins Verhältnis gebracht werden zu der sich schnell wandelnden Altersstruktur der Gesellschaft. Das muss nicht notwendigerweise Reduktion bedeuten, denn gleichzeitig wird ja der Lebensstandard der Gesamtbevölkerung weiterhin wachsen. Jedenfalls kann der Sozialstaat nicht ständig weiter so wachsen, wie wir uns das bisher eingebildet haben.

Stern: Wenn ich es richtig verstanden habe, wird man das Niveau halten können, bei einem insgesamt verlangsamten Anstieg.

Schmidt: Richtig. Das ist sehr unpopulär, was ich eben gesagt habe, das wollen wir aber stehen lassen.

Stern: Als Historiker würde ich gern ein Stück zurück gehen. Wir haben ja schon verschiedentlich die Frage berührt, woran die erste deutsche Demokratie gescheitert ist, und in diesem Zusammenhang auch von der Mitschuld der Sozialdemokratie gesprochen. Die Frage des Scheiterns der ersten deutschen Demokratie ist eine ganz besonders wichtige Frage, die wir noch einmal aufgreifen sollten. Sie selbst haben in jüngster Zeit verschiedentlich darauf hingewiesen, dass es eine gewisse Parallele zum Jahr 1930 gibt, als der letzte Reichskanzler der SPD, Hermann Müller, wegen der geplanten Erhöhung der Arbeitslosenversicherungsbeiträge die Koalition aufkündigte. Es war im Übrigen keine sogenannte Weimarer Koalition aus SPD, Zentrum und der Deutschen Demokratischen Partei, sondern eine Koalition, die bereits die Deutsche Volkspartei einschloss.

Schmidt: Und die Bayerische Volkspartei!

Stern: Dass März 1930 ein wichtiges Datum ist, ist gar keine Frage. Aber bereits 1922, am Tag von Rathenaus Ermordung, hat der damalige Reichskanzler Josef Wirth, ein Zentrums-Mann, im Reichstag das berühmte Wort geprägt: Der Feind steht rechts.

Schmidt: Der Feind stand zugleich rechts und links.

Stern: Extrem links, ja. Aber «zugleich» nur im Sinne von gleichzeitig, nicht im Sinne von gleichstark. Die Rechte war tiefer in der Gesellschaft verankert – und reicher!

Schmidt: Also, es hat Zeiten gegeben, wo die Kommunisten mehr Stimmen gekriegt haben als die Nazis.

Stern: Das ist richtig, aber mit rechts meinte Wirth nicht die Nazis, die es zu diesem Zeitpunkt, 1922, als politische Größe noch gar nicht gab, sondern die konservativen Eliten, die eigentlich die Demokratie ablehnten, die Rechtsradikalen, die schießbereiten Extremisten.

Schmidt: Was die Bemerkung angeht über die Schuld der Sozialdemokraten – die haben, weiß Gott, keine Schuld daran, dass die Weimarer Demokratie kaputtgegangen ist. Aber von einem Versagen der damaligen Regierung und der damaligen Sozialdemokratie im März 1930 muss nach meinem Eindruck tatsächlich gesprochen werden. Die hohe Zahl der Arbeitslosen führte zu einer Überforderung der Arbeitslosenversicherung. Man stand vor der Notwendigkeit, entweder die Beträge, die der Arbeitslose von der Versicherung bekam, zu verringern oder aber die Beiträge zur Versicherung durch die, die Arbeit hatten, zu erhöhen. Die Diskussion hat sich allein auf die letztere Frage konzentriert, und die Sozialdemokraten waren sich nicht einig darin, ob sie eine Erhöhung der Beiträge mitmachen wollten. Darüber kam es zum Bruch dieser Koalitionsregierung, wobei allen Beteiligten klar gewesen sein muss, dass als nächstes eine diktatorische Regierung mit Notverordnungen nach Artikel 48 der Weimarer Reichsverfassung von Hindenburg berufen werden würde.

Stern: Ob die Beteiligten wussten, was folgt, weiß ich nicht. Was wir heute wissen – was man eigentlich immer schon gewusst hat, siehe Josef Wirth 1922 –, war, dass der Druck von rechts ungeheuer stark war und dass von rechts mit allen Mitteln versucht wurde, jede Regierung zu stürzen, die das parlamentarische System –

Schmidt: Ja, die Regierung Müller ist aber nicht von rechts gestürzt worden, sondern sie hat sich selber in die Büsche geschlagen. Ich würde das Ganze nicht als Schuld ansehen wollen, sondern als Tragödie.

Stern: Die Großen im Land – Armee und Schwerindustrie – haben den Wahlgang 1928 innerlich nie akzeptiert. Sie wollten das Müller-Kabinett weghaben. Die Sozis haben vielleicht die Gefahr nicht gesehen.

Schmidt: Vielleicht haben sie die Gefahr unterschätzt. Aber ausschlaggebend war, dass die Sozialdemokraten keine Mitverantwortung dafür tragen wollten, dass die Arbeitslosenversicherungsbeiträge für den kleinen Mann erhöht wurden. Das war das ausschlaggebende Motiv. Und das war der Anfang vom Ende der Demokratie.

Stern: Über März 1930 könnten wir im Detail noch weiter streiten. Heinrich Brüning war ja bereits im Spiel, war bereits von Hindenburg ausersehen als Kanzler. Ich habe mal ein interessantes Gespräch mit Brüning geführt, das war in den frühen fünfziger Jahren, als er vorübergehend in Köln lebte. Ich wollte für meine Dissertation mit ihm sprechen. Er war Hauptmann und Chef einer MG-Kompanie im Ersten Weltkrieg gewesen, und mit dieser Rolle wurde er in breiten Kreisen identifiziert. Als wir da in Köln zusammensaßen, erklärte er mir, was es bedeutete, Kompaniechef einer solchen Eliteeinheit gewesen zu sein, und dass er so etwas ähnliches 1930 noch mal wollte. Das Vorbild für ihn war ein im Kern monarchistisches, militaristisches Gebilde, in dem die Solidarität einen hohen Stellenwert hatte.

Schmidt: Er war ein extrem weit rechts stehender Flügelmann der Katholischen Zentrumspartei. Seine idée fixe war es, den Siegermächten zu beweisen, dass Deutschland die Reparationsauflagen aus dem Versailler Vertrag nicht erfüllen konnte.

Stern: Er war, so scheint es, kurz vor dem Ziel, als er gestürzt wurde. Die Verhandlungen, die 1932 über eine Lockerung der Reparationsbedingungen geführt wurden, waren bereits sehr weit gediehen. Die Deutschnationalen und die Nazis haben ihm den Erfolg, wenn man so will, vermasselt, aber dann selber kräftig davon profitiert. Insgesamt ist Brünings Rolle sehr zweifelhaft. In dem Gespräch habe ich ihn unter anderem gefragt, wieso er die Wahl 1932 vorgezogen hat. Die nächste Wahl wäre 1934 gewesen. Ich habe ihn gefragt, warum. Und da sagte er: «Ja, weil ich wusste, dass es 1934 noch schwieriger sein würde.» Er glaubte also nicht an seine eigene Politik, glaubte nicht, dass die Arbeitslosigkeit merklich zurückgehen würde.

Schmidt: Das ist nicht so wichtig. Ich glaube, Brüning ist charakterlich nicht sonderlich zu kritisieren. Er war halt im Urteil schwach.

Stern: Er hing an der alten Ordnung und war im Grunde kein wirklicher Anhänger der Weimarer Republik.

Schmidt: Ganz gewiss nicht. Der wäre viel lieber unter Wilhelm II. Reichskanzler geworden.

Stern: Ja, absolut. Am liebsten mit so viel Disziplin wie bei seiner Maschinengewehr-Kompanie.

Schmidt: Ja, das war in seinem Leben die Periode, wo er Erfolg hatte. – Fritz, wir sind fast schon wieder bei Hitler!

Stern: Dann mache ich jetzt einen Riesensprung – ins Jahr 1945! Hat natürlich auch mit Hitler zu tun. Aber die beiden Stichworte, die ich mir notiert hatte, lauten: Totalität der Niederlage und Beginn der Demokratie. Wie hängt das zusammen?

Schmidt: Das eine hat mit dem anderen nichts zu tun. Totalität der Niederlage erzieht nicht zur Demokratie. Was die Demokratie akzeptabel machte, war der plötzliche Aufstieg im materiellen Lebensstandard.

Stern: Eine sehr nüchterne Analyse, und ich bin nicht sicher, ob es stimmt. Sie haben Recht, eine Niederlage erzieht nicht zur Demokratie, aber die Totalität der Niederlage, an der es ja nichts zu deuteln gab, und das Ausmaß der Verbrechen haben die Deutschen doch gleichsam von ihrer Geschichte abgeschnitten.

Schmidt: Da irren Sie sich. Eine Rede, wie Richard Weizsäcker sie 1985 gehalten hat, hätte jemand 1975 kaum, 1965 auf keinen Fall halten können, ohne ausgebuht zu werden. Die Zeit war nicht reif dafür. Die Totalität der Niederlage hat 1919 dazu geführt, dass keiner an die Demokratie geglaubt hat. Dass wir dieselbe falsche Konsequenz nicht wieder gezogen haben, kann man als ein großes Verdienst, als ein Wunder, als sonst was bezeichnen – ich glaube, dass die Demokratie tatsächlich darauf beruht, dass es plötzlich den Deutschen materiell besser ging und dass es nach oben ging, dass die Ruinen wieder aufgebaut wurden, dass die Straßen wieder geräumt wurden, dass es wieder was zu essen gab. Hier in Hamburg hat es keine einzige Familie gegeben, die eine Wohnung für sich hatte. Wir haben zum Beispiel in einer Wohnung gewohnt mit vier verschiedenen Parteien – jede Partei hatte ein Zimmer und vier Frauen in der Küche. Das war das Normale. Und jetzt ging es plötzlich bergauf. Das hat die Bereitschaft zur Demokratie ganz wesentlich gefestigt. Dazu kam das Genie Ludwig Erhards, der bis in die frühen fünfziger Jahre hinein seine Sache wirklich erstklassig gemacht hat, der die ganzen Regulierungen aus der Nazi-Zeit aufgehoben hat und den freien Markt verkündet hat. Für uns war dieser ökonomische Aufschwung damals wirklich ein Wunder!

Stern: Aber wie erklären Sie sich, dass es nach 1945 praktisch überhaupt keine antidemokratischen Bewegungen mehr gegeben hat?

Schmidt: Hat es noch und noch gegeben! Ich erinnere an die Bayern-Partei, ich erinnere an die SRP, Sozialistische Reichspartei, ich erinnere an Waldemar Kraft. Hat es noch und noch gegeben –

Stern: Aber das waren doch alles kleine Splitterbewegungen –

Schmidt: Sie blieben, Gott sei Dank, kleine Splitterbewegungen, aber gucken Sie mal in die Liste der Parteien, die 1953 und 1957 und 1961 und 1965 zum Bundestag kandidiert haben. Da gab es einen ganzen Sack voll! Und es gab rechte Strömungen durchaus in der CSU, in der CDU – und sogar in der Sozialdemokratie. Nehmen Sie einen Mann wie Kurt Schumacher, wunderbar begabt, charakterlich tadellos, ausgezeichnet durch schreckliche Leiden im Ersten Weltkrieg und im Nazi-Zuchthaus – ein Mann, den ich hoch verehre als Person. Aber im Jahre 1950 gibt er eine Pressekonferenz, in der er coram publico erklärt – wir befinden uns in der Debatte über einen deutschen Verteidigungsbeitrag – in der er erklärt: Wir sind nur dann bereit, gemeinsam mit den Alliierten für die Freiheit zu kämpfen, wenn die Verteidigung offensiv «an Weichsel und Njemen vorgetragen wird». Werde ich nie vergessen. Ich habe damals zu meinem Vorgesetzten – das war Karl Schiller – gesagt: Das ist aber ein nationales Unglück, was der da sagt. Also, dass es keine Tendenz zu rechtsextremen Positionen gegeben hätte, das ist ein Irrtum. Adenauer war auch nicht ganz frei davon. Und es hat ja noch bei Helmut Kohl gedauert bis zum Spätsommer 1990, bis er bereit war, die deutsch-polnische Grenze anzuerkennen. Sein langes Zögern war ein Zugeständnis an rechtsextreme Strömungen in der CDU und CSU.

Stern: Aber Nationalismus ist ja nicht das gleiche wie antidemokratisches Denken. Und antidemokratisches Denken, wie es das in Weimar gegeben hat, gab es weniger in der Bundesrepublik. Es gab auch die Stimmung nicht, es gab keine offen antidemokratischen Schriften.

Schmidt: Ich bleibe mal eben bei dem Beispiel Schumacher. 1950, im Mai, kam Robert Schuman mit dem sogenannten Schuman-Plan, der zwei Jahre später zur Montanunion führte, zur Europäischen Gemeinschaft für Kohle und Stahl. Kurt Schumacher, ausgewiesen durch ein unglaubliches Lebensschicksal, sagt: *Das* lehnen wir ab! Das ist klerikal, kapitalistisch, konservativ, katholisch – *das* lehnen wir ab! Ein Nebeneffekt war: Der junge Mann Schmidt sollte seine Aufsätze nicht mehr in einer sozialdemokratischen Zeitschrift veröffentlichen dürfen, weil er *für* den Schuman-Plan war. Kurt Schumacher hat an die Hamburger Sozis geschrieben: Legt mal dem Schmidt das Handwerk, der darf so was nicht publizieren. Aber die Hamburger Sozis haben geantwortet: Bei uns herrscht Meinungsfreiheit, und haben mir den Rücken gestärkt. Das nur nebenbei. Das Tragische war, dass Schumacher die falschen Schlussfolgerungen, die falsche Lehre aus der

Geschichte der Weimarer Republik gezogen hat: Wir müssen national sein. Zu der Erkenntnis kam er in einem Moment, wo das vorbei war. Er war wohl auch innerlich deutsch-national, nicht nur aus politischer Zweckmäßigkeit. Er stammte aus Westpreußen, muss man wissen, und das hat sein Denken sehr beeinflusst.

Stern: Auf der anderen Seite war seine Überzeugung aber nicht falsch, dass sich die Sozialdemokraten nicht wieder in eine Lage drängen lassen dürfen, wo sie als «vaterlandslose Gesellen» oder «undeutsch» beschimpft werden.

Schmidt: Das ist richtig. Aber vergessen Sie auch nicht: Er war eine charismatische Führungspersönlichkeit. Wie auch sein Gegenüber Adenauer. Obwohl Adenauer persönlich hölzern auftrat, hatte er doch Autorität über seine Zuhörer.

Stern: Es war eben nicht nur ein «economic miracle», wie manche in Amerika damals meinten, es war auch ein «political miracle». Obwohl natürlich nicht nur ein paar alte Nazis Unterschlupf fanden. Die Generation, die noch sehr jung war, als die Nazis an die Macht kamen, und die dann unter den Nazis Karriere machte, war nach 1945 eigentlich kompromittiert. Das unausgesprochene Geschäft, das die frühe Bundesrepublik dieser Generation anbietet, ist: Du stellst dich jetzt auf den Boden der Demokratie, und dafür gucken wir nicht so genau hin, was du vor 1945 gemacht hast. Dieser Deal war ein wesentlicher Grund dafür, dass diese Leute, die in ihrer Jugend überzeugte Nazis waren, dann relativ mühelos mehr oder weniger Demokraten wurden.

Schmidt: Ich würde dem, was Sie geschildert haben, zustimmen. Das war so. Sie konnten doch weder die Hamburger Hochbahn Aktiengesellschaft noch die Berliner BVG noch die Elektrizitätswerke in München oder in Duisburg-Ruhrort wieder in Gang setzen ohne Leute, die wussten, wie man so was macht. Und die Leute, die wussten, wie man so was macht, waren alle Mitläufer der Nazis oder selber Nazis gewesen. Andere gab es doch nicht. Jemand, der mit aufrechtem Charakter sauber durchs Dritte Reich gegangen war, der war deswegen doch nicht qualifiziert, ein Elektrizitätswerk wieder in Gang zu setzen!

Stern: Aber er war qualifiziert, in die Politik zu gehen – wie Adenauer.

Schmidt: Die schlimmsten waren die Professoren, die in der Nazizeit Karriere gemacht hatten, ganz schnell nach oben gekommen waren und die dann uns Kriegsheimkehrer behandelt haben wie Dreck. Sie hatten die große Autorität und geboten über Prüfungszeugnisse und über Dissertationen und Habilitationen und blieben völlig unangefochten.

Stern: Bei den Juristen war es auch nicht besser, und die waren ja nun in besonders grässlicher Weise verstrickt. Sticht das Argument mit dem Elektrizitätswerk da auch? Oder hätte man in manchen Bereichen nicht doch –

Schmidt: Wenn man sie alle rausgeschmissen hätte, wen hätte man an die Stelle setzen können? Nach meinem Geschmack hätte man allerdings einige mehr einbuchten sollen.

Stern: Also ein paar zu wenig –

Schmidt: Vielleicht dreihundert zu wenig oder auch ein paar mehr. Aber es wäre nicht gut gewesen, am laufenden Bande Siegerjustiz zu etablieren. Was tun die Demokraten als erstes, kaum haben sie die Oberhand? Sie buchten die Nichtdemokraten erst mal alle ein.

Stern: Wir reden nicht nur von Nichtdemokraten, sondern von Nazis. Wer etwas Schlimmes getan hat, der gehört 1950 vor ein Strafgericht. Jemand, der nichts weiter verbrochen hat als mitzulaufen und Karriere zu machen und dumme Reden zu halten – da stimme ich Ihnen zu –, den durfte man 1950 nicht gerichtlich belangen. Da hätte die Hälfte des deutschen Volkes vor Gericht gestanden. Wenn man die Leute wirklich alle bestraft hätte, dann hätte man keine Demokraten aus ihnen machen können, darauf hat Hermann Lübbe mit Recht schon vor Jahren hingewiesen.

Schmidt: Erstens das nicht, und zweitens hätte man die Elektrizitätswerke nicht in Gang gekriegt, beides nicht. – Fritz, es läutet. Mein Arzt ist da.

Dritter Tag. Nachmittags

Kennedy · Johannes Paul II. · Die Rolle der USA beim Wiederaufbau Europas · Das Wunder der Europäischen Union · Die Sonderrolle der Briten · Die nukleare Bedrohung und der Nichtverbreitungsvertrag · Die Überdehnung der EU · Kein Beitritt der Türkei · Spanien und Portugal · Jaruzelski und die Ausrufung des Kriegsrechts in Polen · Die künftige Rolle der Deutschen in der EU · Man darf Europa nicht auf den Euro reduzieren · Lehren aus der Finanzkrise · Think tanks · Ratschlag und Entscheidung · Ein Gedicht

Schmidt: Mein Arzt war da. Ich muss nachher ins Krankenhaus wegen dieses Klitschauges. Wir müssen also heute etwas früher aufhören. Ich habe zwei Autos bestellt auf 16.30 Uhr – eins für Sie und eins für mich zum Krankenhaus.

Stern: Das tut mir leid für Sie!

Schmidt: Es muss ja nichts Schlimmes sein. Aber es tut mir leid für die Unterhaltung. Wir haben ja noch einige Fragen auf unserer Liste.

Stern: Ich habe eigentlich nur noch eine Frage.

Schmidt: Ich habe noch drei.

Stern: Dann erst Sie.

Schmidt: Wir sprachen vorgestern über einige amerikanische Präsidenten und darüber, wie sie in der amerikanischen Öffentlichkeit heute eingeschätzt werden. Dabei haben wir Kennedy überschlagen. Das Bild der Deutschen von Kennedy ist ein rundum positives. Gilt das auch für die Amerikaner?

Stern: Für mich gab es vieles, was ich an Kennedy bewunderte, aber ganz besonders bewundert habe ich die Behandlung der Kuba-Krise. Das war so klug ausbalanciert und erstaunlich erfolgreich. Ein halbes Jahr später hat er eine Rede in der American University in Washington gehalten, in der er den Russen die Hand bot; das war eine großartige Geste, die zeigte, dass ihm jeder Triumphalismus fremd war.

Schmidt: Ich stimme Ihrem Urteil über die kubanische Raketenkrise und die Leistung von Kennedy ohne Einschränkung zu, will aber hinzufügen, dass auch von russischer Seite, namentlich von Chruschtschow, eine große Leistung erbracht wurde. Ohne die Rückkehr dieses impulsiven Führers zur Vernunft und zur Kalkulation wäre das Ganze möglicherweise schief gegangen. Kennedy hat die Umkehr zwar initiiert, aber der andere hat mitgespielt. Das sollte man nicht vergessen.

Stern: Das tue ich auch nicht.

Schmidt: Im Übrigen habe ich einen Einwand gegen die Heroisierung von Kennedy. Ich war von seinen Reden, insbesondere von seiner Inaugurationsrede, hellauf begeistert; aber ich habe durchaus registriert, dass er kurz darauf Amerika nach Vietnam geführt hat. Alles, was daraus geworden ist – unter seinem Nachfolger Johnson, dann unter Nixon und Henry Kissinger –, wäre ohne die Vorstellung, man müsse den Weltkommunismus aus Asien zurückdrängen, nicht zustande gekommen. Und dafür ist Kennedy mitverantwortlich.

Stern: Zwei Bemerkungen dazu: Erstens wird unter Historikern immer noch sehr kontrovers darüber diskutiert, was Kennedy in Vietnam gemacht hätte, wenn er nicht ermordet worden wäre. Viele, die mit ihm gearbeitet haben, sagen, er wäre nie so weit gegangen wie sein Nachfolger Johnson. Ich gestehe, es ist hypothetisch, aber ich würde mich dem anschließen. Zu seiner Zeit gab es in Vietnam ja nur «Berater», nicht wirkliche Streitkräfte. Zweitens stand Kennedy mit seiner Überzeugung, die USA dürften nicht noch ein weiteres Land dem Kommunismus preisgeben, nicht allein. Die Domino-Theorie war ja nicht seine Erfindung, sondern seit Mitte der fünfziger Jahre Konsens der politischen Klasse. Natürlich war Vietnam ein Desaster, und die Ostküsteneliten haben dazu beigetragen. Das sehen heute auch immer mehr Amerikaner so. Ein Mann wie McGeorge Bundy, der Archetyp der Ostküstenelite, den ich persönlich sehr schätze, der diesen Krieg nicht nur mitgemacht hat, sondern immer wieder anfeuerte, wurde später sehr nachdenklich; das wissen wir erst jetzt.

Schmidt: Im Zusammenhang mit Kennedy fällt mir ein anderes Stichwort ein, das wir bisher nur gestreift haben und auf das wir noch einmal kurz eingehen sollten: Charisma. Kennedy hatte zweifellos Charisma, er zählt zu den positiven Charismatikern, die ich gelten lasse. Aber alles in allem bleibe ich höchst skeptisch gegenüber Charismatikern. Die Frage lautet doch, wieviel Ausstrahlung braucht ein Politiker, um sein Publikum zu erreichen. Wer es als Politiker nicht schafft, sich in den Medien vorteilhaft zu präsentieren, kann heute nicht mehr weit kommen. Und da sehe ich das Problem.

Stern: Ich glaube, man muss differenzieren. Lassen Sie uns mal einen Moment von den Politikern absehen. Nehmen Sie den Papst. Wenn man Johannes Paul II. mit seiner großen Ausstrahlung über alle Kontinente vergleicht mit dem, was sein Nachfolger ausstrahlt, muss man feststellen: Der Nachfolger hat es schwer.

Schmidt: Geschieht ihm recht!

Stern: Johannes Paul hatte die öffentliche Ausstrahlung, aber – verdammt noch mal – er hatte sie privat auch. In dem Moment, wo man mit ihm zusammen war, hatte man das Gefühl, dass er eine außergewöhnliche Persönlichkeit war.

Schmidt: Ich habe dreimal in Ruhe mit ihm geredet, dreimal eine Stunde lang. Und ich würde Ihnen Recht geben, Fritz, man flog nach Hause mit dem Gefühl: Das ist ein guter Mensch. Gleichzeitig habe ich immer gewusst: Er ist intellektuell beschränkt.

Stern: Das bestreite ich nicht. Ich begegnete ihm einige Male bei sogenannten Seminaren in Castel Gandolfo. Da habe ich mich mit ihm auch privat unterhalten – wir sprachen unter anderem über Breslau –, und der Eindruck ist ungefähr derselbe. Aber ich weiß nicht, wie man es nennen soll: Ausstrahlung, Überzeugungskraft, Respekt einflößend –

Schmidt: Man kam unmittelbar zu der Überzeugung: Das, was der Mann sagt, ist seine innere Meinung, und sie ist wohl begründet. Er war ein ehrlicher Mensch. Aber nicht alles, was er sagte, machte Sinn. Ich erinnere mich an den Krankenbesuch, den ich ihm nach dem Attentat auf ihn abstattete. Wir gerieten in ein Gespräch über Schwangerschaftsverhütung. Ich kam gerade von einer Reise aus Südamerika zurück und sagte ihm: «Ihre Ortsbischöfe teilen alle nicht Ihre Meinung, dass Sie das Kondom verbieten sollen. Und alle Ihre sonstigen Vorschriften.» Und da geriet er in einen kleinen Monolog darüber, dass auf der Erde genug Platz ist für noch mehr Kinder, zum Beispiel könnten im Kongo glatt noch fünfzehn Millionen mehr wohnen. Da dachte ich bei mir: Mein Gott, wie naiv! Und trotzdem hat er auf mich einen ganz wunderbaren Eindruck gemacht.

Stern: Ja! Juni 1979 war ich in Polen. Da hatte er gerade zum ersten Mal als polnischer Papst sein Land besucht. Das war vielleicht zwei Wochen vorher gewesen. Da erzählte mir ein überzeugter Kommunist, der in der Regierung oder in der Partei wichtig war, sein Sohn sei nach Hause gekommen, der war 16 oder 17. Er habe ihn gefragt, welchen Eindruck der Papst auf ihn gemacht habe. Seine Antwort: «Er ist so einer, bei dem man sich besser benimmt.»

Schmidt: Wenn das mal bei allen Priestern so wäre.

Stern: Ich halte seine Rolle in Bezug auf 1989 für sehr, sehr wichtig, unabdingbar. Was er der Kirche angetan hat mit seiner restriktiven Sexualethik und mit seinem autoritären Stil, steht auf einem anderen Blatt. Osteuropa hat er mit befreit.

Schmidt: Vor allen Dingen Polen. Aber man muss genau hinschauen. Ich will mal eine kleine Geschichte erzählen, die spielt in den siebziger Jahren. Wojtyla war noch Erzbischof in Krakau. Ich war befreundet mit dem Wiener Kardinal Franz König. Durch Zufall kam im Gespräch zwischen König und mir die Rede auf meine beabsichtigte Reise nach Polen, und er machte mich aufmerksam auf die Figur des Erzbischofs von Krakau, von dem ich nichts wusste. Er schilderte ihn mir als eine Hoffnung der katholischen Kirche und als eine Hoffnung für Polen. Daraufhin habe ich der Regierung in Warschau signalisiert: Ich würde den Besuch in Warschau ein bisschen ausdehnen wollen und ganz gern zum Beispiel endlich einmal Krakau sehen wollen. Gleichzeitig habe ich hintenrum, wie man so was damals machte, den Erzbischof Wojtyla wissen lassen: Ich komme demnächst nach Krakau, können wir uns nicht unauffällig in der Sakristei Ihrer Kathedrale oben auf dem Wavel treffen? Da kam die Nachricht zurück, das möchte er lieber nicht, das könnte in Warschau falsch verstanden werden. Mir ist heute noch nicht klar, wen er mit «Warschau» gemeint hat. Hat er den Primas, Kardinal Wyszynski, gemeint, oder hat er meinen Freund Edward Gierek und die Kommunisten gemeint?

Stern: Ich würde vermuten, er hat den Primas gemeint.

Schmidt: Jedenfalls war es ein Zeichen taktischer Vorsicht.

Stern: So sehe ich das auch. Übrigens war es König, der ihn durchgesetzt hat als Papst. Ein sehr feiner Mann, ich habe ihn –

Schmidt: Franz König hat mich mal anstiften wollen – da war ich schon lange bei der ZEIT –, einen großen Artikel über den Kardinal Ratzinger zu schreiben. Er mochte den Ratzinger nicht und hat mich aufstacheln wollen. Ich habe das aber nicht getan.

Stern: Ich weiß nicht, ob ich jetzt schade sagen soll oder nicht!

Schmidt: Nee, nee, Gott sei Dank habe ich das unterlassen. – Aber jetzt müssen Sie Ihre Frage stellen.

Stern: Es ist keine Frage, Helmut, es ist eher ein Fragenbündel.

Ich meine, es gibt einen Themenblock, dem wir uns bisher noch gar nicht zugewendet haben: Europa.

Schmidt: Richtig.

Stern: Was wird aus Europa?

Schmidt: Lassen Sie mich eine Frage nachschieben, die indirekt damit zu tun hat. Sie kam mir, als wir über das amerikanische Ideal für die Welt sprachen. Welche Rolle spielte dieses Ideal in den ersten Nachkriegsjahren und bei der Entstehung der europäischen Gemeinschaft für Kohle und Stahl Anfang der fünfziger Jahre? Anders gefragt: Wie stark stand die amerikanische Unterstützung beim Wiederaufbau Europas unter dem Aspekt der Amerikanisierung der Welt? Oder haben diese Aspekte dabei keine große Rolle gespielt?

Stern: Das können Sie im Grunde besser beurteilen als ich. Ich würde annehmen, dass das amerikanische Beispiel eine erhebliche Rolle gespielt hat. Der Marshall-Plan war nicht frei von amerikanischen Interessen, auch wirtschaftlichen Interessen. Aber dem lag doch eine bewusste politische Entscheidung zugrunde: Wir können es nicht so machen, wie wir es nach 1919 gemacht haben, und wir können es uns nicht leisten, dass Europa verhungert. Der Wiederaufbau Europas lag im Interesse Amerikas. Mit dem Marshall-Plan sollte im Übrigen auch Druck auf die Europäer ausgeübt werden, sich zusammenzuschließen –

Schmidt: Das ist mir nicht bewusst, ich finde es aber interessant.

Stern: Marshall und Acheson haben die Europäer aufgerufen, Vorschläge zu machen. Die Amerikaner sind bereit, euch zu helfen, macht ihr mal Vorschläge, was ihr braucht und was ihr wollt. Auf diese Weise wurden wichtige westeuropäische Interessen zusammengeführt. Ich will nicht behaupten, dass das der zentrale Gedanke des Marshall-Plans war, aber ein wichtiger Gedanke war es allemal, auch deshalb, weil er wie selbstverständlich ein antikommunistisches Element enthielt.

Schmidt: Zwanzig Jahre später hat Henry das schöne Wort geprägt, dass er nicht weiß, wie die Telefonnummer Europas ist. Damals hätte er neun Telefonnummern gebraucht; wenn er heute mit Europa reden will, braucht er siebenundzwanzig Telefonnummern. Und demnächst vielleicht noch mehr. Die Amerikaner, wenn ich das richtig sehe, sind ziemlich ungeduldig mit den Europäern. Warum machen die Europäer keine Fortschritte, fragen sie. Aber ich gehe davon aus, dass wir auch im Jahre 2050 keine gemeinsame europäische Außen- und Sicherheitspolitik haben werden, ich halte das für sehr unwahrscheinlich. Zum Beispiel halte ich es für unwahrscheinlich, dass die Franzosen bereit sind, ihre atomaren Waffen einer europäischen Sicherheitsgemeinschaft zu unterstellen. Das Gleiche gilt für die Engländer. Und ich halte es für völlig unwahrscheinlich, dass Frankreich oder England darauf verzichten wird, seinen eigenen Botschafter in Moskau zu haben, seinen eigenen Botschafter in Brasilia zu haben und seinen eigenen Botschafter in Washington zu haben. Selbst Deutschland wird darauf nicht verzichten. Auf dem Gebiet der Ökonomie, auch der Technologie, wird der gemeinsame Markt wunderbar funktionieren, auch die gemeinsame Währung wird weiterhin gut funktionieren – es ist immerhin ein Novum in der Weltgeschichte, dass viele souveräne Staaten eine Währung gemeinsam haben –, aber eine gemeinsame Strategie und eine gemeinsame Außenpolitik: Da sieht es sehr viel schlechter aus.

Stern: Die Möglichkeit, dass die Achse Paris-Berlin weiter eine dominante Rolle spielen wird und die beiden eine mehr oder weniger gemeinsame Politik durchzusetzen versuchen, diese Möglichkeit wird doch hoffentlich weiterhin bestehen.

Schmidt: Ich teile Ihre Hoffnung.

Stern: Sie teilen meine Hoffnung? Das heißt, Sie glauben nicht dran?

Schmidt: Ich frage mich, wie groß ist die Wahrscheinlichkeit. Ich würde jede Gelegenheit benutzen, um in der Richtung zu wirken. Aber ich bin nicht sonderlich optimistisch.

Stern: Mein Eindruck ist, dass man sich in Amerika ein starkes Europa wünscht. Amerika braucht sich im Augenblick nicht mit diesem Thema zu befassen, leider. Aber ich möchte noch etwas hinzufügen. Wenn man an die Leistungen nach 1945 denkt, gibt es eine ganze Menge, was Europa heute auszeichnet; dazu gehört unter anderem der Euro, den Sie eben erwähnt haben. Aber dazu gehört vor allem die Tatsache, dass es zum ersten Mal in fünfhundert Jahren die Möglichkeit eines großen europäischen Krieges nicht mehr gibt. Das ist doch eine welthistorische Leistung! Die übrigens nicht genug anerkannt wird.

Schmidt: Das ist eine unglaubliche Leistung, insbesondere wenn man sie nicht nur mit früheren Jahrhunderten europäischer Geschichte vergleicht, sondern auch mit den kriegerischen Auseinandersetzungen in den anderen vier Kontinenten –

Stern: In der Weltgeschichte!

Schmidt: In den anderen vier Kontinenten. Es hat nirgendwo auf der Welt einen vergleichbaren Zusammenschluss von Staaten gegeben. Das ist eine tolle Leistung, aber es ist ein Feld, auf dem im Augenblick, wie mir scheint, die Vitalität, das Engagement der Beteiligten etwas zurückgegangen ist.

Stern: So wenig sich die Deutschen genügend darüber im Klaren sind, was für eine Errungenschaft die Bundesrepublik gegenüber den früheren Jahrhunderten deutscher Geschichte langfristig bedeutet, so wenig ist sich die jetzige Generation der Europäer genügend bewusst, welche Leistung es war, Europa so weit zu bringen, wie es heute ist.

Schmidt: Ich stimme Ihnen zu, dass beides nicht ausreichend ins Bewusstsein gelangt ist bisher. Ich füge hinzu: Es ist auch nicht ausreichend ins Bewusstsein gelangt, dass die Europäische Union im dringenden Interesse der Deutschen ist.

Es gibt kein Volk in Europa, das stärker daran interessiert sein muss, eingebunden zu sein. Natürlich gibt es ein enormes französisches Interesse, ein englisches, ein holländisches, ein polnisches Interesse, die Deutschen einzubinden. Nur hat man in diesen Ländern noch nicht richtig verstanden, und die Deutschen selbst haben es auch nicht richtig verstanden, dass die Einbindung nur funktioniert, wenn man sich auch selbst einbindet.

Stern: Das haben die Engländer von Anfang an nicht verstanden. Sie wollten es auch nicht verstehen. Das fing an mit Churchills berühmter Rede in Zürich im Jahre 1946, in der er die Franzosen dazu einlud, sich mit den Deutschen zu versöhnen und die Vereinigten Staaten von Europa zu begründen. In derselben Rede hat er klarmacht: Wir Briten bleiben draußen, denn erstens haben wir das Commonwealth und zweitens unsere special relationship mit den USA. An der englischen Europapolitik wird sich, glaube ich, nicht viel ändern.

Schmidt: Davon habe ich mich überzeugen lassen müssen durch Harold Wilson, durch Maggie Thatcher und viele andere. Ich habe es bis Ende der sechziger Jahre für selbstverständlich gehalten, dass eine Europäische Gemeinschaft ohne die Staatsklugheit der Engländer nicht wird reüssieren können. In den siebziger Jahren gelangte ich durch die Engländer zu der Erkenntnis, dass das eine Wunschvorstellung war.

Stern: Es wäre immerhin möglich, dass die groteske Unterwerfung von Tony Blair unter die Bush-Administration eine Lektion für die Engländer sein könnte, sich nicht so sehr auf die special relationship zu konzentrieren und statt dessen die europäische Seite etwas mehr zu pflegen.

Schmidt: Ich halte das für vorstellbar, aber für ziemlich unwahrscheinlich.

Stern: Die Frage ist, ob Europa ohne die Engländer auf Dauer nicht deutlich weniger Einfluss in der Welt haben wird, als es haben könnte. Mehr Einfluss zu haben wäre für Europa auf jeden Fall wünschenswert.

Schmidt: Auf einer Reihe von Feldern. Eines der Felder kann ich heute nur sehr undeutlich erkennen, das ist die Zähmung des Casino-Kapitalismus.

Stern: Die Frage von Nuklearwaffen!

Schmidt: Richtig. Was die nukleare Proliferation angeht, kommunizieren die Europäer aber schon mit Washington nicht über dieselbe Telefonnummer. Die Engländer und die Franzosen beteiligen sich nicht an der Diskussion über die Verringerung der nuklearen Bewaffnung auf der Welt. Sie haben ja nicht so viele. Deshalb sagen sie: Wir sind bescheiden, es sind die Amerikaner und die Russen, die den Anfang machen müssen.

Stern: Während in Amerika Bestrebungen zu einer Reduzierung und möglicherweise völligen Eliminierung nuklearer Waffen nicht etwa als ideologische Verirrung abgetan werden, sondern inzwischen einflussreiche Befürworter gefunden haben; denken Sie an die Kampagne, die Kissinger, Shultz, Nunn und Perry 2007 initiiert haben –

Schmidt: Bei der Sam Nunn und George Shultz die treibende Kraft sind. Wir Deutschen haben im letzten Winter darauf geantwortet: Weizsäcker, Genscher, Egon Bahr und ich. In Russland und China gibt es leise Geräusche, da tun sich vielleicht auch ein paar Leute zusammen. Aber mein Eindruck insgesamt ist, dass der Einfluss der amerikanischen «New Gang of Four», wie ich sie mal genannt habe –

Stern: Sehr gering ist.

Schmidt: Fast null ist.

Stern: Aber die Tatsache, dass eine solche Initiative existiert und die Autorität dieser vier Männer dahinter steht, ist immerhin ein Zeichen.

Schmidt: Was mich überraschte, war der Ort der Publikation. Die beiden Memoranden, eines im letzten Winter, eins im Winter davor, wurden nicht in «Foreign Affairs» oder einer

Fachzeitschrift veröffentlicht, sondern im «Wall Street Journal», das heißt, coram publico. Das ist für mich ein neues Phänomen gewesen.

Stern: Aber wahrscheinlich gar nicht dumm. Vielleicht begreifen jetzt ein paar mehr Leute, dass das Thema Nuklearwaffen von existentieller Bedeutung für die Zukunft der Menschheit ist und dass es nur gelöst werden kann, wenn der Non-Proliferation-Vertrag erfüllt wird.

Schmidt: Da liegt das Problem. Der Nichtverbreitungsvertrag des Jahres 1968 ist ein ungleicher Vertrag. Einige 180 Staaten haben sich verpflichtet, keine Nuklearwaffen zu haben; einige Staaten haben den Vertrag nicht unterschrieben, darunter Israel, Indien, Pakistan. Fünf Staaten haben nur unterschrieben, dass sie alsbald in Verhandlungen über nukleare Abrüstung eintreten werden, haben das aber nicht wirklich getan. Damals hatten wir fünf Nuklearwaffenstaaten, jetzt haben wir schon neun. Es kann dahin kommen, dass wir in der Mitte des Jahrhunderts nicht neun, sondern fünfzehn Nuklearwaffenstaaten haben werden. Da die fünf unterzeichnenden Atommächte ihre Pflichten nicht erfüllen und nicht ernsthaft über nukleare Abrüstung verhandeln, geben sie anderen großen Staaten das Gefühl, dass sie ebenfalls Atomwaffen brauchen, um von den fünf nicht auf Dauer dominiert zu werden. Das war das Motiv der Inder. Als die Inder welche hatten, mussten sich die Pakistanis auch welche anschaffen, und so weiter. Ich schließe nicht aus, dass wir zum Beispiel in Japan, zum Beispiel in Brasilien im Laufe der nächsten Jahrzehnte eine starke Tendenz zur nuklearen Rüstung antreffen werden. Die Japaner allein schon wegen der nordkoreanischen nuklearen Bewaffnung, an der nicht mehr gezweifelt werden kann. Und wenn die Japaner eine Bombe haben, dann spätestens wollen auch die Südkoreaner eine, und die Stimmung in Taiwan wird dadurch auch nicht besser.

Stern: Es ist paradox, dass eine so grundgefährliche Situation aufgrund eines Vertrages entstanden ist, der eigentlich geschlossen wurde, um die Verbreitung von Atomwaffen zu verhindern. Trotzdem muss man an dem Vertrag festhalten, er ist die Basis für die Verhandlungen.

Schmidt: So ist es. Von den Nicht-Nuklearwaffen-Staaten hat bisher keiner gegen den Vertrag verstoßen. Auch Nordkorea hat nicht dagegen verstoßen, es ist vorher aus dem Vertrag ausgeschieden, was völkerrechtlich in Ordnung war.

Stern: Es ist in der Tat ein gravierender Unterschied, ob sich ein Staat Atomwaffen beschafft, nachdem er zuvor den Vertrag gekündigt hat, oder ob er den Vertrag umgeht und sich auf geheimen Wegen die Bombe beschafft oder ob es einen solchen Vertrag gar nicht gibt. Am grundlegenden Problem der Verbreitung ändert das aber nichts.

Schmidt: Der Vertrag hat bisher die Verbreitung erheblich behindert. Nehmen Sie das Beispiel Iran. Es wird behauptet, dass der Iran die Absicht habe, gegen den Vertrag zu verstoßen. Nun könnte der Iran dasselbe tun wie Nordkorea und den Vertrag kündigen – die Kündigungsfrist beträgt drei Jahre. Aber Ahmadinedschad wird sich hüten, den Vertrag zu kündigen, weil er damit offen zu erkennen geben würde, dass er Nuklearwaffen anstrebt. Ob er wirklich nukleare Waffen entwickelt, weiß man nicht, es wird behauptet. Aber vielleicht sind die Behauptungen genauso zuverlässig wie die Behauptungen über die Massenvernichtungsmittel von Saddam Hussein.

Stern: Und Israel? Israel hat sehr früh angefangen, eine Nuklearwaffe zu bauen.

Schmidt: Ja, Israel hat aber nicht am Vertrag teilgenommen und hatte die Freiheit, das zu tun.

Stern: Eine gefährliche «Freiheit»! Deshalb ist es gut, dass wir den Vertrag haben, und sei es nur, weil er diejenigen, die ihn nicht anerkennen, erheblich diskreditiert. Wenn die

Japaner heute den Besitz von Nuklearwaffen als notwendig erachten würden, müssten sie aus dem Vertrag austreten, aber die politischen Kosten wären erheblich, gerade im Fall von Japan. Es hätte unabsehbare Folgen.

Schmidt: Es würde zu einer Veränderung der gesamtpolitischen Situation in Ostasien führen, gar kein Zweifel. Aber ich sage zugleich mit innerer Überzeugung: Einen wesentlichen Teil der Verantwortung für diese vorhersehbare Entwicklung und die bisherige Bewaffnung anderer mit nuklearen Waffen tragen die fünf ursprünglichen nuklearen Signatarmächte, weil sie die ziemlich vage Verpflichtung, die sie übernommen haben, nicht umsetzen. Wenn sie plötzlich anfingen, ihre zehntausende Nuklearwaffen zu reduzieren auf zwanzig oder dreißig, das würde die Welt ungeheuer beeindrucken.

Stern: Im Versailler Vertrag war eine radikale Limitierung deutscher Rüstung vorgesehen, das sollte ein erster Schritt sein hin zu allgemeiner Abrüstung. Dazu ist es bekanntlich nicht gekommen.

Schmidt: Es ist gut, dass Sie in dem Zusammenhang Deutschland zitieren. Ich will mal daran erinnern, dass wir bis zum Ende der Regierung Kiesinger uns geweigert haben, dem Non-Proliferation-Vertrag beizutreten; er wurde von Bonn erst im November 1969 unterzeichnet. Ich will daran erinnern, dass in den fünfziger Jahren für Adenauer und für den damaligen Verteidigungsminister Strauß die nukleare Bewaffnung Deutschlands eine selbstverständliche Forderung war. Ich erinnere mal daran, dass Adenauer gesagt hat: Atomwaffen, das ist doch nur die Modernisierung der Artillerie. Erst im Laufe der siebziger Jahre, nachdem wir unter Brandt den Vertrag ratifiziert hatten, fand in Teilen der CDU ein gewisser Umschwung statt; dabei spielte Richard Weizsäcker eine große Rolle. Heute spüre ich kaum irgendwo Tendenzen in Deutschland, die darauf hinaus laufen, nukleare Waffen besitzen zu wollen. Aber wenn es dazu kommt, dass zum Beispiel die Japaner sich nuklear bewaffnen, bin ich nicht so sicher, dass hier in Europa jedermann Ruhe bewahrt.

Stern: Deswegen sage ich ja: Eine solche Entscheidung Japans würde unübersehbare Folgen haben, nicht nur in der Region, sondern auch in Europa. Jedenfalls muss man solche bedrohlichen Konsequenzen aus dem Nordkorea-Konflikt durchaus in Betracht ziehen.

Schmidt: Lassen Sie uns zum Thema Europa zurückkehren. Es ist eine Ironie der Geschichte der letzten zwanzig Jahre, dass der europäische Integrationsprozess ausgerechnet durch die neu hinzugetretenen Polen und Tschechen gefährdet wird.

Stern: Eine bittere Ironie, die ich persönlich am allerwenigsten erwartet hätte. Für mich war das Jahr 1989 – das habe ich oft gesagt – das beglückendste politische Jahr in meinem Leben: das Jahr der friedlichen Revolution.

Schmidt: Dem stimme ich zu. Als ich 1989 die Öffnung der Mauer miterlebt habe – wir waren in Hamburg –, sind mir die Tränen gekommen. Aber bald danach sind mancherlei Fehler gemacht worden, nicht nur bei der ökonomischen Vereinigung der beiden deutschen Staaten, sondern auch im europäischen Prozess. So habe ich es von Anfang an für außerordentlich leichtfertig gehalten, alle Staaten Osteuropas unterschiedslos sowohl in die NATO als auch in die Europäische Union aufzunehmen.

Stern: Ich muss bekennen, dass ich mich für eine Aufnahme von Polen, Tschechien, Ungarn und anderen osteuropäischen Staaten in die NATO ausgesprochen habe. Aber wenn ich mich recht erinnere, wurde eigentlich keine große Debatte darüber geführt, die Aufnahme schien geradezu selbstverständlich. Allerdings gab es ein kurzes öffentliches Drama in Amerika, als George Kennan die Aufnahme als den größten politischen Fehler bezeichnete, den man machen könne –

Schmidt: Das habe ich nicht mitgekriegt. Aber ich habe es auch für einen ganz großen Fehler gehalten.

Stern: Ich war bei der Rede von Kennan anwesend. Und ich war vollkommen anderer Meinung. Mein Gefühl sagte mir, dass man den Polen, den Tschechen und Ungarn nach dem, was sie unter dem Kalten Krieg erlitten haben – und auch vorher –, diese Rückversicherung geben musste.

Schmidt: Ich war der Meinung, dass man sich in eine große Gefahr begibt. Weil man sich moralisch verpflichtet fühlte, ihnen Genugtuung und Sicherheit zu verschaffen, musste man ihnen eines von beiden anbieten: sie entweder in die Europäische Union aufnehmen oder in die NATO, aber nicht beides zugleich. Und nicht beides mit dem Hintergedanken: und morgen die Ukraine und übermorgen Georgien und eines Tages Armenien und was weiß ich noch alles. Darauf aber zielte die amerikanische Initiative.

Stern: Das weiß ich. Aber als ich die Polen, die Ungarn, die Tschechen bei ihren Bemühungen unterstützte und mich für einen Beitritt zur NATO aussprach, kam ich nicht auf die Idee, dass das die Folgen haben könnte, die es dann hatte. Wer außer Rumsfeld und Cheney hat damals an die Ukraine und Georgien gedacht? Der Anschluss an die EU war im Übrigen kein Thema in Amerika, für die Europäische Union interessiert sich dort niemand. Die Lähmung des Integrationsprozesses wird drüben meist mit Achselzucken registriert.

Schmidt: Wenn es zur Aufnahme der Türkei kommt, kann das der Anfang vom Ende der Europäischen Union werden. Inwieweit das die Amerikaner berührt, will ich jetzt mal dahingestellt sein lassen. Für Europa wäre es eine Katastrophe. Die Türkei sind heute 70 Millionen Menschen, am Ende des Jahrhunderts werden es über 100 Millionen Menschen sein. Die Türkei wäre dann das volkreichste Mitgliedsland der Europäischen Union. Wir würden einen Teil unserer öffentlichen Haushalte darauf verwenden, aus der Türkei endlich einen fortgeschrittenen Industriestaat zu machen, und hätten gleichzeitig, dank der Freizügigkeit in allen Mitgliedsstaaten, nicht 2,5, sondern sieben Millionen Türken in Deutschland. Das alles vor dem Hintergrund, dass die Türkei zur Zeit in einem Prozess zunehmender Re-Islamisierung begriffen ist.

Stern: Damit wird aber auch die Aufnahme in die EU immer unwahrscheinlicher.

Schmidt: Das wäre zu wünschen. Die Europäische Union ist nach tausend Jahren europäischer Geschichte ein von niemandem erwartetes Wunder, eine unglaubliche Leistung. Aber die Überdehnung dieses künstlichen Gebildes gibt Anlass zu großer Sorge. Gucken Sie sich den Lissaboner Vertrag an: Es gibt 72 Felder, auf denen nur einstimmige Beschlüsse möglich sind. Einstimmige Beschlüsse unter gegenwärtig 27 Regierungen und Parlamenten! Das ist verrückt! Europa kann daran eines Tages zugrunde gehen.

Stern: Eine solche Entwicklung wäre für niemanden gefährlicher als für die Deutschen. Meine Zuversicht, dass die Deutschen nicht verführbarer sind als die anderen europäischen Nationen, beruht auf der Annahme, dass sie fest in Europa verankert sind und dass Europa zumindest bleibt, was es jetzt ist.

Schmidt: Ich stimme Ihnen völlig zu. Ich würde es so ausdrücken: Die Europäische Union ist auch eine Rückversicherung gegenüber der großen Gefahr der Verführbarkeit der Deutschen.

Stern: Wenn heute von Europa die Rede ist, von den Leistungen Europas nach 1945, wird oft übersehen, dass in den siebziger Jahren zwei Länder beigetreten sind, die Jahrzehnte der Diktatur hinter sich hatten, ich meine Spanien und Portugal. Beide wurden auf ihrem Weg in die Europäische Gemeinschaft von den Sozialdemokraten besonders unterstützt. Dieser erstaunlich schnelle und nachhaltige Wandlungsprozess zu stabilen Demokratien wird, glaube ich, viel zu selten gewürdigt. Können Sie zu der spanischen und portugiesischen Entwicklung etwas sagen?

Schmidt: Auch in Griechenland herrschte Ende der sechziger, Anfang der siebziger Jahre eine Militärdiktatur, aber Griechenland kann ich weniger gut beurteilen. Was Spanien und Portugal angeht, erinnere ich mich deutlich, dass die amerikanische Regierung damals große Skepsis hatte gegenüber diesem Prozess und besorgt war, dass sich daraus ein kommunistisches Regime entwickeln würde.

Stern: Genau, die Skepsis war besonders ausgeprägt bei Henry.

Schmidt: Portugal erschien den Amerikanern in dieser Hinsicht besonders gefährdet.

Stern: Henry hatte Portugal bereits abgeschrieben.

Schmidt: Die kommunistischen Generäle und Obersten, die da die so genannte Nelken-Revolution in Gang gesetzt hatten, waren zum Teil sehr naive Leute. In Spanien war die Sache sehr viel prekärer; erstens ist es ein viel größeres Land, zweitens war die sehr unerfreuliche franquistische Tradition überaus stark verankert. Ein wichtiger Faktor in Spanien war aber auch Juan Carlos, der von Franco als König aufgebaut worden war und bei dessen Tod 1975 eingesetzt wurde. Aber beim ersten Versuch eines militärischen Aufstands gegen die neue Zeit stellte er sich tapfer an die Spitze des Widerstands – ein wunderbarer Kerl! Unsere Rolle – die Sozialdemokraten waren damals ja in der Regierungsverantwortung – war beschränkt, sie bestand aus moralischer und finanzieller Unterstützung.

Stern: Aber diese Unterstützung war nicht unwichtig. Da alles so schwierig war und so auf der Kippe stand, gerade auch in Portugal –

Schmidt: Ja, in beiden Ländern gab's eine schwierige Übergangsphase. Ich erinnere mich, dass ich meinen Weihnachtsurlaub in Spanien 1976/77 nutzte, um den damals noch beargwöhnten und von der Polizei kontrollierten Führer der Sozialisten und späteren Ministerpräsidenten Felipe Gonzales zu treffen. Ich hatte wohl auch eine Aktentasche dabei, die für ihn bestimmt war, das weiß ich nicht mehr. Er musste über die Feuertreppe zu mir ins Hotel kommen, damit sein Besuch nicht auffiel, er konnte nicht durch den Haupteingang. Ich glaube, das Weiße Haus hat sich damals geirrt in der negativen Beurteilung der Vorgänge. Aber ich muss zugeben, dass wir auch nicht ganz sicher waren, dass das gut gehen würde, zumal bei den portugiesischen Militärs. Das waren höchst seltsame Generäle und Admirale, mit denen man da zu tun hatte.

Stern: Das Ideal Europa hat in beiden Ländern damals eine große Rolle gespielt, so wie es später auch in Ost-Europa eine große Rolle gespielt hat. Als ich das erste Mal in Spanien war, bei einer internationalen Konferenz über «Die Idee Europa» – das war 1961, noch unter Franco –, da konnte man spüren, wie wichtig für die spanischen Intellektuellen der Europa-Gedanke war, die Vorstellung, dazu zu gehören. Das sollte man nicht unterschätzen. – Wurde das damals eigentlich bekannt, dass die SPD sowohl in Spanien wie in Portugal Hilfe geleistet hat?

Schmidt: Ich glaube nicht; ich glaube, wir haben das mehr oder minder verdeckt gemacht. Übrigens, wir nicht allein, auch die CDU hat in ähnlicher Weise in Spanien geholfen. Wobei nach meiner Erinnerung in beiden Fällen das Geld aus dem Haushalt des Bundesnachrichtendienstes stammte. Das lag wohl ein bisschen außerhalb der Gesetze.

Stern: Hat diese schnelle, positive Entwicklung auf der iberischen Halbinsel eine Rolle gespielt in den neunziger Jahren bei der Demokratisierung der osteuropäischen Staaten und deren Integration in Europa?

Schmidt: Ich glaube nicht.

Stern: In den achtziger Jahren, bei der Vorbereitung von 1989, hat es sehr wohl eine Rolle gespielt, jedenfalls in Polen.

Schmidt: Nein, Solidarność ist ohne jeden Einfluss aus der iberischen Halbinsel groß geworden.

Stern: Nein, die Intellektuellen um Solidarność waren sich dessen bewusst, für sie war das spanische Beispiel eine Ermutigung.

Schmidt: Ich will einräumen, Fritz, dass Sie sich unter den polnischen Intellektuellen besser auskennen als ich.

Stern: Sie wissen, dass nicht nur viele polnische «Intellektuelle», sondern auch Historiker wie Timothy Garton Ash den Vorwurf erheben, dass die westlichen Regierungen, insbesondere auch die deutsche, Solidarność zu wenig unterstützt hätten.

Schmidt: Ich halte den Vorwurf für ungerechtfertigt. Wir haben damals nicht wissen können, wie weit Solidarność in der Gesamtheit des polnischen Volkes verankert war. Wir haben insbesondere nicht wissen können, wie die Sowjetmacht reagieren würde. Ich habe eine militärische Intervention der Sowjetunion in Polen für sehr wahrscheinlich gehalten, mit schlimmen Konsequenzen für das polnische Volk. Das hat dazu geführt, dass die damalige Bundesregierung unter meiner Führung äußerst zurückhaltend und vorsichtig war, die Sowjetunion nicht zusätzlich zu provozieren. Immerhin standen zwei sowjetische Divisionen auf polnischem Boden, und über die Luftaufklärung der NATO wussten wir, dass jenseits der polnisch-sowjetischen Grenze starke Truppenbewegungen stattfanden. Ich denke – und hier bin ich ganz anderer Meinung als die heutige polnische Führung –, dass der General Jaruzelski im Dezember 1981 das Kriegsrecht ausrief in der Hoffnung, damit einer sowjetischen militärischen Intervention zuvorzukommen. Ich weiß, dass er sich mit diesem Argument heute verteidigt, aber ich habe es damals anders gesehen und sehe es auch heute noch anders. Jaruzelski hat das kleinere Übel gewählt.

Stern: Ich habe es, ganz ehrlich gesagt, damals nicht so gesehen und sehe es heute auch nicht so.

Schmidt: Ich sagte ja eben schon, Fritz, Sie hatten großen Abstand zu der Sache, Sie waren weit weg. Aber wie hätte eine deutsche Regierung trotz diplomatischer Beziehungen zur polnischen Regierung Solidarność helfen können?

Stern: Wir waren weit weg, auf der einen Seite, auf der anderen Seite kannte ich Leute von Solidarność. Ich war tief beeindruckt von dem, was da vor sich ging; zum ersten Mal in der Geschichte organisierte das Proletariat zusammen mit Intellektuellen dauerhaften Widerstand. Solidarność wurde von immer mehr Menschen in Polen unterstützt, man spürte, wie sich die Bewegung ausdehnte. Deshalb habe ich auch öffentlich Stellung genommen und geschrieben, dass der Westen die Ausrufung des Kriegsrechts in Polen nicht einfach hinnehmen kann.

Schmidt: Es ist fast dreißig Jahre her. Lassen wir es so stehen. – Sie wollten nach der Zukunft Europas fragen – ein weites Feld.

Stern: Ich mache es konkret: Welche Rolle soll die Bundesrepublik Deutschland künftig in Europa spielen? Das Wichtigste ist wohl ein gutes Einvernehmen mit Frankreich und eine besondere Sensibilität gegenüber Polen, in diesem Punkt stimmen wir sicherlich überein. Aber um die Entwicklung innerhalb der EU in einem positiven Sinne voranzubringen, wäre das vereinigte Deutschland doch in besonderer Weise gefordert.

Schmidt: Das Letztere glaube ich nicht, dass Deutschland in besonderer Weise gefordert ist. Nicht mehr gefordert als die von Ihnen genannten Länder Frankreich und Polen, und in Wirklichkeit auch nicht mehr als Dänemark oder Spanien oder Griechenland. Nein, die Vorstellung, dass Deutschland in besonderer Weise gefordert sei, kann ich nicht teilen, und zwar deswegen nicht, weil daraus die Gefahr entstehen kann, dass die Deutschen meinen, sie hätten bei der Überwindung der gegenwärtigen Handlungsunfähigkeitskrise der Europäischen Union die Führung zu übernehmen. Der Augenblick aber, wo die übrigen Beteiligten das Gefühl kriegen, die Deutschen führen hier – das ist möglicherweise der Anfang vom Ende der ganzen Veranstaltung. Die Deutschen dürfen die Führung nicht beanspruchen.

Stern: Oder wenn, dann mit Alliierten –

Schmidt: Meine Voraussage ist, dass die Handlungsunfähigkeitskrise der EU auch durch den Lissaboner Vertrag nicht wirklich überwunden wird. Statt dessen wird sich im Laufe der nächsten zehn, fünfzehn Jahre de facto ein innerer Kern der Europäischen Union entwickeln, ohne Verfassung, ohne Constitution, ohne Vertrag. Dieser innere Kern sollte bestehen aus Frankreich, Deutschland, Polen, Italien, Belgien und Holland. Aber es wird dauern, bis man da hinkommt. Die Polen werden auch in zehn Jahren noch glauben, dass die Europäische Union in Wirklichkeit nicht so wichtig ist wie die Vereinigten Staaten von Amerika.

Stern: Somit schwebt – wo wir uns beide einig sind – eine der großen Leistungen der Nachkriegszeit in Gefahr!

Schmidt: Es muss nicht die Gefahr des Zerfalls drohen; was droht, ist die Gefahr der politischen Stagnation.

Stern: Die ja bereits eingetreten ist.

Schmidt: Zwei Dinge werden Bestand haben: Erstens, der gemeinsame Markt, weil jeder, der daraus ausscheiden würde, sich ökonomisch Arme und Beine abschneidet. Zweitens, die gemeinsame Währung, weil selbst ein Populist wie Berlusconi sich nicht trauen kann, die Lira wieder einzuführen; die italienischen Fachleute werden ihm klar gemacht haben, dass der Lira-Kurs ins Bodenlose fallen würde. Diese beiden Dinge werden bestehen bleiben. Das heißt gleichzeitig, wir verharren auf dem erreichten Stand – den Euro gibt es seit zehn Jahren, den gemeinsamen Markt gibt es seit vielen Jahrzehnten –, aber es wird sich nicht viel mehr ändern.

Stern: Genügt das denn, um die Leistung der Nachkriegszeit aufrecht zu erhalten?

Schmidt: Muss genügen. Nehmen Sie als Beispiel die Wahl des gemeinsamen Spitzenmanns. Jetzt sind sie gerade dabei, den sehr farblosen und nicht sonderlich eindrucksvollen Herrn Barroso wieder zu ernennen. Das ist eine typische Konsequenz der Handlungsunfähigkeit, in der sich die Union seit ihrer Erweiterung auf 27 Mitglieder befindet: Der Mann an der Spitze soll ein paar Aufgaben erfüllen, aber er darf keine Autorität haben.

Stern: Ich kann und will mich nicht damit abfinden, dass der ökonomische und finanzpolitische Rahmen alles sein soll, was Europa auf Dauer verbindet. Es gibt eine europäische Überlieferung, einen europäischen Kulturraum, ein europäisches Erbe. Das kann man nicht auf den Euro reduzieren. Europa hat, wenn man so will, einen Auftrag.

Schmidt: Das wird auch so bleiben. Aber die Welt hat sich seit Beginn der Finanzkise im Jahr 2007 radikal verändert. Die Weltwirtschaft befindet sich mittlerweile in der tiefsten Rezession seit dem Zweiten Weltkrieg. Der kapitalisierte Wert aller Börsen ist im letzten Jahr um fast die Hälfte eingebrochen. Schätzungen der Internationalen Arbeitsorganisation (ILO) zufolge könnten bis Ende 2009 weltweit noch 50 Millionen Menschen mehr arbeitslos werden. In diesem veränderten Umfeld hat Europa nur eine Chance, wenn es mit einer Stimme spricht, und das tut es zum Glück, wobei auch hier wieder die Engländer eine Sonderrolle spielen.

Stern: Glauben Sie, dass sich die Gier der Finanzmanager in New York und London auf mittlere Sicht zügeln lässt? Sie haben das Desaster ja verursacht, indem sie große Banken und andere Finanzinstitutionen in völlig unvernünftige Risiken getrieben haben. Einige waren auch in eindeutig kriminelle Geschäfte verwickelt.

Schmidt: Nicht nur die Gier von Bankmanagern hat zu der weltweiten Rezession geführt. Auch Politiker in mehreren Ländern, insbesondere in den USA und in England, haben ihre Pflichten vernachlässigt. Ihre Regulierungsgesetze und ihre Finanzaufsicht haben sich als absolut unzureichend und ungeeignet erwiesen. Das gilt auch für Deutschland. Die Aufsichtsbehörden haben zum Beispiel zugelassen, dass sich private Finanzinstitutionen auf das Zwanzig- bis Dreißigfache ihres Eigenkapitals aufblähen konnten. Heute haben Hunderte Millionen Menschen in der ganzen Welt das Vertrauen in ihre wirtschaftliche Zukunft verloren. Die Folge ist eine weltweite Deflation der Nachfrage.

Stern: Was ist zu tun?

Schmidt: Drei Schritte müssen gleichzeitig getan werden. Erstens: Um die Kreditmärkte wieder voll funktionstüchtig und die Banken wieder handlungsfähig zu machen, müssen Banken und andere Finanzinstitutionen saniert und erneut mit Kapital ausgestattet werden. Damit wurde bereits begonnen, aber über Erfolg oder Misserfolg kann bislang nur spekuliert werden. Zweitens: Um weltweit das Vertrauen in die Finanzmärkte wiederherzustellen, muss ein verlässliches System zur Regulierung und Überwachung aller Finanzinstitutionen geschaffen werden. Drittens braucht die Weltwirtschaft eine Stimulierung der Nachfrage. Im Gegensatz zur Großen Depression von 1929/30 haben die meisten Regierungen heute verstanden, dass sie den Mangel an privaten Investitionen und privater Nachfrage durch expansive Haushalts- und Geldpolitik zumindest ein Stück weit ausgleichen müssen. Es war ermutigend zu sehen, wie seit letztem Herbst die Regierungen von Washington bis Peking die größten Konjunkturpakete aller Zeiten geschnürt haben und die staatlichen Zentralbanken zur Bekämpfung der Deflation die Liquidität und die Geldmenge erhöht haben.

Stern: Als ökonomischer Laie bedrückt mich die Sorge vor einer drohenden Inflation, gerade in den USA, wenn die gegenwärtige Krise erst einmal überwunden ist. Außerdem besteht nach wie vor die Gefahr, dass ein Staat seine Kredite nicht mehr bedienen kann und bankrott geht – mit fatalen Folgen für das globale Finanzsystem.

Schmidt: Beides ist nicht ganz auszuschließen. Es gibt kein Patentrezept. Trotzdem müssen die Regierungen handeln und dürfen sich nicht auf die angeblichen Selbstheilungskräfte der Märkte verlassen. Aber die Regierungen dürfen sich dabei nicht nationalstaatlichem Egoismus und Protektionismus hingeben. Nur internationale Zusammenarbeit führt uns aus der Krise. Deshalb war das Treffen der zwanzig Regierungschefs im April in London ein guter Anfang.

Stern: Dass die Chinesen bei allem mitzogen, war für mich schon erstaunlich. Es zeigt, wie stark sie inzwischen in die Weltwirtschaft eingebunden sind. Es zeigt aber auch, dass die Währungsreserven Chinas längst zu einem Machtfaktor geworden sind, mit dem der Westen rechnen muss. Ich erinnere mich an unser Gespräch am ersten Tag und weiß, dass Sie in diesem Punkt sehr viel gelassener sind als ich. Meine Sorge in Bezug auf China bleibt.

Schmidt: Mein Arzt, der eben hier war, kam aus Shanghai. Er war in der vorigen Woche in Boston gewesen, in Harvard, jetzt kam er aus Shanghai. Er hat an beiden Universitäten Vorträge gehalten. Ich habe ihn gefragt: Wie war denn die Stimmung in Shanghai und wie war die Stimmung in Boston? Ja, sagte er, ein großer Unterschied: In Shanghai positiv und in Boston bedrückt.

Stern: Ich muss sagen, das überrascht mich nicht. – Aber da Sie Ihren Arzt erwähnen: Wir müssen, glaube ich, zum Ende kommen.

Schmidt: Ja, Fritz. Dann stelle ich meine letzte Frage. Wenn Sie Bilanz ziehen müssten, wo, denken Sie, lagen Ihre Stärken, Ihre Verdienste? Was von Ihnen soll bleiben, an was soll man sich erinnern?

Stern: Ich würde erst mal sagen, da müssen Sie meine Schüler fragen. – Als Historiker trieb mich insbesondere die Frage um, die mein Freund Dahrendorf und ich immer als die eigentliche «deutsche Frage» empfunden haben: Wie konnte es dazu kommen? Welche Vorstellungen und Denkweisen waren es, die Hitler ermöglichten, und wie kann man eine Wiederholung verhindern? Ich würde mir wünschen, dass manches von dem, was ich dabei zu Tage gefördert habe, fruchtbar war und weiter wirkt. Aber mehr geprägt hat mich die Erfahrung der absoluten Unfreiheit, sie hat mir auch die Leidenschaft für die Freiheit mitgegeben. – Ich würde aber auch sagen, dass es mir immer ein Anliegen war, mich einzumischen in die öffentlichen Dinge und gelegentlich auch in die Politik einzugreifen, durch Reden und Artikel oder auch beratend. Die Liste reicht von meinem Engagement gegen Vietnam bis hin zu vielfachen Aktivitäten gegen die Bush-Administration. Bei allem berechtigten Zweifel, ob man aus der Geschichte lernen kann, habe ich an dieser Grundüberzeugung festgehalten und versucht, mein Wissen entsprechend umzusetzen.

Schmidt: Sind amerikanische Politiker offener für diese Art Beratung als deutsche?

Stern: Ich würde sagen, das hält sich in etwa die Waage. Es hängt davon ab, an welchen Politiker man gerät. Die Tradition der think tanks ist in Amerika natürlich sehr viel älter als in Deutschland.

Schmidt: Ich habe die Amerikaner früh um diese Einrichtung der think tanks beneidet. Weil es etwas Vergleichbares in Deutschland nicht gab, haben wir zu Beginn der sechziger Jahre – wenn ich sage «wir», dann meine ich im Wesentlichen Fritz Erler und mich – die Anregung gegeben und den politischen Willen betont, auch bei uns einen nicht parteilich gebundenen think tank zu errichten. Das war die Stiftung Wissenschaft und Politik, die viele Jahre in Ebenhausen saß und heute von Berlin aus arbeitet. Sie wirkt unmittelbar in die Politik hinein, vor allem in die Ministerien, indem sie zur Erziehung und Information der Ministerialräte und Ministerialdirigenten beiträgt.

Stern: In Amerika ist die Qualität der think tanks in letzter Zeit etwas gesunken. Ein Beispiel, das Sie gut kennen, ist der Council on Foreign Relations, dessen Einfluss mit Recht zurückgegangen ist, weil die Qualität einfach nicht mehr dieselbe ist wie früher. Damit ist eine Bastion wirklicher außenpolitischer Erziehung in Amerika verloren gegangen.

Schmidt: Und gleichzeitig eine Bastion der Ostküstenelite.

Stern: Absolut.

Schmidt: Beratung der praktischen Politik durch Fachleute, die nicht den Gesetzen der Politik unterworfen sind, ist eine dringend wünschenswerte Ergänzung politischer Führung. Auf einem Gebiet haben wir in Deutschland allerdings einen Überfluss an beratenden Institutionen: Das ist die Wirtschaftspolitik. Da haben wir viel zu viele, die sich wichtig machen.

Stern: Und die zum Teil interessenabhängig sind.

Schmidt: Diese Konjunkturforschungsinstitute – eins in München, eins in Berlin, eins in Kiel, eins in Hamburg und was weiß ich wo – legen ununterbrochen irgendwelche Prognosen vor. Jedes Jahr liefert der Sachverständigenrat ein sechs- oder siebenhundert Seiten dickes Gutachten. Das enthält drei Dissertationen und eine halbe Habilitationsschrift, das Ganze ist von einem großen Stab ausgearbeitet. Dem Stab ein paar Jahre anzugehören ist eine wunderbare Ausbildungsstation; aber das ist alles überflüssig und schrecklich besserwisserisch. Das sind nämlich allesamt Leute, die sich nicht vorstellen können, dass man in einer Demokratie Mehrheiten braucht –

Stern: Und dass Politiker auch Entscheidungen treffen müssen –

Schmidt: Ja, und zwar auch dann, wenn sie nicht alles wissen. – Wir müssen aufhören. Fritz, wenn Sie am Ende dieser drei Tage einen Wunsch frei hätten –

Stern: Dann würde ich mir wünschen, dass im Bewusstsein der westlichen Welt der Unterschied zwischen Kommunismus und Sozialdemokratie klarer dasteht, das heißt, dass man nicht der Rechten überlässt zu sagen, das war ja mehr oder weniger dasselbe und das ging schief.

Schmidt: Da stimme ich Ihnen zu. Es wird aber nicht mehr sonderlich gut gelingen. Siehe den gegenwärtigen Zustand der deutschen Sozialdemokraten.

Stern: Ich sage ja, das ist ein Wunsch von mir!

Schmidt: Ich teile Ihre Wünsche. – Ich habe nicht das Gefühl, dass wir unsere Agenda abgearbeitet haben, aber ich bin nicht in der Lage zu sagen, was mir fehlt. Das werde ich Ihnen sagen können, wenn ich den Text das erste Mal auf dem Schreibtisch habe. – Doch, Fritz, eine Sache fällt mir noch ein. Ich wollte Sie fragen, ob Sie wissen, von wem dieser Vers stammt: «The woods are lovely, dark and deep, But I have promises to keep, And miles to go before I sleep …»

Stern: Das ist von Robert Frost, dem großen amerikanischen Dichter des 20. Jahrhunderts.

Schmidt: Robert Frost, richtig. Das ist wunderschön: «And miles to go before I sleep, And miles to go before I sleep.»

Stern: Helmut, ich wünsche Ihnen gute, gute Besserung! Und ich danke Ihnen sehr für diese drei Tage.

Schmidt: Ich habe zu danken, Fritz.

Namenregister